PAROLES

d'un pèlerin

Tous les discours du Pape
JEAN-PAUL II

au Canada

Édition :   Éditions Anne Sigier
                     2299, boul. du Versant-Nord
                     Ste-Foy, Québec
                     Canada

Composition :   Typoform

Impression :   Laflamme et Charrier

Conception et réalisation
de la couverture :   Dominique Normand

Dépôt légal :   4ᵉ trimestre 1984
                     Bibliothèque Nationale du Québec
                     Bibliothèque Nationale du Canada
                     ISBN : 2-89 129-051-8

PAROLES
d'un pèlerin

Tous les discours du Pape
JEAN-PAUL II

au Canada

ÉDITIONS
ANNE SIGIER

RADIOMESSAGE

GASPÉ

Le 9 septembre 1984

Salut, croix de Jésus, signe de notre espérance.
Salut, croix de Gaspé.
Ici, il y a 450 ans, Jacques Cartier a planté la croix.
En présence des premiers habitants de cette contrée, il s'agenouilla avec ses hommes pour vénérer l'étendard de notre salut.
Ici, Jacques Cartier a commencé une page nouvelle dans l'histoire du monde et de l'Église.
Croix de Gaspé, guide nos pas vers le Seigneur.

En ce jour, je rends un hommage ému à la foi intrépide des hommes et des femmes qui ont accepté, à la suite de Jacques Cartier, de traverser les mers pour implanter la foi et l'Église au Canada.

Salut à vous, Canadiens et Canadiennes, et à vous plus particulièrement, gens de Gaspé dont la vie est si intimement liée à la terre, à la forêt et à la mer.

Salut à vous, Amérindiens, Amérindiennes et Inuit qui habitez ici depuis des temps immémoriaux. Puissiez-vous vivre toujours dans la pleine reconnaissance de votre dignité et de vos droits.

I call to mind all the great pioneers who contributed to the building of this wide, prosperous and peaceful country. Let us pray God that it will keep on growing in the light of the Cross, which is still for its inhabitants a "tree of life" (*Ap* 2, 7). To all, I offer my blessing.

1er JOUR

• QUÉBEC

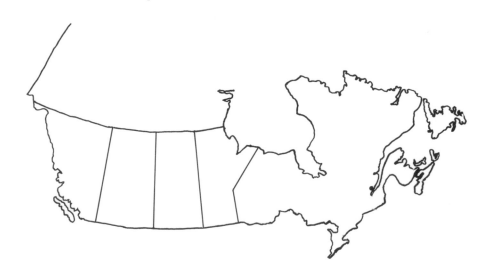

CÉRÉMONIE DE BIENVENUE

QUÉBEC

Le 9 septembre 1984

Madame le Gouverneur Général du Canada,
Messieurs les Cardinaux,
Monseigneur le Président de la Conférence des évêques catholiques du Canada,
et Monseigneur l'Archevêque de Québec,
et vous tous, chers Frères dans l'épiscopat,
Monsieur le Lieutenant Gouverneur du Québec,
Monsieur le Premier Ministre du Canada,
Monsieur le Premier Ministre du Québec,
Monsieur le Président de la Communauté urbaine de Québec,
Monsieur le Maire de la ville de Québec,
Monsieur le Maire de la ville de Sainte-Foy,
À vous tous, dignitaires et responsables de la société civile et des groupes religieux de ce pays,

> « grâce et paix de la part de Dieu notre Père et du Seigneur Jésus Christ » (*1 Co* 1,3).

Salut à vous, gens du Canada, dans la diversité de votre histoire, de vos cultures, de vos provinces, de vos régions.

Dans cet immense pays du Canada, c'est d'abord à Québec que je commence mon pèlerinage, et j'en suis très heureux. Salut à toi, Québec, première Église en Amérique du Nord, premier témoin de la foi, toi qui as planté la croix au carrefour de tes routes et qui as fait rayonner l'Évangile sur cette terre bénie!

11

Salut à vous, gens du Québec, dont les traditions, la langue et la culture confèrent à votre société un visage si particulier en Amérique du Nord.

Salut à vous gens de ce pays, Amérindiens, gens d'origine française et anglaise, émigrants venus de partout et qui vivez ensemble, pour progresser les uns avec les autres, les uns par les autres, sur le chemin de l'histoire, si laborieux et si passionnant!

Salut à vous, croyants en Jésus Christ et membres de l'Église catholique. Cherchons ensemble la fermeté de la foi, qui s'exprime dans la perfection de l'amour.

Salut à vous, croyants en Jésus Christ et membres des autres confessions chrétiennes. Cherchons ensemble le même Christ et Seigneur.

Salut à vous, croyants en Dieu et héritiers du peuple d'Israël. Cherchons ensemble la Parole de Vie.

Salut à vous, croyants et membres d'autres familles spirituelles. Cherchons ensemble le visage de Dieu.

Salut à vous, hommes et femmes qui cherchez un sens à votre vie et ne trouvez pas de réponse satisfaisante pour vos aspirations les plus profondes. Vous essayez de vivre votre vie dignement et d'une manière responsable. Cherchons ensemble le meilleur chemin de la vie.

À vous tous, j'apporte le salut de l'Église de Rome et de toute l'Église de Dieu qui vit en communion avec elle, répandue à travers l'univers. Je viens vous dire l'amour, la joie, les douleurs, l'espérance de vos frères et soeurs de toutes les parties du monde. En retour, j'espère pouvoir apporter au monde quelque chose de chez vous, un écho de votre dynamisme humain, de votre vitalité religieuse.

Depuis longtemps vous m'attendez. Et moi, de mon côté, j'ai désiré d'un grand désir être parmi vous.

Ce n'est pas en homme d'État que je viens vous visiter. Certes, le Vatican est reconnu comme « État » au plan international, pour mieux assurer la liberté du Saint-Siège, au service de la mission spirituelle du successeur de Pierre. Le Saint-Siège est habileté à avoir ses Représentants diplomatiques, et je suis heureux que le Canada ait désigné auprès de lui un Ambassadeur. Le Saint-Siège peut ainsi donner son témoignage sur la scène internationale et prendre part à d'importants débats touchant le sort de la communauté mondiale.

Mais c'est avant tout comme Pasteur et Frère que je viens vers vous. Je suis le Pasteur qui succède au premier Pasteur, l'Apôtre Pierre. Je suis le Père, que désigne le mot de Pape. Mais je suis aussi votre frère, votre frère en humanité et votre frère obéissant au bon Pasteur de l'Église, Jésus Christ.

Je suis parmi vous pour partager le pain et la parole, pour partager l'espérance, pour vous transmettre la Parole de Dieu et le Pain de l'eucharistie.

Dans les onze prochains jours, je parcourrai votre pays, d'un océan à l'autre, « a mari usque ad mare ». J'ai des questions à vous poser et j'aimerais aussi entendre les vôtres. Je veux vous parler des problèmes de ce temps, concernant la culture, la communauté, la technologie, la famille, le partage, la justice. Car rien n'est indifférent à la charité du croyant, à son amour de l'homme. Je veux surtout vous parler des problèmes fondamentaux: de la foi, de l'expérience de Dieu, de l'espérance. Ma parole ne prétend pas apporter une réponse à toutes les questions, ni se substituer à votre recherche. Mais elle vous offrira la lumière et la force de la foi en Jésus Christ, proclamée par Pierre lui-même en Galilée: « Tu es le Christ, le Fils du Dieu vivant! »

Je voudrais que ma parole soit un partage. Le partage d'un frère dans la foi. Le partage d'un pèlerin, témoin de ce que vivent les hommes et les femmes d'aujourd'hui. Le partage d'un homme conscient de la crise spirituelle de ce temps, préoccupé de la justice; d'un homme également confiant dans les possibilités du coeur humain quand l'amour de Dieu le transforme. « Gardez courage, dit Jésus, j'ai vaincu le monde! » (*Jn* 16, 33).

Comme l'on si bien dit vos évêques: célébrons notre foi en Jésus Christ. Ma visite veut être essentiellement pastorale. J'aimerais redire à tous les croyants la joie de croire en Jésus Christ. Car de tous les biens de la vie, la foi est le plus précieux, le plus beau. Que mon pèlerinage ici soit le symbole de votre cheminement dans la foi. À cause de cela même, j'aimerais être parmi vous le témoin de l'espérance. J'aimerais apporter aux évêques ma sollicitude fraternelle.

J'aimerais dire un mot spécial de soutien et d'encouragement aux prêtres, aux religieux et aux religieuses, et aux laïcs responsables de multiples secteurs de l'apostolat.

Frères et Soeurs, amis déjà, faisons route ensemble, regardons vers Celui qui nous réunit. Ô Seigneur, notre Dieu, « qu'il est puissant ton nom par toute la terre! » (*Ps* 8).

Que le nom de Dieu retentisse en vos coeurs et que cette visite nous apporte, à vous et à moi, un commun réconfort, une joie nouvelle!

ANGÉLUS À LA CATHÉDRALE

QUÉBEC

Le 9 septembre 1984

Chers Frères et Soeurs,

Arrivant à Québec, je vous remercie de me recevoir aussitôt dans votre cathédrale. Il m'est agréable de retrouver en ce lieu l'Archevêque de Québec, Monseigneur Louis-Albert Vachon, avec ses évêques auxiliaires, entourés du chapitre cathédral, de leurs collaborateurs et de représentants des communautés qui constituent l'Église vivante au coeur historique de votre Province. Tous, je vous salue très cordialement.

Je salue également Monsieur le Maire de Québec et les personnalités civiles présentes. Je leur exprime ma gratitude pour leur accueil si courtois et pour tout le soin qu'ils ont mis à organiser en leur cité cette première étape de ma visite pastorale au Canada, en collaboration avec les évêques.

Dans un instant, j'aurai l'occasion de me rendre auprès du tombeau de votre premier évêque, le Bienheureux François de Laval. Mais comment ne pas évoquer ici la figure de ce fondateur? Il vint à Québec en témoin ardent du renouveau spirituel auquel il avait participé en France, en missionnaire, en pasteur. Vicaire apostolique, il était soucieux de bien relier avec le Siège Apostolique de Rome la communauté chrétienne alors naissante, dont le rayonnement allait s'étendre dans la majeure partie de l'Amérique du Nord. Il connut la joie de fonder un diocèse de plein droit, renforçant encore ces liens confiants avec le Pape. Ma venue parmi vous en illustre le pérennité.

Au moment de rencontrer la communauté de ce diocèse, il est bon que j'aie pu me rendre d'emblée dans cette Basilique cathédrale. Lieu premier du ministère épiscopal, centre d'où rayonne le presbyterium dans les paroisses et les autres institutions, foyer de prière, l'église-mère rappelle à tous l'unité du corps du Christ dont les membres sont divers mais participent à une même vie. Avec vous dès maintenant je voudrais rendre grâce pour la Parole et le Pain de vie donnés en ce lieu et transmis au loin. Avec vous je demande à Dieu qu'il vous donne la force d'accomplir vos missions dans l'espérance et la joie.

Nous confions notre prière à Notre-Dame de Québec à qui est dédiée cette basilique. Que la Mère du Seigneur soutienne les fils et les filles du Québec dans la foi et la pure générosité dont elle est le témoin admirable! Nous l'invoquons dans la simplicité par la prière de la salutation angélique.

(Récitation de l'Angélus)

Et de tout coeur je vous bénis au nom du Père, du Fils et du Saint-Esprit. Amen.

CHAPELLE DU PETIT SÉMINAIRE
QUÉBEC
Le 9 septembre 1984

Chers Frères et Soeurs,

En cette première journée de mon pèlerinage, je suis heureux d'avoir pu vénérer le tombeau du Bienheureux François de Laval, premier évêque de Québec et de toute l'Amérique du Nord, que j'ai eu la joie de béatifier en 1980 avec Marie de l'Incarnation et Kateri Tekakwitha.

François de Laval rejoignit en 1636 une Église naissante, fruit de l'action courageuse de prêtres, de religieux et de religieuses, porteurs de l'Évangile en cette terre. Vicaire apostolique, il contribua, sans épargner sa peine, à rassembler les premiers habitants convertis avec les colons chrétiens dans l'unité de ce qui serait bientôt un diocèse, tout en participant personnellement à l'action missionnaire et en prenant sa part dans les épreuves des pionniers.

Il avait connu en France la vitalité d'une chrétienté en train de se renouveler sous l'impulsion de nombreux fondateurs et de spirituels remarquables dont il partageait le sens de Dieu et la charité. Il voulut établir fermement l'Église en ce nouveau pays en communion avec l'Évêque de Rome. Et l'une de ses oeuvres les plus significatives fut la fondation du grand séminaire et du petit séminaire où nous nous trouvons, pour rendre possible le rapide développement du clergé québécois.

Avec vous, je voudrais rendre grâce pour le don de Dieu qui s'est manifesté sur cette terre particulièrement par la sainteté de ce premier évêque ainsi que de tous les fondateurs.

Je pense spécialement aux communautés religieuses dont le zèle missionnaire a produit tant de fruits de sainteté: les Jésuites, les Récollets, les Ursulines, les Hospitalières Augustines de la Miséricorde furent parmi les premiers à venir de France en Amérique du Nord. Bientôt les Sulpiciens les rejoindront avec beaucoup d'autres. Puis de nombreux instituts naîtront, témoins de l'épanouissement d'une communauté ecclésiale généreuse.

Chers religieux et religieuses rassemblés en cette chapelle, louons le Seigneur pour tout ce qu'il a donné à vos devanciers d'accomplir.

Et maintenant je voudrais vous dire, et je le ferai encore ailleurs au cours de mon voyage, que l'Église compte fermement sur votre action et votre témoignage. Sans doute votre rôle s'est-il modifié depuis quelques années, mais l'essentiel de votre vocation particulière demeure: le don de soi dans le célibat consacré, la vie de prière et d'active charité sont des signes pour tous. Les services concrets que vous rendez sont irremplaçables, dans la pastorale, dans les diverses instances de formation des jeunes et des adultes, dans l'aide aux plus défavorisés notamment. Je prie Dieu pour qu'il appelle assez de jeunes à vous rejoindre généreusement afin que vos missions soient poursuivies et sans cesse renouvelées.

Permettez-moi d'adresser un salut particulièrement cordial aux prêtres qui ont la charge des séminaires du Québec et de leur exprimer ma confiance et mes voeux pour les tâches primordiales qu'ils ont à assumer.

Très cordialement, je vous donne à tous la Bénédiction Apostolique.

STADE DE L'UNIVERSITÉ LAVAL
QUÉBEC
Le 9 septembre 1984

INTRODUCTION À LA MESSE À QUÉBEC

Chers Frères et Soeurs, je vous remercie de cet accueil émouvant.

Je salue tout d'abord Monseigneur Louis-Albert Vachon, Archevêque de Québec, et chacun de mes autres Frères dans l'Épiscopat, exerçant leur ministère au Canada.

Je salue les représentants des autres Églises qui sont venus se joindre à nous d'Amérique et des divers continents, notamment de l'Europe avec laquelle le Canada a tissé des liens si forts.

Je salue les missionnaires canadiens et les représentants des jeunes Églises où ils exercent leur ministère.

Je salue le Recteur de l'Université Laval, les professeurs et étudiants et tous ceux qui travaillent à renouveler et approfondir la culture pour la rendre toujours plus humaine, dans un dialogue confiant avec la foi.

Je salue les prêtres, les diacres, les séminaristes, les religieux, les religieuses et les laïcs des différentes paroisses de cet archidiocèse et des diocèses voisins, qui ont pu venir ici grâce au jumelage fraternel des paroisses.

Je salue ceux pour lesquels Jésus avait une particulière sollicitude: les enfants, les jeunes, les vieillards, les malades, les prisonniers, tous ceux qui souffrent d'être mal aimés ou marginaux sans travail ou dans l'épreuve.

Ensemble, à la suite de l'Apôtre Pierre, tournons-nous vers le Seigneur Jésus. Qu'il fortifie notre foi!

HOMÉLIE

« Tu es le Christ, le Fils du Dieu vivant! » (*Mt* 16,16).

Ces paroles ont été prononcées pour la première fois aux environs de Césarée de Philippe, en réponse à la question de Jésus: « Le Fils de l'homme, qui est-il, d'après ce que disent les hommes? » (*Mt* 16,13).

Ces paroles, *c'est Simon-Pierre qui les a prononcées* dans la terre de Galilée. Il les a prononcées par la suite en bien d'autres lieux. Il les a prononcées à Jérusalem, en particulier le jour de la Pentecôte. Il les a prononcées à Antioche, quand il a quitté Jérusalem. Il les a prononcées enfin à *Rome* jusqu'au jour où il dut subir la mort sur une croix pour rendre témoignage à la vérité de ces paroles.

Ces paroles — professant la filiation divine de Jésus Christ — Simon-Pierre les a transmises *en héritabe à l'Église.* Il les a transmises d'une manière particulière à tous ses successeurs sur le siège épiscopal de Rome.

Comme Évêque de Rome, successeur de Pierre, je désire prononcer ces mêmes paroles aujourd'hui *sur la terre canadienne.*

« Tu es le Christ, le Fils du Dieu vivant » (*Mt* 16,16).

Il est donné à l'Évêque de Rome de fouler pour la première fois cette terre, *dans la ville de Québec.* Ici, débuta l'évangélisation du Canada. Ici, l'Église fut fondée. Ce fut ici le premier diocèse de toute l'Amérique du Nord. Ici par le grain semé en terre commença une immense croissance.

C'est pourquoi je désire que, dès le début de ce pèlerinage, nous nous rencontrions et nous nous unissions dans cette profession de foi sur laquelle est bâtie l'Église du Christ sur la terre:
le Christ, le Fils de l'homme, le Fils du Dieu vivant;
le Fils, de la même nature que le Père: Dieu, né de Dieu, Lumière,

née de la Lumière; engendré, non pas créé, Verbe éternel par qui tout a été créé;
et en même temps: *le Christ, vrai homme*.

« Pour nous les hommes, et pour notre salut, il descendit du ciel; par l'Esprit Saint, il a pris chair de la Vierge Marie, et s'est fait homme ».

Le Christ: vrai Dieu et vrai homme. Telle est la foi de l'Église.

Le Christ: crucifié sous Ponce Pilate, il est mort et a été enseveli...

Le Christ: le troisième jour *il est ressuscité* des morts, il est monté aux cieux, est assis à la droite du Père, d'où *il viendra pour juger les vivants et les morts*.

Telle est la foi des Apôtres. Telle est la foi de Pierre. *Cette foi qui est la fondation sur laquelle est construite l'Église de Dieu sur la terre*.

Simon-Pierre, qui professa cette foi le premier aux environs de Césarée de Philippe, fut aussi le premier à recevoir la réponse du Christ: « Tu est Céphas (c'est-à-dire Pierre), et sur cette pierre je bâtirai mon Église... » (*Mt* 16,18).

Comme il est beau d'entendre le même Apôtre, Simon-Pierre, dans sa première lettre lue dans la liturgie d'aujourd'hui, *rendre témoignage au Christ en le désignant comme la pierre fondamentale*!

Le Christ est « la pierre vivante » (*1P* 2,4).

Cette pierre, en vérité, « les hommes l'ont éliminée » (*1P* 2,4) rejetée radicalement, en allant jusqu'à condamner Jésus à la mort sur la croix et exécuter cette sentence quelques heures avant la Pâque.

C'est précisément dans ce rejet qu'Il est reconnu pour ce qu'il est: Jésus, le Christ, celui « que Dieu a choisi parce qu'il en connaît la valeur » (*1P* 2,4).

C'est par Lui, pierre vivante, première pierre, que nous sommes tous intégrés dans la construction d'un « Temple spirituel » (*1P* 2,5).

Oui, nous tous: « comme pierres vivantes »; nous sommes intégrés à la construction qui a pour fondation le Christ pour édifier « un sacerdoce saint, présentant des offrandes spirituelles que Dieu pourra accepter à cause du Christ Jésus » (*1P* 2,5).

Nous sommes donc « la race choisie, le sacerdoce royal, la nation sainte, *le peuple qui appartient à Dieu* » (*1P* 2,9), et *cela par Jésus Christ* qui est le Fils du Dieu vivant, qui est vrai Dieu et vrai Homme, crucifié et ressuscité. Oui, par Jésus Christ: il est la première pierre de *l'édifice divin, bâti avec les fils et les filles* de toute la terre, qui se dressera pour l'éternité dans la Gloire indicible de la très sainte Trinité!

À partir de Jésus, le Christ, qui est la pierre vivante, s'ouvre cet avenir ultime de notre construction... Tel est l'avenir de l'homme sur la terre. L'avenir d'une destinée divine.

Voici donc la *foi en Jésus Christ*, que Simon-Pierre proclamait!
Voici donc la foi concernant l'Église que Simon-Pierre proclamait!
Quelle surprenante unité! et quelle force dans cette foi!

Aujourd'hui l'Évêque de Rome, venu en terre canadienne, désire *professer cette foi* de tout son coeur. Il désire en faire *le fondement* de toute sa *mission parmi vous*, frères et soeurs bien-aimés, dans cette ville de Québec et sur toute la terre canadienne que je vais ensuite visiter en chacune de ses régions.

Car nous sommes ici au premier foyer de l'Église du Christ en Amérique du Nord. Partis de France, les Jacques Cartier, les Champlain et tant d'autres, en apportant sur ce continent leur culture et leur langue, contribuaient à implanter la foi au Christ Sauveur.

De nombreux serviteurs et servantes de Dieu sont venus, dès le début de la colonisation, pour construire l'édifice de l'Église sur votre terre. Les Pères Récollets, les Jésuites, les Sulpiciens, les Ursulines avec Marie de l'Incarnation rayonnant son incomparable expérience spirituelle, les Hospitalières de Dieppe entraînées par l'inépuisable charité de Catherine de Saint-Augustin: ces religieux et ces religieuses ont été parmi les premiers à témoigner de la foi et de l'amour du Christ au milieu des colons et des « Indiens ». Porteurs de la Parole, éducateurs des jeunes, bons samaritains auprès des malades, ils ont façonné le visage de l'Église dans ce nouveau pays. On a pu parler d'une véritable « épopée mystique » dès la première moitié du dix-septième siècle. Certains ont donné leur vie jusqu'au martyre. Beaucoup d'autres les ont rejoints, apportant leur pierre vivante à la construction, souvent dans la pauvreté, mais rendus forts par l'Esprit de Dieu.

En ce lieu, nous évoquons en particulier François de Montmorency Laval, vicaire apostolique puis premier évêque de Québec. Je ne puis oublier que le séminaire qui porte son nom est à l'origine de l'Université qui nous accueille en ce moment dans ce site admirable.

Vos ancêtres ont forgé ici une culture en puisant aux sources de leur pays d'origine. Au long des siècles, cet héritage s'est enraciné, diversifié; il a accueilli l'apport propre des Amérindiens, et tiré profit de la présence anglaise en ce continent. Il s'est enrichi grâce aux vagues successives d'immigrants venues de partout. Votre peuple a su conserver son identité en demeurant ouvert aux autres cultures.

L'Église a reconnu ou se prépare à reconnaître la sainteté d'un certain nombre de ces pionniers. Ils sont des témoins éclatants parmi beaucoup d'hommes et de femmes, humbles croyants de la vie quotidienne, qui ont façonné peu à peu cette terre à leur image, selon leur foi.

La vitalité et le zèle de vos devanciers les ont d'ailleurs entraînés à porter plus loin la Bonne Nouvelle: je salue ici une Église qui a su rapidement rayonner dans l'ouest canadien, le Grand Nord et en bien des régions d'Amérique. Bien plus, elle a pris une grande part à l'effort missionnaire de l'Église universelle à travers le monde.

Votre devise est « Je me souviens ». Il y a vraiment des trésors dans la mémoire de l'Église comme dans la mémoire d'un peuple!

Mais à chaque génération, la mémoire vivante permet de reconnaître la présence du Christ, qui nous interroge comme aux environs de Césarée: «Vous, qui dites-vous que je suis?»

La réponse à cette question est capitale pour l'avenir de l'Église au Canada, et aussi pour l'avenir de votre culture.

Vous constatez que la culture traditionnelle — caractérisant une certaine « chrétienté » — a *éclaté*: elle s'est ouverte à un pluralisme de courants de pensée et doit répondre à de multiples questions nouvelles; les sciences, les techniques et les arts prennent une importance croissante; les valeurs matérielles sont omniprésentes; mais aussi une sensibilité plus grande apparaît pour promouvoir les droits de l'homme, la paix, la justice, l'égalité, le partage, la liberté…

Dans cette *société en mutation*, votre foi, chers Frères et Sœurs, devra *apprendre à se dire et à se vivre*. Je le disais à vos évêques en octobre dernier: « Ce temps est le temps de Dieu qui ne peut manquer de susciter ce dont a besoin son Église lorsqu'elle reste disponible, courageuse et priante ». Vous saurez vous souvenir de votre passé, de l'audace et de la fidélité de vos prédécesseurs, pour porter à votre tour le message évangélique au cœur de situations originales. Vous saurez susciter une nouvelle culture, intégrer la modernité de l'Amérique sans renier sa profonde humanité qui venait sans aucun doute de ce que votre culture a été nourrie par le christianisme. N'acceptez pas le divorce entre la foi et la culture. À présent, c'est à une nouvelle démarche missionnaire que vous êtes appelés.

La culture — et de même l'éducation qui est la tâche première et essentielle de la culture — est la recherche fondamentale du beau, du vrai, du bien, qui exprime au mieux l'homme, comme « le sujet porteur de la transcendance de la personne » (cf. mon discours à l'UNESCO, 2 juin 1980, no 10), qui l'aide à devenir ce qu'il doit « être » et pas seulement à se prévaloir de ce qu'il « a » ou de ce qu'il « possède ». Votre culture est non seulement le reflet de ce que vous êtes, mais le creuset de ce que vous deviendrez. Vous développerez donc votre culture d'une façon vivante et dynamique dans l'espérance, sans peur des questions difficiles ou des défis nouveaux; sans pour autant vous laisser abuser par l'éclat de la nouveauté, et sans laisser s'installer un vide, une discontinuité entre le passé et l'avenir; autrement dit, avec discernement et prudence, et avec le courage de la liberté critique à l'égard de ce qu'on pourrait appeler « l'industrie culturelle »; surtout avec le plus grand souci de la vérité.

Mais en m'adressant ici à des croyants, je peux rappeler ce que j'exprimais à l'UNESCO: « Je pense surtout au lien fondamental de l'Évangile, c'est-à-dire du message du Christ et de l'Église, avec l'homme et son humanité même » (no 10). Oui, Frères et Sœurs, dans la culture que vous élaborez en cohérence avec ce que vous êtes déjà par un si riche passé, dans cette culture qui est toujours l'âme d'une nation (cf. *ibid.*, no 14), *la foi jouera un grand rôle*. Elle éclairera la culture, lui donnera de la saveur, elle la soulèvera, comme il est dit dans l'Évangile de la « lumière », du « sel », du « levain » que sont les disciples de Jésus. Elle lui demandera quelles valeurs elle promeut, quel destin elle offre à la vie, quelle place elle fait aux pauvres et aux déshérités auxquels s'identifie le Fils de l'homme, comment elle conçoit le partage, le pardon, l'amour. S'il en est ainsi, avec vous l'Église continuera d'accomplir sa mission. Et vous rendrez service à la société entière, même à ceux et à celles qui ne partagent pas la même expérience spirituelle que vous. Car un tel témoignage respecte la liberté des consciences, sans les abandonner pour autant.

Mais encore faut-il que votre foi demeure vivante et forte, qu'elle soit toujours plus personnelle, plus enracinée dans la prière, et l'expérience des sacrements, qu'elle rejoigne le Dieu vivant, dans son Fils Jésus Christ le Sauveur, grâce à l'Esprit Saint, dans l'Église. Voilà bien la foi qu'il vous faut approfondir avec joie, pour en vivre et en témoigner dans la vie quotidienne et dans les nouveaux domaines de la culture. Voilà bien la grâce qu'il nous faut demander pour l'avenir du Québec, pour l'avenir de tout le Canada. Et nous voici revenus à la question fondamentale du Christ Jésus: « Et vous, qui dites-vous que je suis? »

À certains « impératifs » de la civilisation moderne qui prétendent servir le progrès humain, mais qui détournent en fait du respect de la vie, de la dignité d'un amour qui engage les personnes de la recherche des vraies valeurs de l'homme (cf. discours à l'UNESCO, no 13).

Dans la foi que Simon-Pierre a affirmée aux environs de Césarée de Philippe, dans la foi qu'il a exprimée d'une manière si belle par sa première lettre, dans cette même foi, moi, Jean-Paul II, l'Évêque de Rome, je désire vous saluer cordialement au commencement de mon pèlerinage sur votre terre.

Je désire vous saluer tous,

Vous qui êtes la race choisie, le sacerdoce royal, la nation sainte, le peuple qui appartient à Dieu;

Vous *qui avez été appelés en Jésus Christ pour « annoncer* les merveilles de celui qui vous a appelés des ténèbres à son admirable lumière » (*1P*, 2,9).

Nous inaugurons aujourd'hui une fête destinée à avoir un grand retentissement dans vos coeurs.

L'Église met sur nos lèvres le chant qui convient:

> « Chantez au Seigneur en bénissant son nom!
> De jour en jour, proclamez son salut,
> racontez sa gloire aux nations
> et ses merveilles à tous les peuples! » (*PS* 95 / 96, 2-3).
> *Que chante au Seigneur la terre canadienne*
> des rivages de l'Atlantique aux rivages du Pacifique,
> et du sud aux terres glacées du Nord...
> Voici que le *Christ*, le Fils du Dieu vivant, est devenu la première pierre parmi vous!
> Voici que *le Christ*, le Fils du Dieu vivant, *est devenu la pierre vivante pour toutes les générations!*
> Gloria Tibi, Trinitas!
> Gloire à Toi, Trinité Sainte! »

Amen.

2e JOUR

• QUÉBEC
• TROIS-RIVIÈRES
• MONTRÉAL

VISITE AU CENTRE FRANÇOIS-CHARON
QUÉBEC
Le 10 septembre 1984

Chers Frères et Soeurs,

J'ai vivement désiré cette rencontre personnelle avec vous qui êtes éprouvés dans votre corps par la maladie ou les accidents. Je voudrais saluer chacun et chacune de vous, et tous ceux qui vous entourent de leur affection et de leur entraide, qui contribuent à vous faire aimer la vie et à l'épanouir en vous comme un don de Dieu: parents, amis et tout le personnel de cette maison. Au-delà de vos personnes, je salue les autres handicapés — hommes et femmes — de cette région du Québec et ceux du Canada. À la suite de Jésus de Nazareth, je désire me faire proche de vous, et aussi approfondir avec vous le sens spirituel de votre souffrance et de votre espérance de vivre pleinement.

Tout d'abord, j'exprime spontanément mon admiration, mes félicitations, mes encouragements à ceux qui ont organisé ce Centre et assurent quotidiennement son fonctionnement. Le *nom de François-Charon* est déjà bien évocateur: au cours du siècle des fondateurs, il a fait l'expérience de la maladie, et il a décidé d'abandonner son affaire lucrative de pelleteries pour consacrer ses efforts et son argent aux déshérités: enfants, orphelins, estropiés, vieillards, infirmes, visant à la fois les soins, l'éducation et l'obtention d'un métier. Sa maison de charité n'est-elle pas devenue l'hôpital général de Montréal?

Et aujourd'hui, après la fusion, voilà cinq ans, de deux institutions un peu semblables, le Centre François-Charon se veut *à l'avant-garde de la science, de la technique et de la pédagogie* pour offrir ses services en réadaptation physique et psychosociale à un nombre croissant de personnes adultes handicapées physiques de l'est du Québec.

Non seulement elles y trouvent des instruments et des méthodes perfectionnées de rééducation fonctionnelle, mais les moyens d'acquérir toute l'autonomie possible dans leur milieu propre, et le reclassement professionnel pour une intégration dans la société. Pour cela, vos équipes comprennent des spécialistes de toutes les branches, travaillant selon une philosophie qui veut donner à chacun des chances égales et une égale dignité humaine. C'est merveilleux, et je souhaite que les scientifiques continuent d'inventer tout ce qui peut soulager efficacement la souffrance.

Mais ces instruments et cette compétence, chers membres du personnel, ne parviendraient pas à épanouir les handicapés sans le dévouement, l'attention, le soutien, la *chaleur humaine* dont ils ont aussi besoin, et je sais que vous les prodiguez dans cette Maison. Je suis frappé par la jeunesse des employés, mus par un idéal de service, qui apportent ici leur disponibilité et leur dynamisme. Je n'oublie pas non plus les nombreux bénévoles qui, par leurs visites, ici et à domicile, assurent un climat d'amitié et de service.

Ce qui mérite aussi un encouragement, c'est le souci de cette entreprise d'intégrer la *dimension spirituelle* dans son œuvre de réadaptation humaine. Le signe en est cette belle chapelle au cœur du Centre. Ainsi tous ceux qui le veulent peuvent s'y recueillir devant le Seigneur, participer à l'eucharistie, méditer et chanter avec les autres, rencontrer le prêtre et ceux qui participent à l'activité du bureau pastoral. La personne forme un tout — corps et âme — et chaque événement personnel — épreuve, effort ou guérison — est lié au spirituel.

Oui, je forme les meilleurs vœux pour le service qualifié de ce Centre, et des autres centres semblables du Québec.

J'y vois un signe du prix que ce peuple sait accorder à *la dignité des personnes handicapées*, malgré la séduction qu'éprouve le monde moderne pour la productivité, le profit, l'efficacité, la rapidité, les records de la force physique.

Nos sociétés, Dieu merci, semblent prendre peu à peu conscience de la place des handicapés. Ceux-ci ont des droits qui ont été souvent négligés. *L'Organisation des Nations Unies* a publié le 9 décembre 1975 une déclaration sur ces droits qui mérite notre louange. Elle a aussi décrété en 1981 l'Année internationale des personnes handicapées. Mais il faut que ces bonnes intentions s'incarnent dans les réalités de chaque région, et là, il y a des difficultés matérielles et des obstacles psychologiques à surmonter, des progrès à réaliser.

L'Église s'y est toujours intéressée au premier chef, et elle a fait fleurir au cours des siècles des oeuvres d'une grande générosité pour venir en aide, comme le Christ, aux handicapés, persuadée de la valeur unique de chaque personne. Le 4 mars 1981, le Saint-Siège a publié un long document qui réaffirme les principes fondamentaux et les lignes d'action (*L'Osservatore Romano*, édition hebdomadaire en langue française, 24 mars 1981). J'aime ici le redire avec clarté et vigueur: *la personne handicapée est un sujet humain à part entière, avec tous les droits correspondants, innés, sacrés et inviolables* — qu'elle le soit par infirmité, de naissance ou à la suite de maladies chroniques, d'accidents, comme aussi par débilité mentale ou infirmité sensorielle, et quelle que soit l'importance de ses lésions. On doit lui faciliter la *participation* à la vie de la société dans toutes ses dimensions et à tous les niveaux accessibles à ses possibilités: famille, école, travail, communauté sociale, politique, religieuse. En pratique, cela suppose le respect absolu de la vie humaine du handicapé, dès sa conception et à tous les stades de son développement.

Il faut non seulement chercher à vaincre les handicaps, mais aussi leurs causes. Ils ont souvent des causes naturelles, malformation de l'organisme ou maladie, nous pensons aussi à la guerre, à la pollution, aux abus d'alcool ou de drogue, aux imprudences de circulation. Et encore aux causes psychologiques et morales: une « écologie » spirituelle s'impose au même titre qu'une écologie naturelle. Il faut aider les familles souvent désemparées, et bien méritantes, et pour cela il faut réaliser des maisons d'accueil comme celle-ci soucieuses de liens avec la famille. Il faut tendre à donner une formation, un emploi adapté avec une juste rémunération, des possibilités de promotion et des conditions de sécurité qui évitent le traumatisme facile des handicapés: cela demande de l'imagination et de l'audace, pour toutes sortes d'initiatives sociales, avec l'aide des pouvoirs publics. J'y ai consacré tout un paragraphe de mon encyclique sur le travail (no 22). Il importe finalement que le handicapé soit non seulement assisté et aimé, mais qu'il prenne, autant que possible, conscience de sa dignité, de ses ressources, de ses possibilités de vouloir, de communiquer, de collaborer, d'aimer, de donner à son tour, en luttant chaque jour pour garder et développer ses capacités.

En définitive, *la qualité d'une société ou d'une civilisation* se mesure au respect qu'elle manifeste envers les plus faibles de ses membres. Une société techniquement parfaite, dans laquelle seuls sont admis les membres pleinement productifs, devrait être considérée comme radicalement indigne de l'homme, pervertie par une sorte de discrimination non moins condamnable que la discrimination raciale. La personne handicapée est l'un d'entre nous, participe à notre humanité même. Reconnaître et promouvoir sa dignité et ses droits, c'est reconnaître notre propre dignité et nos droits.

Telles sont les convictions de l'Église (cf. document susdit du Saint-Siège), qu'elle se réjouit de voir partagées et mises en pratique dans un bon nombre de législations et de sociétés.

Mais, chers amis, *le chrétien puise dans sa foi* des motifs plus profonds encore, et une force particulière pour cette oeuvre en faveur des handicapés.

L'Évangile nous montre Jésus qui passe en faisant le bien. Il accueillait tous ceux qui souffraient physiquement ou moralement; il allait même à leur rencontre. Il leur annonçait la Bonne Nouvelle de l'amour de Dieu et de leur salut par la foi. Et dans ce salut, il visait en même temps le corps et l'âme. En réconfortant les infirmes — estropiés, paralysés, aveugles, sourds —, il voulait les arracher à leur misère, et leur guérison, en réponse à leur foi, était le signe de la vie plénière qu'il annonçait: « Lève-toi et marche! »

Il ne s'est pas contenté d'être proche de la souffrance et de la soulager, il l'a prise sur lui. Il est devenu volontairement l'homme des douleurs, familier de la souffrance, et finalement de celle des torturés, des condamnés à mort. Parce qu'il a ainsi offert sa vie, lui, le Fils bien-aimé du Père, Dieu l'a ressuscité, et le Christ nous a ainsi ouvert les portes de la Vie. Il nous garantit que la vie aura le dernier mot.

Le message qu'il nous a laissé, c'est donc que vous, handicapés, vous cherchiez avec Lui à *lutter contre le mal*, à vaincre les obstacles dont souffre votre corps, avec l'aide de la technique et de la science, et par le courage de l'amour.

C'est aussi que nous devenions les uns pour les autres de *bons samaritains* (cf. Lettre *Salvifici doloris*, nos 28-30) non seulement en nous arrêtant près de l'homme qui souffre des blessures de la vie, mais en lui portant un secours efficace, en nous donnant nous-mêmes à cet homme avec lequel le Christ s'identifie: « Ce que vous avez fait à l'un de mes frères, c'est à moi que vous l'avez fait ».

J'ai parlé jusqu'ici, chers Frères et Sœurs en Jésus Christ, de la noblesse de cette lutte tenace contre le mal physique, avec ce qu'elle suppose de compétence technique, de courage, de solidarité et d'espérance. Et telle est bien la volonté de Dieu.

Mais le *mystère de votre souffrance* est plus profond, et je voudrais y descendre avec vous, comme je l'ai fait dans ma lettre du 11 février de cette année, en la fête de Notre-Dame de Lourdes: « Au cœur de toute souffrance éprouvée par l'homme… apparaît inévitablement la question: pourquoi? C'est une question pour la cause, la raison; c'est en même temps une question sur le but et, en définitive, sur le sens » (no 9). « Chaque personne entre presque toujours dans la souffrance avec une protestation tout à fait humaine et en se posant la question du 'pourquoi'… » (no 26). Elle adresse cette interrogation à Dieu, comme Job, et elle l'adresse aussi au Christ. Même si elle identifie la cause seconde qui a provoqué son handicap, même si elle espère le surmonter et si elle y parvient de fait avec sa volonté et les moyens de rééducation, le problème subjectif demeure entier: pourquoi cette souffrance, cette limite en moi, à telle période de ma vie? Ce mystère nous accompagne, comme il accompagne toutes les épreuves humaines et le travail humain lui-même. Le Christ répond, d'une certaine façon, de sa Croix, au plus profond de sa propre souffrance. Ce n'est pas une réponse abstraite; c'est un appel, que l'homme met du temps à entendre.

Le Christ a donné une valeur rédemptrice universelle à sa propre souffrance, qui semblait lui être imposée du dehors; il l'a assumée dans l'obéissance envers son Père, dans l'amour envers les hommes, pour les libérer de leur péché qui est cause de souffrance et de mort. Et nous *participons nous-mêmes à cette Rédemption, si nous y consentons*. Ce consentement n'est ni fatalité, ni résignation à la souffrance qui demeure en soi un mal et qui oblige à lutter. Mais Dieu nous montre comment tirer le bien du mal en offrant cette souffrance telle qu'elle est ressentie aujourd'hui, avec la Croix du Christ. Je suis sûr que beaucoup d'entre vous ont fait ou font ici cette expérience, dans la foi. La douleur demeure. Mais le cœur reçoit sérénité et paix. Il surmonte le sentiment d'inutilité de la souffrance (cf. *ibid.*, no 27). Il s'ouvre à l'amour. Il aide les personnes de son entourage à sortir d'elles-mêmes, à se donner. Il est témoin de la foi et de l'espérance. Il croit, dans le mystère de la communion des saints, qu'il est utile au salut de ses frères et soeurs à travers le monde. Il entre dans la mission rédemptrice avec le Christ.

De ce témoignage émouvant, nous remercions les handicapés, et tous ceux qui les accompagnent discrètement dans ce cheminement spirituel. Il est important que les handicapés et malades s'entraident dans des associations, non seulement pour humaniser leurs conditions de vie et faire valoir leurs droits, mais pour mieux accéder à ce mystère. Personne ne peut imposer sa foi, mais chacun peut en vivre et en témoigner, et apporter une inspiration et un dynamisme nouveaux au cœur des établissements de santé: Bienheureux ceux qui comprennent ce langage des béatitudes! *La souffrance* humaine est dès lors une *force qui peut contribuer à transformer le monde*.

Oui, avec le Christ vous devez *aimer la vie*: « Je suis venu pour qu'on ait la vie, et qu'on l'ait en abondance » (*Jn* 10, 11). La vie naturelle de votre organisme corporel, de ses fonctions réhabilitées, de ses sens; la vie des facultés intellectuelles et des capacités d'amour. Mais aussi la *vie plus mystérieuse, surnaturelle*, que Dieu dépose dans les croyants par le baptême, qui est sa Vie divine, la participation à sa vie trinitaire. Elle n'est pas tributaire des handicaps physiques; elle contraste même avec la faiblesse du corps. Cette vie est invisible pour les yeux, mais elle donne aux personnes leur beauté intérieure et leur force secrète; elle demeure et s'épanouit au-delà de cette vie terrestre. Et la grandeur des *sacrements*, notamment de l'eucharistie et de la réconciliation, est de nous introduire dans cette Vie. Cette chapelle en est le lieu privilégié.

Voilà, chers amis, l'essentiel du message de l'Évêque de Rome présent au milieu de vous.

Ici, vous me semblez particulièrement aidés, entraînés à retrouver le goût de vivre. Je ne puis m'empêcher de penser — et c'est une intention de prière que je vous confie — à tous les *autres handicapés* de ce pays, du monde; aux handicapés mentaux, aux malades gravement atteints, à ceux qui ont des lésions telles qu'il n'y a pas d'espoir humain d'amélioration et qui ont droit au même respect de la vie; aux handicapés sans défense, enfants à naître et vieillards, auxquels je voudrais prêter ma voix : « Nous avons le droit de naître, nous avons le droit de vivre! ». Je pense aux pays trop pauvres pour pouvoir organiser des centres de rééducation comme celui-ci.

Nous sommes tous solidaires dans la souffrance de nos frères et, comme je le disais au seuil de l'Année internationale des handicapés (1er janvier 1981) : « Si seulement une minime partie du budget réservé à la course aux armements était consacrée à cet objectif, on pourrait obtenir d'importants succès et soulager le sort de nombreuses personnes souffrantes ».

Avant de vous quitter — et je garderai intense le souvenir de cette visite —, je redis aux handicapés de ce Centre mon affection et mes encouragements. Je le dis aussi à leurs familles et à tout le personnel si méritant de cette Maison. Le Concile Vatican II a reconnu dans une telle présence de charité le centre vital de l'apostolat des laïcs (cf. Décret *Apostolicam actuositatem*, no 8). Je pense aussi aux religieux et aux religieuses qui ont mis leur vie consacrée au service des handicapés, et à tous les prêtres qui leur apportent les signes efficaces de l'amour du Christ.

L'Apôtre Pierre a dit au boiteux de la Belle Porte : « Je n'ai ni or, ni argent; au nom de Jésus Christ, lève-toi et marche! ». Ce pouvoir de guérir miraculeusement appartient à Jésus Christ. Aujourd'hui, le successeur de Pierre vous remercie de votre accueil et de votre témoignage, et il espère que son passage parmi vous aura contribué à fortifier votre foi, cette foi qui éclaire, dilate et élève votre vie. Je demande à Marie, notre Mère, de vous obtenir ce don de l'Esprit Saint. Et je prie Dieu, Père, Fils et Saint-Esprit, de vous combler de ses bénédictions.

DISCOURS AUX AMÉRINDIENS ET INUIT

SAINTE-ANNE DE BEAUPRÉ

Le 10 septembre 1984

Frères et soeurs bien-aimés,

Je vous remercie de tout coeur d'être venus de toutes vos régions, même les plus lointaines, pour me donner l'occasion de vous rencontrer comme je rencontrerai vos frères et soeurs à Huronia et à Fort Simpson[1]. Vous représentez les premiers habitants de cette immense région de l'Amérique du Nord. Durant des siècles, vous l'avez marquée de votre empreinte, de vos traditions, de votre civilisation. D'autres vagues de populations sont venues d'Europe, avec leur propre culture et la foi chrétienne. Elles ont pris place à côté de vous; ce continent si vaste permettait une cohabitation qui a eu ses heures difficiles mais qui aussi s'est révélée fructueuse. Dieu a donné la terre à tous les hommes. Aujourd'hui vous avez votre place bien marquée en ce pays.

Sans rien perdre de votre identité culturelle, vous avez compris que le message chrétien vous était destiné par Dieu, tout comme aux autres. Aujourd'hui, je viens vous saluer, vous les Autochtones qui nous rapprochez des origines du peuplement au Canada, et je viens célébrer avec vous notre foi en Jésus Christ. Je me rappelle ce beau jour de la béatification de Kateri Tekakwitha, à Rome, où plusieurs d'entre vous étaient présents. Je n'oublie pas les chaleureuses et pressantes invitations que vous m'avez adressées. Mais je ne pouvais aller visiter

(1) Rencontre qui, malheureusement, n'a pas eu lieu (note de l'éditeur)

chacun de vos villages et territoires : ceux des différentes nations d'Amérindiens, dispersés en de nombreuses régions du Canada, et ceux des Inuit, dont l'horizon familier est celui des neiges et des glaces avoisinant le pôle nord. C'est pourquoi j'ai voulu vous rencontrer ici, à Saint-Anne de Beaupré, sur ce terrain même où vous dressez vos tentes chaque année. Vous venez ici en pèlerins, pour prier sainte Anne que vous appelez, de façon si attachante, votre grand-maman. Vos ancêtres sont venus souvent prier ici depuis que les Hurons y firent leur premier pèlerinage en 1671 et les Micmacs en 1680. Ils entraient ainsi dans ce grand mouvement populaire qui allait faire de ce lieu l'un des sanctuaires les plus fréquentés en Amérique du Nord.

Au nom de tous les pèlerins, en union avec les évêques de ce pays, je veux dire un grand merci aux *Rédemptoristes* et à leurs collaborateurs. Grâce à eux, ce sanctuaire est toujours bien vivant. Attentifs à la dévotion populaire, ils ont su faire place aux gestes qui expriment librement et avec force la foi, la prière et le besoin de réconciliation. Grâce à eux, sainte Anne, la mère de Marie, est toujours invoquée dans de nombreuses familles canadiennes.

Mais nous devons aussi rendre grâce pour tous ceux qui, par amour pour vous, sont venus proposer à vos ancêtres et à vous-mêmes de devenir des frères en Jésus Christ, pour vous faire profiter du Don qu'ils avaient eux-mêmes reçu. Je pense aux Jésuites, comme les Pères Vimont et Vieuxpont qui, du Fort Sainte-Anne, au Cap Breton, ont porté l'Évangile aux Micmacs, et les ont aidés à donner leur foi à Jésus Sauveur, en vénérant sa mère Marie et la mère de Marie, sainte Anne.

Je pense à beaucoup d'autres religieux et religieuses de grand mérite, de l'époque des fondateurs à nos jours. Je tiens à nommer spécialement les *Missionnaires Oblats de Marie-Immaculée*. Ils ont pris en charge cette vaste région du Grand Nord canadien. Ils ont consacré leur vie à l'évangélisation et au soutien de très nombreux groupes d'Amérindiens, en partageant leur vie, en devenant les pasteurs, les évêques de ceux qui sont devenus croyants. Et de même, ils ont été les premiers missionnaires catholiques à aller au-devant des Inuit et à demander au milieu d'eux pour y témoigner de Jésus Christ, et y fonder l'Église ; l'intercession de sainte Thérèse de l'Enfant-Jésus, patronne des missions, a contribué à féconder leur apostolat laborieux.

Mais il faut dire aussi que les diverses populations amérindiennes, dès le milieu du dix-septième siècle, puis en leur temps les Inuit, se sont montrés accueillants à l'annonce de Jésus Christ. Aujourd'hui, ces chrétiens, à part entière dans l'Église, même s'ils ne le sont pas tout à fait dans la société, savent participer activement — et souvent en couple — à la catéchèse de leurs frères et de leurs enfants, à l'animation de leur prière; ils sont fidèles à la célébration de l'eucharistie; souvent ils prennent leurs responsabilités dans les conseils pastoraux. Oui, je regrette de ne pouvoir aller sur place encourager ces valeureux missionnaires et ces valeureux chrétiens qui portent en eux le sang et la culture des premiers habitants de ce pays.

Au cours des siècles, chers Amérindiens et Amérindiennes, chers Inuit, vous avez découvert progressivement dans vos cultures des manières propres de vivre votre relation avec Dieu et avec le monde en voulant être fidèles à Jésus et à l'Évangile. Continuez à cultiver ces valeurs *morales et spirituelles* : le sens aigu de la présence de Dieu, l'amour de votre famille, le respect des personnes âgées, la solidarité avec votre peuple, le partage, l'hospitalité, le respect de la nature, l'importance donnée au silence et à la prière, la foi en la Providence. Gardez précieusement cette sagesse. La laisser s'appauvrir, ce serait appauvrir aussi les gens qui vous entourent. Vivre ces valeurs spirituelles de façon nouvelle requiert de votre part maturité, intériorité, approfondissement du message chrétien, souci de la dignité de la personne humaine, fierté d'être Amérindien et Inuit. Cela exige le courage d'éliminer toute forme d'asservissement capable de compromettre votre avenir.

Votre rencontre de l'Évangile non seulement vous a enrichis, mais elle a enrichi l'Église. Nous savons bien que cela ne s'est pas fait sans difficulté, et parfois même sans maladresse. Cependant, vous en faites l'expérience aujourd'hui, l'Évangile ne détruit pas ce qu'il y a de meilleur en vous. Au contraire, il féconde comme de l'intérieur les qualités spirituelles et les dons qui sont propres à vos cultures (cf. *Gaudium et spes*, no 58). D'autre part, vos traditions amérindiennes et inuit permettent de nouvelles expressions du message du Salut et nous aident à mieux comprendre à quel point Jésus est Sauveur et son salut catholique, c'est-à-dire universel.

Cette reconnaissance de ce que vous avez accompli ne saurait faire oublier les grands défis qui se posent à vos peuples dans le contexte nord-américain actuel. Comme tous les autres citoyens, mais avec plus d'acuité, vous craignez les répercussions des transformations économiques, sociales et culturelles sur vos manières de vivre traditionnelles. Vous vous inquiétez du devenir de votre identité indienne, de votre identité inuit, et du sort de vos enfants et petits-enfants. Toutefois, vous ne rejetez pas les progrès de la science et de la technologie. Vous percevez les défis qu'ils posent, et vous savez déjà en tirer profit.

Avec raison, cependant, vous voulez contrôler votre avenir, préserver vos caractéristiques culturelles, mettre en place un système scolaire qui respecte vos langues propres.

Le Synode des évêques sur « la justice dans le monde » (1971) proclamait que, dans la collaboration mutuelle, chaque peuple devait être le principal artisan de son progrès économique et social, et aussi que chaque peuple devait prendre part à la réalisation du bien commun universel comme membre actif et responsable de la société humaine (cf. Proposition no 8). C'est dans cette optique que vous devez être les artisans de votre avenir, en toute liberté et responsabilité. Que la sagesse des anciens s'allie à l'esprit d'initiative et au courage des plus jeunes pour relever ce défi!

Cette ténacité dans la sauvegarde de votre personnalité est compatible avec un esprit de dialogue et d'accueil bienveillant entre tous ceux qui aujourd'hui, après être venus par vague successives, sont appelés à former la population très diverse de ce territoire vaste comme un continent et à y apporter une forme de développement.

Je sais que les relations entre Autochtones et Blancs sont encore souvent tendues et empreintes de préjugés. De plus, nous devons constater qu'en plusieurs endroits les Autochtones sont parmi les plus pauvres et les plus marginalisés de la société. Ils souffrent des retards apportés à une juste compréhension de leur identité et de leurs aptitudes à participer aux orientations de leur avenir.

Ceux qui gouvernent ce pays ont de plus en plus à cœur de respecter vos cultures et vos droits, et de rectifier les situations pénibles. Cela s'exprime déjà dans certains textes législatifs, susceptibles de progrès,

40

et dans une meilleure reconnaissance de vos propres lieux de décision. Il est à souhaiter que se développent des collaborations efficaces et un dialogue qui repose sur la bonne foi et l'acceptation de l'autre dans sa différence. L'Église n'intervient pas directement dans ce domaine civil, mais vous savez la sollicitude qu'elle a pour vous et qu'elle essaie d'inspirer à tous ceux qui veulent vivre de l'esprit chrétien.

Nous, comme disciples de Jésus Christ, nous savons que l'Évangile nous appelle à vivre en frères; nous savons que Jésus Christ rend possibles les réconciliations entre peuples, avec tout ce qu'elles exigent de conversion, de justice et d'amour social. Si nous croyons vraiment que Dieu nous a créés à son image, nous pourrons nous accepter les uns les autres dans nos différences, malgré nos limites et notre péché.

En recherchant une bonne entente entre les habitants de ce pays, face aux difficultés du monde moderne, il faut que vous ayez tous confiance en ce que vous pouvez faire pour vous entraider et vous renouveler. Jésus Christ, en qui nous croyons, peut briser les chaînes de nos égoïsmes personnels et collectifs. Il donne la force de son Esprit pour triompher des difficultés et réaliser la justice.

Assurés de l'amour de Dieu pour vous, mettez-vous à la tâche, rappelez-vous sans cesse que l'Église de Jésus Christ est votre Église. Elle est le lieu où le Soleil de la Parole vous éclaire, où vous trouvez la nourriture et la force pour continuer votre chemin. Elle est comme ces « caches », ces « hiding places », que vos ancêtres construisaient tout au long de leur pérégrination afin qu'aucun ne soit pris au dépourvu. Permettez-moi de reprendre cette description de l'Église dans quelques-unes de vos langues, ce sera une manière de me faire plus proche de vous et de vous exprimer mon affection fraternelle.

> The Church is the ASADJIGAN of God
> for you   (Algonquin)
> L'Église est le SHESHEPETAN de Dieu
> pour vous   (Montagnais)
> The Church is the SHISHITITAGAN of God
> for you   (Cris)
> L'Église est le TESHITITAGAN de Dieu
> pour vous   (Atikamek)

The Church is the IA-IEN-TA-IEN-TA-KWA of God
for you   (Mohawk)
L'Église est l'APATAGAT de Dieu
pour vous   (Micmac)

Nous devons maintenant nous quitter. Dans la langue de nos frères et soeurs Inuit, j'aimerais vous assurer que vous êtes mes amis, vous tous qui êtes aimés de Dieu: ILANNAARIVAPSI TAMAPSI NAGLIJAUVUSI JISUSINUT.

Je vous porterai dans mon coeur et dans ma prière. Je vous confierai à Marie et à sainte Anne pour que vous grandissiez dans la foi et que vous soyez, à votre façon, des témoins de Jésus Christ en ce pays. Et au nom de Jésus Christ, je vous bénis de tout coeur.

VISITE AU VIEUX SANCTUAIRE DE NOTRE-DAME DU CAP

TROIS-RIVIÈRES

Le 10 septembre 1984

Chers Frères et Soeurs,

Aussi loin que remonte ici l'évangélisation, on trouve la dévotion à la Vierge Marie. Comment annoncer et réaliser l'oeuvre de son Fils sans regarder vers sa Mère, sans admirer sa disponibilité et sa foi, sans implorer son intercession? Ce très ancien sanctuaire de Notre-Dame du Cap-de-la-Madeleine en est le signe, et je suis heureux d'en être à mon tour pèlerin.

On vient ici de tout le Québec, des autres provinces, de tout le Canada. Ces moments de pèlerinage sont des temps forts de la vie chrétienne, des grands moments de prière communautaire et personnelle, avec une liberté et une simplicité qu'on ne trouve pas toujours chez soi; ce sont des occasions de ressourcement à l'écoute de la Parole de Dieu. On vient déposer aux pieds de Marie ses soucis et ses demandes, avec une confiance qui plaît à Dieu; souvent on redécouvre en même temps sa propre vocation, chrétienne, sacerdotale, ou religieuse. La contemplation de Marie Immaculée amène à désirer la purification, le sacrement de pénitence, le besoin d'un coeur nouveau, animé de l'Esprit Saint. Et je suis sûr que beaucoup repartent d'ici, après avoir prié ensemble avec Marie comme à la Pentecôte, avec un zèle apostolique accru.

Il est donc très important que ces pèlerinages soient bien accueillis, accompagnés; que l'esprit de prière et le meilleur sens ecclésial y soient entretenus. Aussi je félicite et j'encourage les Missionnaires Oblats de Marie Immaculée qui, depuis 82 ans, ont pris en charge ce sanctuaire. J'évoquais ce matin le très beau travail d'évangélisation que vos confrères, chers amis Oblats, ont réalisé et continuent d'accomplir dans tout le Grand Nord canadien et en beaucoup d'autres régions, surtout au service des Amérindiens. Mais en un sens, ce ministère de Notre-Dame du Cap-de-la-Madeleine est aussi missionnaire. Il doit permettre un renouveau du peuple de Dieu. Et il se situe dans la ligne de votre spiritualité mariale que vous avez contribué à affirmer et à répandre au Canada.

En ce lieu, je salue aussi les religieux et les religieuses qui viennent s'unir aux pèlerins, les servir et prier avec eux. J'apprécie spécialement aujourd'hui la présence des soeurs contemplatives qui, comme Marie, la soeur de Marthe, se tiennent devant le Seigneur, en adoration, pour s'unir à la louange du Père, à son offrande rédemptrice, pour témoigner leur amour fervent au Christ qui nous a tant aimés et qui demeure ici dans le Très Saint Sacrement. Chères Soeurs, avec Marie, Mère de Jésus, vous contemplez son Fils: « Ave verum corpus, natum de Maria Virgine! ». Cette prière silencieuse, gratuite, est un témoignage capital pour tous les pèlerins de ce sanctuaire, et elle est d'une mystérieuse fécondité pour l'approfondissement de leur démarche spirituelle.

Frères et Soeurs, que la très Sainte Vierge vous obtienne paix et joie au service du Seigneur! Par son intercession, que Dieu bénisse le ministère que l'Évêque de Rome accomplit en ce lieu! Et qu'Il accueille la prière qui va s'élever maintenant, auprès de cette basilique, dans notre rassemblement eucharistique!

HOMÉLIE (CAP-DE-LA-MADELEINE)
TROIS-RIVIÈRES
Le 10 septembre 1984

Chers Frères et Soeurs,

« Heureuse celle qui a cru! » (*Lc* 1, 45). Ces paroles ont été adressées à Marie de Nazareth par sa parente Élisabeth, lors de la Visitation.

Elles font partie de la *seconde salutation* que Marie a reçue. *La première* était celle de l'ange, lors de l'Annonciation : « Je te salue, pleine de grâce, le Seigneur est avec toi » (*Lc* 1, 28). C'est ainsi que s'exprima Gabriel, l'Annonciateur envoyé par Dieu à Nazareth en Galilée.

À l'occasion de la visitation de Marie dans la maison de Zacharie, *cette salutation de l'ange* trouve dans la bouche d'Élisabeth son complément humain : « Tu est bénie entre toutes les femmes et le fruit de tes entrailles est béni » (*Lc* 1, 42).

Cette salutation humaine et celle de l'ange à Marie *sont imprégnées de la même lumière.* L'une et l'autre sont la *Parole de Dieu,* dans la bouche de l'Archange comme dans celle d'Élisabeth.

L'une et l'autre forment un *ensemble unifié.* L'une et l'autre sont devenues notre prière à la Mère de Dieu, *la prière de l'Église.* « Comment ai-je ce bonheur que la mère de mon Seigneur vienne jusqu'à moi? » (*Lc* 1, 43).

Élisabeth est la première qui *a professé la foi de l'Église:* Mère de mon Seigneur, Mère de Dieu, Theotokos!

« Heureuse celle qui a cru à l'accomplissement des paroles qui lui furent dites de la part du Seigneur! » (*Lc* 1, 45). Aujourd'hui, ces paroles d'Élisabeth, adressées à Marie à la Visitation, sont répétées par toute l'Église.

Toute l'Église, par ces paroles, bénit avant tout *Dieu* lui-même: « Béni soit Dieu, le Père de Jésus Christ notre Seigneur » (*1 P* 1, 3).

Notre Seigneur, Jésus Christ, est le Fils. Il est de *la même nature que le Père. Il s'est fait homme* par l'oeuvre de l'Esprit Saint. Il s'est incarné à l'Annonciation dans le sein de la Vierge de Nazareth, et il est né d'elle comme homme véritable. Il est Dieu fait homme. Concrètement, *cela s'est accompli en Marie* au moment de l'Annonciation de l'ange Et *en cela, en ce mystère, elle a cru, la première;* elle a cru en Dieu lui-même sur les paroles de l'ange. Elle a dit « fiat », que tout se passe pour moi selon ta parole! « Me voici, je suis la servante du Seigneur ».

Et il en fut ainsi.

Quand l'Église bénit Dieu, le Père de Jésus Christ, avec les paroles de la première lettre de Pierre, *elle bénit aussi ce « fiat »* de Marie, de la Servante du Seigneur.

Avec les paroles de l'Apôtre Pierre, l'Église s'unit à Marie dans sa foi. « Béni soit Dieu, le Père de Jésus Christ notre Seigneur: dans sa grande miséricorde, *il nous a fait renaître grâce à la résurrection de Jésus Christ* pour une vivante espérance, pour l'héritage qui ne connaîtra ni destruction, ni souillure, ni vieillissement. Cet héritage vous est réservé dans les cieux, à vous que la puissance de Dieu garde dans la foi, *en vue du salut* qui est prêt à se manifester à la fin des temps » (*1 P* 1, 3-5).

Voilà la foi *de l'Église* et l'espérance de l'Église. Mais par-dessus tout, voilà *la foi de Marie.* Elle a sa part, une part suréminente, dans la foi et l'espérance de l'Église. Elle cru avant tous les autres, mieux que tous les autres. Elle a cru avant les Apôtres. Alors que sa parenté ne croyait pas en Jésus (*Jn* 7, 5), que les foules avaient plus d'enthousiasme que de foi, elle était inébranlable dans la foi.

Marie est le *Modèle primordial de l'Église* qui chemine sur la voie de la foi et sur la voie de l'espérance. Sur le chemin de la foi, de l'espérance et de la charité. Au sommet de la Constitution sur l'Église, le Concile Vatican II s'exprime ainsi: « De l'Église... la Mère de Dieu est le modèle dans l'ordre de la foi, de la charité et de la parfaite union au Christ... C'est dans la foi et dans son obéissance qu'elle a engendré sur la terre le Fils du Père... comme une nouvelle Ève qui donne, non à l'antique serpent, mais au messager de Dieu, une foi que nul doute n'altère. Elle engendra son Fils, dont Dieu a fait le premier-né parmi beaucoup de frères (*Rm* 8, 29), c'est-à-dire parmi les croyants, à la naissance et à l'éducation desquels elle apporte la coopération de son amour maternel» (*Lumen gentium,* n.63).

« Bienheureuse celle qui a cru »... Ces paroles d'Élisabeth, que l'Église entière a faites siennes, nous les répétons aujourd'hui dans le sanctuaire de Notre-Dame du Cap en terre canadienne.

L'Église qui est sur cette terre exulte de joie en professant, en ce lieu-même, *sa participation à la foi de Marie.*

Avec toute l'Église universelle, l'Église de chez vous remercie Marie *de l'avoir aidée à construire la foi* du peuple de Dieu au cours de nombreuses générations.

Oui, dès que le témoignage de la foi catholique a été apporté sur cette terre du Canada, et partagé par la population, *la Vierge Marie a eu une grande part* dans l'adhésion à Jésus Sauveur, le Verbe incarné en elle, et dans la croissance de ce peuple de croyants. Les fondateurs de cette Église étaient des hommes de grande foi, consacrés à Notre-Dame. Il ne pouvait en être autrement. Il en est ainsi dans tous les pays, et vous savez que mes compatriotes en Pologne en ont fait profondément l'expérience. Il s'agit d'une dévotion fortement ancrée dans le coeur du peuple chrétien, dans sa prière quotidienne, dans les familles et dans les communautés paroissiales, et elle se concrétise toujours par l'érection de quelques *sanctuaires mariaux importants,* où les fidèles aiment venir en pèlerinage et où la Vierge elle-même manifeste de façon particulière sa tendresse et sa puissante intercession.

Ce fut le cas ici, et, chers Frères et Soeurs, vous en connaissez sûrement l'histoire. Je l'évoque parce que j'en ai été moi-même touché. Dès 1651, l'Abbé Jacques de la Ferté, curé de Sainte-Madeleine de Châteaudun, en France, faisait don de ce fief du Cap aux missionnaires jésuites. Dans la bourgade que ceux-ci fondèrent aussitôt en ce lieu, le jour de la Présentation de Marie, en appelant cette paroisse le Cap-de-la-Madeleine, la dévotion mariale devint telle qu'une Congrégation du Rosaire y était instituée avant la fin de ce XVIIe siècle. C'est là que fut érigée, dès 1714, le sanctuaire qui est devenu *le sanctuaire marial national et la plus vieille église du Canada*. Mais la tradition rapporte des faits encore plus émouvants. En 1879, les paroissiens du Cap-de-la-Madeleine, tout au long de l'hiver, ont supplié la Vierge Marie et travaillé avec un courage inouï pour pouvoir transporter ici les pierres nécessaires au nouvel édifice marial sur un pont de glace providentiellement formé sur le Saint-Laurent, appelé désormais *le pont des Chapelets*. Et ils ont recueilli de la Vierge le signe qu'elle approuvait cette initiative. Ces faits, chers Frères et Soeurs, témoignent admirablement de la foi de vos pères, de leur juste compréhension du rôle de Marie dans l'Église. Depuis lors, la même piété mariale a entraîné ici, de tout le Canada, *des milliers de pèlerins* venus chercher foi et courage auprès de leur Mère! Des gens de tous âges et de toutes conditions; des petits et des pauvres surtout; des jeunes foyers et des couples jubilaires; des parents soucieux de l'éducation de leurs enfants; des jeunes, des personnes en recherche de Celui qui est « le Chemin, la Vérité et la Vie »; des malades en quête d'un surcroît de force et d'espérance; des missionnaires venus consacrer leur apostolat difficile à la Reine des Apôtres; tous ceux qui désirent un élan nouveau pour servir le Seigneur, servir l'Église, et servir leurs frères, comme Marie se rendant chez Élisabeth.

Ces pèlerinages vous font vivre « des heures du ciel », comme disent certains, dans la joie de la foi, avec Marie; et bien loin de nous faire évader de nos tâches quotidiennes, ils nous donnent une force nouvelle pour vivre l'Évangile aujourd'hui, tout en nous aidant à traverser jusqu'à l'autre rive de la vie où Marie « brille déjà comme un signe d'espérance assurée et de consolation devant le peuple de Dieu en pèlerinage » (*Lumen gentium,* no 68).

Oui, ce pèlerinage marial demeure une grâce immense faite au peuple canadien. Puisse le flot de priants ne jamais tarir en ce lieu! Puisse-t-il remplir souvent cette basilique, que vous avez récemment reconstruite et agrandie sous le vocable de Notre-Dame de l'Immaculée-Conception! Je pense avec satisfaction à *ces douze mille jeunes* des écoles primaires du Canada venus ici préparer ma visite. J'ai eu connaissance des messages qu'ils m'ont adressés à cette occasion. Je les remercie. Je les félicite. Je leurs dis: avec Marie, construisez vous aussi l'Église du Canada.

Moi-même, si désireux de marquer chacune de mes visites pastorales par un pèlerinage au grand sanctuaire marial du pays, je suis ému et comblé de me faire *pèlerin de Marie, en ce lieu,* et de recommander à notre Mère ma mission apostolique et la fidélité de tout le peuple chrétien du Canada.

Aujourd'hui, en effet, nous venons au sanctuaire de Notre-Dame du Cap *en tant que génération de notre temps.* Nous venons prier avec l'évêque de Trois-Rivières, Monseigneur Laurent Noël, avec tous ses diocésains, et ceux qui, de toute la région, se sont mis en route vers ce haut lieu marial.

Nous venons pour répéter avec Élisabeth: « Heureuse celle qui a cru à l'accomplissement des paroles qui lui furent dites de la part du Seigneur! » (*Lc* 1, 45).

Nous venons pour confirmer la participation des générations passées à la foi de la Mère de Dieu. Dans le bel héritage qui vous a été légué et qui a fait de vous ce que vous êtes, la foi était primordiale, et la dévotion à Marie, à laquelle se consacraient vos prédécesseurs, tenait une place capitale dans la fidélité à cette foi.

Nous venons pour *transférer en quelque sorte cette participation dans le coeur de notre génération et des générations futures.*

Les paroles adressées par Dieu à Marie se sont accomplies. *Cet accomplissement* s'appelle *Jésus Christ.*

Quand le Ressuscité se présenta après sa passion devant les Apôtres, l'un d'entre eux, Thomas, qui était absent à ce moment-là, ne voulait pas croire. Une semaine après, il vit le Christ et proclama: « Mon Seigneur et mon Dieu! » (*Jn* 20, 28). Et il entendit le Maître lui dire: « Parce que tu as vu, tu crois. *Heureux* ceux qui croient sans avoir vu! » (*Jn* 20, 29).

Et vous, chers Frères et Soeurs, « vous aimez le Christ sans l'avoir vu et vous croyez en lui sans le voir encore... » (*1 P* 1, 8). Dans cette foi, vous trouvez une aide en Marie, la Mère du Christ: elle a cru la première! Elle vous conduit à Lui!

Prions en ce lieu pour notre génération, pour que les générations futures *participent à la foi de la Mère de Dieu.*

Cette foi vous aide à supporter les souffrances et les peines de la vie, elle vous aide aussi à *persévérer dans l'espérance* même à travers « *toutes sortes d'épreuves* ». Bien plus, ces « épreuves vérifieront la qualité de votre foi qui est bien plus précieuse que l'or, cet or pourtant voué à disparaître, qu'on vérifie par le feu » (*1 P* 1, 7).

Prions pour que notre génération ait une foi consciente et marquée de maturité, *une foi à toute épreuve!* Qu'une telle foi soit une participation à la foi de Marie, qui se tint debout au pied de la *croix* de son Fils *sur le Calvaire.* La grande épreuve de Marie ne fut-elle pas de voir son Fils rejeté et condamné à mort par les Chefs de son peuple? Elle a suivi jusqu'au bout. Elle a tout partagé. Elle s'est unie à Jésus qui donnait sa vie pour le salut du monde... Et nous, quand Dieu nous semble lointain, quand nous ne comprenons pas ses chemins, quand la croix blesse nos épaules et notre coeur, quand nous souffrons à cause de notre foi, apprenons de notre Mère la fermeté de la foi dans l'épreuve, et comment puiser force et courage dans notre attachement inconditionnel à Jésus Christ.

C'est là que Marie a pu répéter de façon singulière ces paroles prononcées lors de son Magnificat: « Il s'est penché sur son humble servante » (*Lc* 1, 48).

L'humilité de Marie associée dans une union salvatrice au *dépouillement* du Fils crucifié!

L'Église entière, en regardant Marie au pied de la Croix, répète avec une exultation particulière: « *Heureuse celle qui a cru...* »

Et voilà que dans cette foi de Marie au pied de la croix apparaît comme *la première aurore du matin de Pâques.*

La croix et la résurrection s'unissent dans un même mystère: *le mystère pascal.*

L'Église *vit,* de jour en jour, ce mystère.

Elle le *médite* dans la prière, et ici la prière *du rosaire, du chapelet,* prend toute son importance. C'est avec Marie, au rythme de la salutation angélique, que nous entrons dans tout le mystère de son Fils, fait chair, mort et ressuscité pour nous. Dans un sanctuaire comme celui de Notre-Dame du Cap, mais aussi dans la vie de chaque chrétien, de chaque famille, cette prière mariale doit être comme la respiration quotidienne.

L'Église médite, mais aussi elle *célèbre* l'ineffable mystère pascal, chaque jour, dans l'*eucharistie*. C'est bien là le sommet de notre rassemblement de croyants cet après-midi: avec Marie, nous nous approchons de la source, nous nous unissons à l'offrande de son Fils, nous nous nourrissons de sa vie: « Mystère de la foi! »

Et l'Église jour après jour exprime sa joie débordante devant ce Mystère en en puisant le secret dans le coeur de la Mère du Christ lorsqu'elle chante le « Magnificat »: « Mon âme exalte le Seigneur… car le Puissant fit pour moi des merveilles, Saint est son nom… » (*Lc* 1, 46.49).

Nous apprenons de Marie *le secret de la joie* qui vient de la foi, pour en illuminer notre vie et celle des autres.

L'évangile de la Visitation est rempli de joie: joie d'être visitée par Dieu, joie d'ouvrir les portes au Rédempteur. Cette joie est le fruit de l'Esprit-Saint, et personne ne peut nous l'enlever, si nous lui restons fidèles.

O Mère! Notre-Dame du Cap!

Fais que l'Église en terre canadienne puise toujours la force de sa foi dans le mystère pascal du Christ!
Fais qu'elle la puise dans ton « Magnificat »!
Vraiment le Tout-Puissant a fait pour nous de grandes choses. Saint est son nom!

CAP-DE-LA-MADELEINE /
ATTO DI AFFIDAMENTO
TROIS-RIVIÈRES
Le 10 septembre 1984

1 Je te salue, comblée de grâce, le Seigneur est avec toi!
Je te salue, humble Servante du Seigneur,
   bénie entre toutes les femmes!
Je te salue, sainte Mère de Dieu, Vierge glorieuse et bénie!
Je te salue, Mère de l'Église, sainte Marie: notre Mère!

2 Vierge du Cap, tu ouvres les bras pour accueillir tes enfants! Petits et grands, tu les écoutes et les consoles; tu leur montres la source de toute joie et de toute paix: Jésus, le fruit de ton sein.

3 Je présente à ton amour de Mère les hommes et les femmes de ce pays.

Je te prie pour les enfants et les jeunes: qu'ils avancent dans la vie guidés par la foi et l'espérance, qu'ils ouvrent leur coeur aux appels du Maître de la moisson.

Je te prie pour les gens du troisième âge: qu'ils connaissent la paix et qu'ils se sachent aimés.

Je te prie pour les couples: qu'ils découvrent la beauté toujours nouvelle de l'amour généreux et ouvert à la vie.

Je te prie pour les familles: qu'elles vivent la joie de l'unité où chacun donne aux autres le meilleur de soi-même.

Je te prie pour les célibataires: qu'ils trouvent le bonheur de servir et celui de se savoir utiles à leurs frères et soeurs.

53

Je te prie pour les personnes consacrées: qu'elles portent témoignage, par leur libre engagement, de l'appel du Christ à bâtir un monde nouveau.

4   Je te prie pour ceux qui ont la charge du peuple de Dieu: les évêques, les prêtres, les diacres et tous ceux et celles qui exercent un service ecclésial et un apostolat. Garde-les dans le courage et la joie de l'Évangile.

5   Je te prie pour les malades, ceux qui sont fatigués et découragés. Donne-leur l'apaisement de leur souffrance et la capacité de l'offrir avec le Christ. Rends-nous attentifs à leurs peines et à leurs besoins.

6   Je te prie pour ceux et celles que la société met de côté et rejette. Rends-nous fraternels avec tous et aide-nous à voir en eux les pauvres en qui ton Fils se reconnaît.

7   Guide les responsables politiques dans les voies de la justice pour tous. Aide la communauté humaine à progresser en solidarité.

8   Je te prie pour ceux et celles qui s'éloignent de Dieu. Ramène-les vers l'amour et la lumière du Seigneur.

9   Dans plus d'un pays, les gens se font la guerre. Soutiens les victimes meurtries, et convertis ceux qui sèment le malheur.

10   Tant de nos frères et soeurs humains souffrent de la faim. Rends-nous capables de partager davantage et gratuitement.

11   Soutiens l'Église au Canada dans l'annonce de l'Évangile. Confirme en elle la vitalité de la Parole. Dispose-la à servir la justice. Affermis en elle la communion que ton Fils établit entre les membres de son Corps. Aide tous les enfants de Dieu dispersés à retrouver la plénitude de l'unité.

12   Mère des croyants! Prie pour nous tous, tant que nous sommes, pauvres pécheurs. Apprends-nous à vivre dans l'amitié de Dieu et l'entraide fraternelle, à marcher dans les chemins du Seigneur, fermes dans la foi et forts du soutien de ta présence.

13   Je te présente mes frères et mes soeurs de ce pays. Accueille-les dans ta bonté secourable et ta tendresse maternelle car ils sont aimés de ton Fils Jésus, il te les a confiés au moment de livrer sa vie pour la multitude.

Amen!

VISITE À LA CATHÉDRALE
MONTRÉAL
Le 10 septembre 1984

Chers Frères et Soeurs,

Je suis très touché de commencer mon pèlerinage à Montréal dans cette basilique-cathédrale Marie-Reine-du-Monde. J'y retrouve en effet, dans le plan, une grande similitude avec la basilique Saint-Pierre de Rome; Mgr Ignace Bourget, le second évêque de Montréal, à la fin du siècle dernier, a voulu symboliser par cette construction l'étroite union de l'Église au Canada avec le Saint-Siège. Et il est significatif qu'elle ait été dédiée à Marie, sous le vocable de Reine du monde.

Comme chaque cathédrale, elle est le centre et le symbole de tout l'archidiocèse. Je salue avec grande joie son archevêque, Mgr Paul Grégoire: je le remercie vivement de son accueil et de ses paroles qui témoignent de la proximité pastorale de son peuple chrétien. Je salue son prédécesseur, mon vénérable Frère, le Cardinal Paul-Émile Léger, dont chacun connaît le témoignage de charité qu'il est allé porter en Afrique. Je salue les évêques auxiliaires de Mgr Grégoire, et tous les autres évêques de la province ecclésiastique de Montréal et de la région. Je suis également heureux de voir ici le Chapitre cathédrale, les représentants du presbytérium, des religieux, des religieuses et du laïcat chrétien. Mes salutations respectueuses vont aussi à Monsieur le Maire de Montréal et à toutes les autorités civiles qui ont contribué à l'organisation de mon séjour, avec le sens de l'accueil et l'efficacité qui font justement leur renom.

Après Québec, il était naturel que je vienne dans cette grande métropole, si remarquable par son étendue, par la densité et le dynamisme de sa population de culture française, caractéristique du Québec, où les groupes anglophones ont leur place propre et où plus de vingt-cinq ethnies étrangères ont acquis droit de cité. Sa situation, l'esprit d'entreprise de ses habitants et de ses responsables lui ont procuré un développement hors pair, un rayonnement international mérité; et, au cours des dernières décennies, de grandes manifestations culturelles ont attiré sur cette ville l'attention du monde entier.

En face d'un tel développement, il est d'autant plus émouvant de se rappeler l'origine, à la fois modeste et merveilleuse: le village Hochelaga; la colline baptisée Mont-Réal au temps de Jacques Cartier; l'initiative des pionniers qui sont venus fonder Ville-Marie, dans l'île de Montréal, avec Paul de Chomédy, le Sieur de Maisonneuve, Jeanne Mance; l'apostolat de Marguerite Bourgeoys, considérée comme la « Mère de la colonie », et combien d'autres chrétiens et chrétiennes convaincus qui ont donné son âme à la cité!

La cité s'est étendue, s'est transformée, s'est modernisée. Mais Dieu y a toujours sa place, comme cette cathédrale en est le signe au cœur de la ville. Oui, cette terre est sainte, car Dieu l'habite, et son mystère demeure comme une lumière, comme un appel, comme une force, au cœur de chaque personne humaine, qui s'ouvre à la volonté de Dieu, comme Sœur Marie-Léonie que nous proclamerons bienheureuse demain. Et le reflet de la présence du Seigneur peut se reconnaître au cœur de chaque entreprise qui veut rendre la cité plus conforme à la dignité humaine. Dieu s'est fait homme en Jésus Christ, pour que chaque homme laisse pénétrer en lui la lumière et l'amour de Dieu.

Cette grâce, nous la demandons par Marie, en cette cathédrale qui l'honore. Elle nous a donné le Christ et elle continue à nous ouvrir son chemin. Si elle règne avec Lui dans le ciel, ayant part à sa résurrection, c'est pour servir encore l'humanité en quête de bonheur, en quête de liberté véritable, en quête d'authentique progrès, en quête d'amour, en quête de vérité, en quête de sainteté.

Salve Regina!
Salut, Ô notre Reine!

3e JOUR

• MONTRÉAL

TOMBE DU BIENHEUREUX ANDRÉ BESSETTE
MONTRÉAL / L'ORATOIRE SAINT-JOSEPH
Le 11 septembre 1984

Chers Religieux de Sainte-Croix,

Je vous remercie de votre accueil chaleureux. J'aurais aimé m'entretenir plus longuement avec vous, non seulement du bienheureux Frère André, mais de l'apostolat des Pères et des Frères de Sainte-Croix, au Canada et en tant de pays où vous assurez l'éducation chrétienne des enfants, des jeunes, des étudiants, où vous répondez à d'autres besoins spirituels, dans le domaine de l'action catholique ou des éditions. Pour ces services humains, pour ce témoignage d'Église, je forme des voeux fervents en faveur de toute votre Congrégation. Dès le départ, vos fondateurs s'étaient mis sous la protection de la Sainte Famille, et spécialement du saint Joseph. Et c'est l'un des plus humbles d'entre vous, le portier du Collège, André Bessette, qui a porté au plus haut degré cette confiance en l'intercession de saint Joseph. « Pauper servus et humilis », le Frère André est maintenant élevé au rang des bienheureux. En ce haut lieu de Montréal, dans cet Oratoire grandiose, qui est né de sa dévotion ardente, plutôt que de faire un discours, je vous invite à vous unir à ma prière à saint Joseph et au bienheureux André.

Saint Joseph, avec toi, pour toi,
nous bénissons le Seigneur.
Il t'a choisi entre tous les hommes
pour être le chaste époux de Marie,
celui qui se tient au seuil du mystère de sa maternité divine,
et qui, après elle,
l'accueille dans la foi comme l'oeuvre du Saint-Esprit.

Tu as donné à Jésus une paternité légale
en lien avec la lignée de David.
Tu as constamment veillé sur la Mère et l'Enfant
avec une sollicitude affectueuse,
pour assurer leur vie
et leur permettre d'accomplir leur destinée.
Le Sauveur Jésus a daigné se soumettre à toi, comme à un père,
durant son enfance et son adolescence,
et recevoir de toi l'apprentissage de la vie humaine,
pendant que tu partageais sa vie
dans l'adoration de son mystère.
Tu demeures auprès de lui.
Continue à protéger toute l'Église,
la famille qui est née du salut de Jésus.
Protège spécialement ce peuple canadien
qui s'est placé sous ton patronage.
Aide-le à s'approcher à son tour du mystère du Christ
dans les dispositions de foi, de soumission et d'amour qui
ont été les tiennes.
Regarde les besoins spirituels et matériels
de tous ceux qui recourent à ton intercession,
en particulier des familles
et des pauvres de toutes pauvretés:
par toi, ils sont sûrs de rejoindre le regard maternel de Marie
et la main de Jésus qui les secourt.

Et toi, bienheureux Frère André Bessette,
portier du collège et gardien de cet Oratoire,
ouvre à l'espérance
tous ceux qui continuent à solliciter ton aide.
Apprends-leur la confiance dans la vertu de la prière,
et, avec elle, le chemin de la conversion et des sacrements.
Que par toi et par saint Joseph,
Dieu continue à répandre ses bienfaits
sur la Congrégation de Sainte-Croix,
sur tous ceux qui fréquentent cet Oratoire,
sur la cité de Montréal,
sur le peuple du Québec,
sur tout le peuple canadien,
et sur l'Église entière.

DISCOURS AUX PRÊTRES ET SÉMINARISTES
MONTRÉAL / ORATOIRE SAINT-JOSEPH
Le 11 septembre 1984

Chers Frères dans le sacerdoce,

C'est une grande joie pour moi de vous rencontrer ici, prêtres du Québec et prêtres francophones de plusieurs autres régions du Canada. L'entretien avec mes frères dans le sacerdoce constitue toujours un moment capital de mes voyages. Je le fais en union avec vos évêques, dont vous êtes les premiers collaborateurs: ils vous ont transmis les pouvoirs du Christ et ils sont, chacun dans leur diocèse, les pères du presbyterium. Chaque année, pour le Jeudi saint, j'adresse moi-même une lettre à tous les prêtres de l'Église catholique, pour les affermir dans leur vocation sublime et leur mission indispensable au peuple de Dieu.

Un mission exigeante certes, mais qui est d'abord *un don*, pour lequel nous devrions sans cesse rendre grâce à Dieu. Malgré notre indignité, le Christ nous a appelés à communiquer sa Bonne Nouvelle, à communiquer sa Vie! Et malgré les difficultés de cette charge, je vous invite d'emblée à l'accomplir dans *l'espérance*. Ce que saint Paul disait aux chrétiens de Rome vaut plus encore pour vous, qui êtes associés au ministère apostolique: « Que le Dieu de l'espérance vous donne en plénitude *dans votre acte de foi* la joie et la paix, afin que l'espérance surabonde en vous par la vertu de l'Esprit Saint » (*Rm* 15,13)!

Vous avez bien entendu: « Dans votre acte de foi »! Tout dépend de la foi qui anime vos vies de prêtres.

Vos évêques, et particulièrement ceux du Québec, lorsqu'ils sont venus en visite « ad Limina » — sans compter tous les rapports ou les lettres que j'ai reçus avant ce voyage —, m'ont familiarisé avec la situation sociale et religieuse qui est la vôtre, depuis une vingtaine d'années, et qui continue à évoluer. Vous êtes relativement nombreux à exercer le ministère sacerdotal, malgré la diminution récente du nombre des ordinations, et, comme vos devanciers qui ont si fortement marqué la vie ecclésiale au Canada, vous travaillez fidèlement avec vos évêques. À présent, vous cherchez, selon les orientations du Concile Vatican II, les moyens de faire face à la « crise » de votre chrétienté.

Car vous observez une *mutation profonde* qui ouvre la voie à une nouvelle culture, à une nouvelle société, mais qui comporte aussi bien des interrogations sur le sens de la vie, et *une crise* des valeurs: valeurs de foi, de prière, de pratique religieuse, valeurs morales, au plan de la famille, ou encore façon plus matérialiste, plus égoïste de vivre. L'Église n'est plus seule à inspirer les réponses ou les comportements; parfois elle se sent en marge, certains vont jusqu'à dire « en exil ».

Devant cette situation nouvelle, la plupart des pasteurs canadiens semblent ne pas se décourager. Ils veulent voir là une épreuve, c'est-à-dire une occasion de dépouillement, de purification, de reconstruction nouvelle, dans l'humilité et l'espérance.

Le successeur de Pierre vous dit lui aussi: il vous appartient de *relever ce défi,* de ne pas vous laisser paralyser, de retrouver votre liberté et le dynamisme de votre foi.

En aucune façon, le réalisme et l'humilité spirituelle ne doivent se traduire par une démission. Vous ne pouvez pas vous résigner à ce que le christianisme soit relégué, même pour un temps, en dehors des convictions ou des moeurs de vos compatriotes. Certes la nouveauté de la situation culturelle présente, en un sens, des aspects positifs, si l'on veut dire par là que la foi peut s'exprimer aujourd'hui plus librement, qu'elle dépend moins de la pression sociale et davantage des convictions personnelles de chacun, qu'elle surmonte plus facilement le formalisme ou l'hypocrisie, qu'elle prend mieux en compte les nouvelles questions scientifiques, les possibilités de progrès technique ou de communication sociale, qu'elle favorise une participation plus active, plus responsable, dans des communautés plus souples, qu'elle sait mieux entrer en dialogue avec les autres en respectant leur conscience, ou la compétence des responsables de la société civile.

Mais lorsqu'il s'agit de l'essentiel—le sens de Dieu vivant, l'accueil de l'Évangile de Jésus Christ, le salut par la foi, les gestes primordiaux de pratique religieuse qui expriment et nourrissent cette foi, comme le sacrement de l'eucharistie et de la réconciliation, le sens de l'amour humain dans le mariage, la théologie du corps, le respect de la vie, le partage avec les déshérités, et en général les béatitudes, le chrétien, et moins encore le prêtre, ne peut accepter de se taire, de se résigner à l'effacement, sous prétexte que la place est livrée au pluralisme des courants d'idées, dont plusieurs sont imprégnés de scientisme, de matérialisme, voire d'athéisme. L'Évangile parle bien du grain de blé qui accepte de mourir pour fructifier dans une nouvelle vie (cf. *Jn* 12, 24-25), mais cette mort n'est pas celle de la crainte et de la démission, elle est celle d'une vie totalement offerte en témoignage au sein même de la persécution.

Autrement dit, il faut travailler plus que jamais à ce que *le christianisme ait droit de cité* dans votre pays, qu'il y soit accueilli librement dans les mentalités, que son témoignage y soit offert à tous les échelons de façon persuasive, pour que la culture qui s'élabore se sente pour le moins interpellée par les valeurs chrétiennes et en tienne compte. Le Christ s'est incarné, a offert sa vie et est ressuscité pour que sa lumière brille aux yeux des hommes, pour que son levain soulève toute la pâte : il faut que, mêlé à la pâte, il la renouvelle sans cesse, à condition de garder sa qualité de levain.

Chers amis prêtres, le défi de la sécularisation appelle un *surcroît de foi* chez les chrétiens, et d'abord chez les prêtres. À ce monde-là, le nôtre, le Christ offre le salut, la vérité, une authentique libération ; l'Esprit Saint poursuit son oeuvre de sanctification ; la Bonne Nouvelle garde sa force ; la conversion est possible, elle est nécessaire. Oui, comme je le disais récemment à vos confrères suisses, dans un contexte autre mais qui a des points communs avec le vôtre comme société d'abondance, plus le monde se déchristianise, plus il est atteint par l'incertitude ou l'indifférence, plus il a besoin de voir dans la personne des prêtres cette foi radicale qui est comme un phare dans la nuit ou le roc sur lequel il s'appuie (cf. Discours aux prêtres, Einsieldeln, 15 juin 1984, no 7).

Cette fois, je sais bien qu'elle vous habite. Mais elle doit entraîner un *zèle pastoral nouveau,* dans tous les domaines, comme elle animait les prêtres fondateurs et ceux qui, avec beaucoup de religieuses et de laïcs convaincus, ont travaillé à ce que le Canada français s'inspire des convictions chrétiennes, catholiques. Oui, il faut parler de la *lucidité et du courage surnaturels* de la foi qui permettent de résister aux vents contraires de l'Évangile, aux courants destructeurs de ce qu'il y a de grand dans l'homme. Il faut l'audace d'entreprendre à frais nouveaux une formation des consciences.

Avec zèle, confiants dans l'Esprit Saint pour un sain discernement, encouragez ceux qui ont su renouveler leur foi et leur prière et qui font preuve d'une ardeur généreuse pour prendre des initiatives apostoliques dans l'Église et dans la société. Vous aurez à coeur également de ne pas laisser le peuple chrétien dans le vide spirituel, ou une ignorance religieuse fatale. Si vous percevez chez lui un certain désarroi devant les nouveautés, rappelez-vous que ce peuple a besoin, plus que jamais dans les temps de mutation, de « signes visibles de l'Église, d'appuis, de moyens, de points de repère », et de soutien communautaire, comme je le disais à vos évêques. Quand il voit des fidèles désemparés, le pasteur humble doit toujours se soucier de les accueillir, de les écouter, de les comprendre; il acceptera parfois une réaction saine devant des pratiques effectivement contestables en liturgie, catéchèse ou éducation; en tout cas il s'efforcera de les conduire vers une attitude positive et un approfondissement.

Vous mettez un grand espoir dans la *coresponsabilité des laïcs et des prêtres,* pas seulement pour suppléer un clergé moins nombreux, mais parce que c'est le rôle des laïcs baptisés et confirmés de coopérer comme des membres vivants, à part entière, au progrès de l'Église et à sa sanctification (cf. *Lumen gentium,* no 33), à son témoignage, et notamment à son témoignage au sein des réalités temporelles. Car si l'Église doit jouer un rôle social, c'est bien par les laïcs, unis à leurs pasteurs et inspirés par le Magistère. Avec vos évêques, je vous encourage dans cette voie où vous vous êtes beaucoup engagés depuis le Concile. Les champs d'action sont multiples. En plus des diverses formes d'apostolat, il peut s'agir de charismes exercés pour les autres, de tâches ecclésiales, voire de ministères institués, ces derniers supposant que le laïc se consacre avec stabilité à un service important de l'Église.

Mais ce matin, je ne m'attarde pas au rôle des laïcs: je le ferai avec ceux que je rencontrerai, notamment à Halifax. Étant donné le peu de temps dont nous disposons, j'aborde votre rôle spécifique, car rien ne peut se substituer au ministère ordonné.

« La fonction des prêtres, dit le Concile Vatican II, en tant qu'elle unit à l'ordre épiscopal, participe à l'autorité par laquelle le Christ lui-même construit, sanctifie et gouverne son Église » (cf. *Presbyterorum ordinis,* no 2). Vous êtes choisis dans la communauté chrétienne, et pour être à son service. Être prêtre, c'est une grâce pour toute la communauté. Mais votre fonction ne vient pas de la communauté, ce n'est pas elle qui vous délègue. Être prêtre, c'est participer à l'acte même par lequel le Christ ressuscité édifie son Église qui est son Corps. Le Christ, le bon Pasteur, agit toujours dans son Église. Par votre ministère, vous représentez de façon réelle et efficace le bon Pasteur qui donne sa vie pour ses brebis; vous agissez au nom du *Christ-Tête* qui construit son Église.

La grâce de l'ordination, qui vous a configurés au Christ Prêtre et bon Pasteur, vous permet d'exercer le ministère de la Parole, celui des sacrements et celui de l'animation de la communauté, en manifestant l'initiative et la prévenance du Christ à l'égard de l'Église. Votre ministère rappelle toujours à la communauté que la Parole de Dieu, que les sacrements sont des actes du Christ ressuscité, que l'Église est rassemblée par et dans l'Esprit. Oui, votre ministère est irremplaçable comme signe et moyen de rassemblement des croyants dans le Corps du Christ. Que Dieu augmente votre foi pour accomplir le ministère qu'il vous confie!

Par ce ministère, vous êtes les responsables et les animateurs des communautés chrétiennes, en recevant de votre évêque votre mission. C'est ce qui fonde votre obéissance responsable envers lui, votre coopération avisée et confiante avec lui. Vous ne pouvez pas construire l'Église de Dieu en dehors de lui. Réciproquement, c'est avec vous et grâce à vous que votre évêque exerce sa fonction de pasteur d'une Église particulière, toujours en communion avec le successeur de Pierre.

Parmi tous les actes du ministère qui se rattachent à la triple fonction sacerdotale, j'en souligne quelques-uns, en pensant aux besoins spirituels de vos compatriotes aujourd'hui.

Un certain nombre de jeunes ont redécouvert *la prière*. Mais beaucoup d'autres ne savent plus ou n'osent plus prier. Or ce monde sécularisé ne s'ouvrira à la foi et à la conversion que s'il prie en même temps qu'il entend l'Évangile. «Cette espèce de démons, on ne la fait sortir que par la prière et le jeûne» (cf. *Mc,* 9, 29 et *Mt* 17, 21). Ce monde a besoin de maîtres à prier, et il se tourne spontanément vers le prêtre qu'il voit prier au nom de l'Église. Mais on n'apprend à prier aux autres que si la prière est l'âme de notre propre vie, si elle accompagne tous nos efforts pastoraux.

La célébration quotidienne de *l'eucharistie,* avec la dignité qui convient et la conscience d'entrer dans l'acte rédempteur du Christ, demeure évidemment au centre et au sommet de vos vies sacerdotales.

Si le peuple chrétien s'abstient de venir demander *le pardon de ses péchés,* dans une démarche personnelle, éventuellement préparée en commun, cela doit nous interroger: quelle importance donnons-nous à ce ministère? Quelle disponibilité montrons-nous? Éduquons-nous suffisamment au sens du péché et de la miséricorde de Dieu?

Le développement des connaissances profanes contraste avec une ignorance religieuse croissante. Comment y faisons-nous face dans la *catéchèse* dont tout jeune doit pouvoir bénéficier, et quels moyens de formation prévoyons-nous pour les adultes, en plus d'homélies substancielles et de préparations approfondies aux sacrements? La présentation opportune de la foi demande d'autant plus d'efforts qu'elle doit, dans un langage qui touche l'esprit et le coeur, être fidèle à l'ensemble du credo.

Vous avez reçu la charge, chers amis, *de guider les consciences* et donc de répondre avec clarté et courage aux multiples questions que les événements et les découvertes modernes font surgir.

Tous les secteurs de la vie ont besoin de cet éclairage et d'une réflexion appropriée. Je pense, entre autres, à tout ce qui pourrait aider *les familles,* les jeunes, les fiancés, les foyers, à mieux percevoir le plan de Dieu sur l'amour, sur le sens de l'union conjugale, sur la paternité responsable, sur la fidélité, dans une optique non seulement morale, mais théologique et spirituelle.

Je sais que vous avez à coeur d'éduquer à l'esprit des béatitudes, au respect de l'homme, à la justice, au partage, à la dignité du pauvre, de la personne handicapée, du vieillard solitaire, à la solidarité avec les multitudes affamées. Et il vous faut le faire dans une société où l'on rencontre à la fois les excès de la consommation ou l'insécurité du chômage.

La coexistance quotidienne avec nos frères séparés vous a aidés à développer les rapports oecuméniques, ceux-ci demandent toujours approfondissement théologique et cohérence avec les directives du Secrétariat pour l'Unité.

Comment ne pas souhaiter aussi de voir cultiver *l'esprit missionnaire* qui a été si florissant et si généreux au Canada dans le cours même de ce siècle?

Je souligne enfin deux points dont l'urgence ne vous échappe pas: éveiller les *vocations* sacerdotales et religieuses, par le rayonnement de votre propre zèle et de votre joie d'être prêtres, mais aussi par une invitation pressante à suivre le Christ qui, lui, appelle toujours.

Et en général, cette *jeunesse,* que je dois rencontrer ce soir et qui montre tant de bonne volonté à côté de ses misères, a grand besoin de trouver chez vous une attention confiante et l'exemple entraînant de disciples du Christ heureux de marcher à sa suite.

Dans mes rencontres avec les prêtres, un peu partout à travers le monde, je constate qu'ils souhaitent vivre une *vie spirituelle intense adaptée à leur vocation.* C'est à partir de votre ministère, accompli avec conviction et centré sur l'eucharistie que se développe votre vitalité spirituelle, qu'il vous faut entretenir aussi dans des moments personnels d'oraison. Serviteurs de la Parole de Dieu, laissez-vous interpeller, refaire et réconforter par elle. Rassembleurs des communautés et responsables de l'unité, laissez-vous émerveiller par les oeuvres que Dieu accomplit dans son peuple. Ministres des sacrements, laissez-vous convertir par ce qu'ils célèbrent. On ne peut baptiser sans être invité soi-même à renaître. On ne peut présider un mariage sans s'interroger sur sa propre façon de se livrer à l'amour du Seigneur et de ses frères: le célibat est le signe de cette liberté en vue du service. On ne peut célébrer le sacrement du pardon sans murmurer au fond du coeur: moi aussi, Seigneur, je suis un pécheur qui a besoin d'être pardonné. On ne peut célébrer l'eucharistie sans se laisser envahir par l'amour de Jésus qui a livré sa vie pour la multitude. Dans l'exercice de votre ministère, laissez-vous saisir par la puissance de l'Esprit.

L'évêque ne dit-il pas au nouveau diacre en lui remettant le livre des Évangiles: « Soyez attentif à la Parole que vous lirez, à enseigner ce que vous avez cru, à vivre ce que vous avez enseigné ». Et au prêtre: « Imitamini quod tractatis ». Tout votre ministère doit être situé dans un climat de prière et de sacrifice qui vous unit au Christ Médiateur et vous établit dans sa paix et sa joie.

La qualité de votre mission dépend aussi de la *fraternité* et de *l'unité* que vous saurez établir *entre vous,* prêtres, dans le respect des légitimes différences de sensibilité et de charisme, mais dans la recherche passionnée de la même annonce de l'Évangile, en fidélité à l'Église.

Souvenez-vous prêtres qui, aujourd'hui à travers le monde, risquent leur liberté et même leur vie pour être fidèles à leur sacerdoce et continuer de soutenir la foi de leur peuple.

J'aurais aimé pouvoir m'adresser plus longuement aux *diacres* permanents. Chers amis diacres, je veux simplement redire ici que votre ministère ordonné s'articule sur celui des prêtres, il le prépare et le prolonge de façon efficace, ou bien le partage lorsqu'il s'agit du baptême et de la prédication. L'Église compte sur votre action, car, selon votre vocation propre, vous prenez votre part dans l'accomplissement de sa mission.

Je salue spécialement les *séminaristes* présents à cette rencontre. Vous m'avez entendu évoquer la beauté et les exigences du ministère sacerdotal. Voilà ce qui doit vous garder dans la joie d'être appelés par Dieu à y coopérer, résolus à vous y préparer de toutes vos forces: mettez la prière au centre de votre formation, approfondissez toute la doctrine de l'Église aux plans scriptuaire, dogmatique, éthique. Vivez dès maintenant la disponibilité pastorale aux fidèles, liens fraternels avec vos confrères, la confiance avec votre évêque. L'avenir de l'Église au Québec dépendra de votre ardeur à suivre le Christ.

Tous ici, dans cet Oratoire, où tant de grâces ont été obtenues, nous demandons l'intercession de saint-Joseph. Il a eu aux côtés de Jésus et de Marie un rôle humble, un rôle de serviteur, vivant continuellement dans l'intimité avec le Fils de Dieu. Nous sommes avant tout des serviteurs du Fils de Dieu.

Nous demandons l'intercession de Marie, associée de façon incomparable à l'oeuvre de son Fils.

Soyez des hommes de foi et d'espérance! Et moi, au nom du Père, du Fils et du Saint-Esprit, je vous donne de tout coeur la Bénédiction Apostolique.

TOMBE DE MARGUERITE BOURGEOYS /
CONGRÉGATION NOTRE-DAME
MONTRÉAL

Le 11 septembre 1984

Chères Sœurs de la Congrégation de Notre-Dame,

Avant la messe qui doit réunir tout le peuple chrétien de Montréal, le temps ne me permet pas de vous dire toutes les pensées qui surgissent en mon cœur devant la tombe de votre sainte fondatrice. J'ai eu l'honneur de la déclarer Sainte le 31 octobre 1982, et ce jour-là, j'ai évoqué sa spiritualité, les aspects admirables de son apostolat auprès des jeunes et des familles et l'intérêt de ses initiatives pour la pastorale aujourd'hui. Nous honorons cette sainte femme parmi les fondateurs de Montréal et de l'Église du Canada.

Aujourd'hui, je vous redis simplement, à vous, ses chères filles spirituelles, mais aussi à toutes les religieuses éducatrices en ce pays, et à tous ceux qui coopèrent à l'éducation des jeunes, à la promotion des familles : regardez le zèle, le réalisme, l'audace de l'amour de sainte Marguerite Bourgeoys. Considérez le prix qu'elle accordait à l'âme de chaque enfant, fille de colon ou fille de famille indienne, comme « une goutte de sang de Jésus Christ » ! Voyez son dévouement et son savoir-faire d'institutrice, ouvrant des écoles populaires sur le terrain, proches des familles et collaborant avec elles. Appréciez son souci d'initier les jeunes à une formation complète, visant la foi, la prière, le sens apostolique, les capacités culturelles et pratiques pour assumer les tâches de la vie d'une femme adulte. Admirez son imagination et sa ténacité pastorales pour préparer jeunes gens et jeunes filles à fonder des foyers solides, pour former des épouses et des mères chrétiennes, cultivées, laborieuses, rayonnantes. Remarquez le soutien réaliste qu'elle continuait à apporter aux familles, aux femmes mariées réunies en associations. Vous savez la foi, la fermeté et la tendresse qui ont marqué toute son oeuvre.

Aujourd'hui, les enfants, les jeunes que je vais voir cet après-midi et ce soir, ont besoin de tels éducateurs et éducatrices pour trouver le sens de leur vie et bien employer leur générosité. Et surtout les familles, fragiles et désemparées, ont plus que jamais besoin d'un apostolat spécifique (cf. *Familiaris consortio*). Les femmes qui veulent justement leur promotion ont intérêt à contempler cette femme forte, qui a voulu rendre les femmes de son temps dignes de leur vocation.

Prions sainte Marguerite Bourgeoys à toutes ces intentions. Et vous, chères Soeurs, continuez à puiser dans son exemple lumière et force. De grand coeur je bénis toute votre Congrégation.

HOMÉLIE (BÉATIFICATION
DE SOEUR MARIE-LÉONIE)
MONTRÉAL

Le 11 septembre 1984

« Le lieu que foulent tes pieds est une terre sainte! » (*EX* 3,5).

Ces paroles, Moïse les a entendues depuis le buisson qui brûlait. Il faisait paître le troupeau et il s'approchait de la montagne de Dieu, l'Horeb. Le buisson *brûlait et ne se consumait pas*. Alors Moïse s'interrogea: que signifie ce feu qui ne détruit pas le buisson, et qui en même temps brûle et éclaire?

La réponse est venue au milieu de ce prodige, *une réponse plus qu'humaine*: « Retire tes sandales, car le lieu que foulent tes pieds est une terre sainte! » (*Ex* 3,5).

Pourquoi ce lieu est-il saint? Il est saint parce que c'est le *lieu de la présence de Dieu*. Le lieu de la révélation de Dieu: de la théophanie. « Je suis le Dieu de ton père, Dieu d'Abraham, Dieu d'Isaac, Dieu de Jacob » (*Ex* 3,6).

Moïse se voila le visage: il craignait de porter son regard vers le feu où se révélait le Dieu vivant.

Chers Frères et Soeurs du Québec, du Canada, qu'en est-il de votre rencontre avec le Dieu vivant? Parfois le monde d'aujourd'hui semble le voiler, vous le faire oublier. Cet apparent désert spirituel contraste avec le temps encore proche où la présence de Dieu était manifeste dans la vie sociale et en de multiples institutions religieuses. Et vous entendez dire: « Où est-il ton Dieu? » (*Ps* 42,4).

Le cœur humain ne s'habitue pourtant pas à l'absence de Dieu. Il souffre de vivre éloigné de Dieu, comme les compatriotes de Moïse. Mais Dieu n'est jamais loin de chacun d'entre nous (cf. *Ac*, 17,27). Il est mystérieusement présent, comme le feu qu'on ne peut saisir, comme la brise légère qui passe, invisible (cf. *1R* 19, 12-13). Il nous fait signe. Il nous appelle par notre nom pour nous confier une mission.

Et c'est en vain qu'on cherche à remplacer Dieu. Rien ne saurait combler le vide de son absence. Ni l'abondance matérielle, qui ne rassasie pas le cœur; ni la vie facile et permissive, qui ne satisfait pas notre soif de bonheur; ni la seule recherche de la réussite ou du pouvoir pour eux-mêmes; ni même la puissance technique qui permet de changer le monde mais n'apporte pas de véritable réponse au mystère même de notre destinée. Tout cela peut séduire un temps, mais laisse un goût d'illusion et le cœur vide, si l'on s'est éloigné du Buisson ardent.

Alors peut apparaître, comme en creux, la faim du spirituel, l'attrait de l'Absolu, la soif du Dieu vivant (*Ps* 42,3). Paradoxalement, le temps de l'« absence de Dieu » peut devenir le temps de la redécouverte de Dieu, comme l'approche de l'Horeb.

Oui, Dieu continue à nous faire signe à travers notre histoire personnelle et l'histoire de notre monde, comme pour Moïse à travers les souffrances de son peuple. Qui n'a pas connu, un jour ou l'autre, ces expériences de lumière et de paix: Dieu est entré dans ma vie! Expérience soudaine ou fruit de lentes maturations. Les occasions où cette présence mystérieuse nous interroge sont multiples: la naissance si merveilleuse d'un enfant, le début d'un amour authentique, la confrontation à la mort d'un proche, à l'échec ou au mystère du mal, la compassion pour la misère d'autrui, la grâce d'avoir échappé à un accident ou d'être guéri d'une maladie, la création d'une œuvre d'art, la contemplation silencieuse de la nature, la rencontre d'une personne habitée par Dieu, la participation à une communauté priante: autant d'étincelles qui éclairent la route vers Dieu, autant d'événements qui ouvrent la porte sur Dieu. Mais la révélation elle-même vient de Dieu, du cœur du Buisson ardent. C'est sa Parole, lue et méditée dans la prière, c'est l'Histoire sainte du peuple de Dieu, qui permettent de déchiffrer le sens de ces signes, de reconnaître le Nom et le Visage du Dieu vivant, de découvrir qu'il transcende toute expérience, toute créature. Comme le disait l'une de vos poétesses: Notre

Dieu est « comme la plus profonde source des plus profondes eaux » (Anne Hébert, « Présence », dans *Gants du ciel*, 1944).

Dieu se révèle à Moïse pour *lui donner une mission*. Il doit faire sortir Israël de l'esclavage des pharaons d'Égypte.

Moïse fait l'expérience de la présence de Dieu. Il sait qui est le Dieu de ses pères; mais devant la mission qu'il reçoit, *il interroge*: « Ils vont me demander quel est son nom; que leur répondrai-je? » (cf. *Ex* 3,13). *La question du nom* est la question fondamentale. Moïse pose la question de *l'essence de Dieu*, de ce qui constitue sa réalité absolument unique.

« Je suis Celui qui suis » (*Ex* 3,14), telle est la réponse. *L'Essence de Dieu est d'être. Exister*. Tout ce qui existe, tout le cosmos a en lui son origine. Tout existe parce que Dieu donne d'exister.

Un jour *sainte Catherine de Sienne* — à la suite de saint Thomas d'Aquin — guidée toujours par cette même sagesse puisée dans la théophanie dont Moïse fut témoin, *dit à Dieu*: « Tu es Celui qui est — je suis celle qui n'est pas ».

Entre le « je suis » de Dieu et le « je suis » de l'homme — comme aussi de toute créature — il y a ce même rapport: Dieu est Celui qui est; la créature, l'homme est celui qui n'est pas... *il est appelé à l'être à partir du néant*. De Dieu, nous tenons « la vie, le mouvement et l'être » (*Ac* 17,28).

Aujourd'hui, dans cette grande ville de Montréal, nous voulons *rendre gloire à CELUI QUI EST*. Nous voulons lui rendre gloire avec toute la création, nous qui n'existons que parce que Lui, il est.

Nous existons et nous passons, alors que Lui seul *ne passe pas*. Lui seul est l'Existence même.

C'est pourquoi nous disons avec le psaume de la liturgie de ce jour: « Il est grand, le Seigneur — Celui qui est — hautement loué... rendez au Seigneur la gloire de son nom... adorez le Seigneur... » (*Ps* 95 [96], 4-9), comme Moïse l'a adoré quand « il se voila le visage, car il craignait de porter son regard sur Dieu » (*Ex* 3,6).

Prosternez-vous, vous les hommes *d'aujourd'hui!*

Vous connaissez les mystères de la création incomparablement mieux que Moïse! Ne vous parlent-ils pas plus encore de Dieu!

Prosternez-vous! *Relisez jusqu'au bout le témoignage des créatures*!

Dieu est au-dessus de toute créature. Il est transcendance absolue. Là où s'achève le témoignage de la création, *là commence la Parole de Dieu, le Verbe*: «*Au commencement il était auprès de Dieu*. Par lui, tout s'est fait, et rien de ce qui s'est fait ne s'est fait sans lui» (*Jn* 1, 1-3).

> « En lui était la vie,
> et *la vie* était *la lumière* des hommes... »

Mais écoutons ce qui suit: «Le Verbe s'est fait chair, et il a habité parmi nous... À tous ceux qui l'ont reçu, *il a donné de pouvoir devenir enfants de Dieu*: à ceux qui croient en son nom, ceux... qui sont nés de Dieu» (*Jn* 1, 1-14).

Oui, *Dieu* qui est au-dessus de toute créature, qui est absolue transcendance, *Dieu* est devenu *créature — homme. Le Verbe s'est fait chair*. En lui, les hommes — nés des hommes — *naissent de Dieu*. Ils deviennent fils, par la filiation divine, ils deviennent *fils dans le Fils*.

Aujourd'hui, dans cette grande ville de Montréal, nous voulons *rendre gloire à Dieu qui s'est fait homme*:

> « Un jour saint s'est levé pour nous:
>
> ... la lumière a brillé sur la terre.
>
> ... Gloire à toi, ô Christ, proclamé parmi les peuples; gloire à toi, ô Christ, accueilli dans le monde par la foi » (cf. *1 Tm* 3,16), Alleluia!

Nous rendons grâce pour tous ceux qui *sont devenus par le Christ la lumière de l'Église et de toute l'humanité*.

Nous rendons grâce particulièrement pour ceux qui sont devenus par le Christ la lumière de l'Église et de toute l'humanité.

L'Église a en effet reconnu officiellement la sainteté d'un certain nombre d'entre eux; plusieurs étaient venus d'ailleurs, de France notamment, mais c'est ici qu'ils ont consumé leur vie et atteint la mesure de leur sainteté. Ils vous sont familiers. Il suffit que je cite leurs noms: les saints martyrs jésuites, fondateurs de l'Église au Canada; sainte Marguerite Bourgeoys; et les bienheureux: Mgr François de Montmorency-Laval, Mère Marie de l'Incarnation, la jeune Iroquoise Kateri Tekakwitha, Mère Marguerite d'Youville, le prêtre André Grasset, Mère Marie-Rose Durocher, le Frère André Bessette.

J'ai moi-même eu la joie de célébrer, à Rome, cinq de ces béatifications et une canonisation. Mais je sais que d'autres causes sont introduites, et j'espère que leur examen aboutira. Je pense en particulier à Mère Catherine de Saint-Augustin dont l'héroïcité des vertus vient d'être reconnue.

Au-delà de ceux qui sont officiellement canonisés ou béatifiés, ils sont sûrement légion ceux dont la foi a fructifié dans un admirable amour de Dieu et du prochain de façon quotidienne et souvent discrète. Si la modestie des traces visibles qu'ils ont laissées empêche un examen approfondi de leur vie par l'Église, ils sont connus de Dieu; ils ont répondu à son appel, comme Moïse. Ils ont accru sa gloire et son règne sur cette terre canadienne.

Devant tous ces hommes et ces femmes, il nous faut redire la parole du grand Irénée, au deuxième siècle: « La gloire de Dieu, c'est l'homme vivant »: l'homme qui vit la plénitude de la vie, qui est de Dieu en Jésus Christ.

Aujourd'hui, dans ce livre vivant des saints et des bienheureux de l'Église qui demeure depuis des siècles en terre canadienne *s'ajoute un nom nouveau*: Soeur Marie-Léonie Paradis.

Cette femme de chez vous, humble parmi les humbles, prend rang aujourd'hui parmi ceux que Dieu a élevés à la gloire, et je suis heureux qu'une telle béatification ait lieu pour la première fois au Canada qui fut son pays.

Née de parents simples, pauvres et vertueux, elle a très vite saisi *la beauté de la vie religieuse* et elle s'y est engagée par ses voeux, chez les Soeurs Marianites de Sainte-Croix. Elle n'a jamais remis en question ce don à Dieu, même au milieu des épreuves de la vie communautaire à New-York et en Indiana. Et lorsqu'elle a été désignée pour servir dans un collège à Memramcook en Acadie, sa vie de religieuse était si rayonnante qu'elle a spontanément regroupé autour d'elle des jeunes filles qui voulaient elles aussi consacrer leur vie à Dieu. Avec elles, et grâce à la compréhension de Mgr Laroque, évêque de Sherbrooke, elle a fondé la Congrégation des Petites Soeurs de la Sainte-Famille, toujours florissante et si appréciée.

Sans jamais douter de son appel, elle a souvent demandé: « Seigneur, montre-moi tes chemins », pour savoir la forme concrète de son service dans l'Église. Elle a trouvé et proposé à ses filles spirituelles un engagement particulier: le service des maisons d'éducation, le service des séminaires, des maisons de prêtres. Elle ne craignait pas les diverses formes du travail manuel qui est le lot de tant de gens aujourd'hui, qui a été à l'honneur dans la sainte Famille, dans la vie même de Jésus de Nazareth. C'est là qu'elle a vu la volonté de Dieu sur sa vie. C'est en accomplissant ces tâches qu'elle a trouvé Dieu. Avec les sacrifices inhérents à ce travail, mais offerts par amour, elle y a connu une joie et une paix profondes. Elle savait qu'elle rejoignait l'attitude foncière du Christ, « venu non pour être servi mais pour servir ». Elle était toute pénétrée de la grandeur de l'eucharistie, et de la grandeur du sacerdoce au service de l'eucharistie: c'est l'un des secrets de ses motivations spirituelles.

Oui, Dieu a jeté les yeux sur la sainteté de son humble servante, Marie-Léonie qui s'est inspirée de la disponibilité de Marie. Et désormais sa Congrégation et l'Église la diront, d'âge en âge, bienheureuse (cf. *Lc* 1, 4-8).

Cette nouvelle béatification d'une religieuse canadienne nous rappelle que le Canada a bénéficié abondamment de l'apport de nombreuses communautés religieuses, dans tous les secteurs de la vie ecclésiale et sociale: prière contemplative, éducative, assistance des pauvres, soins hospitaliers, apostolat de toute sorte. C'est une grande grâce. Et si, aujourd'hui, les services peuvent être divers et évoluer selon les besoins, la vocation religieuse demeure un don de Dieu merveilleux, un témoignage hors pair, un charisme prophétique essentiel à l'Église, pas seulement pour les services très appréciables pris en charge par les Soeurs, mais d'abord pour signifier la gratuité de l'amour dans un don nuptial au Christ, dans une consécration totale à son Oeuvre rédemptrice (cf. ma lettre *Redemptionis donum*). Et je me permets de poser cette question à tous les chrétiens rassemblés ici: le peuple canadien sait-il toujours apprécier cette grâce? Aide-t-il les religieuses à trouver et à affermir leur vocation? Et vous, chères Soeurs, mesurez-vous la grandeur de l'appel de Dieu et le style de vie radicalement évangélique qui correspond à ce don?

Les religieuses font une expérience particulière du Dieu vivant, tournées vers le Buisson ardent. Mais je m'adresse, en cette messe, à tout le peuple chrétien de Montréal, du Québec et du Canada. Frères et Soeurs, cherchez le Seigneur, cherchez sa volonté, entendez-le qui vous appelle chacun et chacune par votre nom, pour vous confier une mission et porter sa lumière dans l'Église et dans la société.

Vous êtes des laïcs chrétiens, baptisés et confirmés. Et vous voulez demeurer fils et filles de Dieu. Dans le corps de l'Église il y a bien des charismes, bien des formes d'engagement qui épanouiraient vos talents en servant les autres. Dieu vous envoie au service de vos frères et soeurs souffrants, ou désemparés, en quête de Dieu. Que par votre prière et votre action de tous les jours, l'amour de Dieu, la justice de Dieu, l'espérance aient leur place dans la cité terrestre, dans tous vos milieux de travail, de loisirs, de recherche. Ayant vous-mêmes fait l'expérience de Dieu, contribuez à édifier un monde ouvert à Dieu et fraternel. J'adresse ce message à vous tous. Et puisque nous béatifions aujourd'hui une femme, je l'adresse spécialement aux femmes. Comme tous les baptisés, vous êtes appelées à la sainteté pour sanctifier le monde, selon votre vocation dans le plan de Dieu qui créa l'humanité « homme et femme ». Avec les hommes, apportez au sein de vos familles, apportez au coeur de cette société, les capacités humaines et chrétiennes dont Dieu a doté votre personnalité féminine et que vous saurez développer vos droits et selon vos devoirs, à la mesure de votre union au Christ, source de sainteté. Le Seigneur compte sur vous pour que les relations humaines soient imprégnées de l'amour tel que Dieu le veut. Les façons d'accomplir ce service peuvent différer de ce qu'avait choisi la bienheureuse soeur de Marie-Léonie. Mais — au sens le plus évangélique qui transcende les opinions de ce monde — c'est toujours le service dont l'humanité et l'Église ne sauraient se passer.

Les saints et les bienheureux, et tous ceux qui se laissent conduire par l'Esprit de Dieu, peuvent reprendre à leur compte les mots de la lettre aux Éphésiens que nous avons entendus:

« *Bénis soit Dieu, le Père de notre Seigneur Jésus Christ.* Dans les cieux, il nous a comblés de sa bénédiction spirituelle en Jésus Christ » (*Ép* 1,3)

Oui, les noms des saints confirment particulièrement *la vérité de notre existence en Jésus Christ.* La vérité et l'appel à la sainteté, c'est-à-dire l'union avec Dieu par le Christ.

Écoutons cette lettre aux Éphésiens:

— Dieu « nous a choisis (dans le Christ) avant la création du monde »,

— par amour il nous a d'avance destinés « à être ses *fils adoptifs par Jésus Christ* »,

— *en Lui nous obtenons « par son sang la rédemption, le pardon de nos fautes, suivant la richesse de sa grâce »,*

— *« il a tout réuni sous un seul chef, le Christ, ce qui est au ciel et ce qui est sur la terre »,*

— *en Lui nous avons aussi été faits héritiers,*

— en Lui nous avons reçu « la marque de l'Esprit Saint », première avance qu'il nous a faite sur l'héritage dont nous prendrons possession, au jour de la délivrance finale, à la louange de sa gloire » (*Ép* 1, 4-14).

« Le lieu que foulent tes pieds est une terre sainte! »

Dans les temps que nous vivons, ce que nous voyons sur cette terre rend plus manifeste à nos yeux le péché que la sainteté. Il y a bien des raisons pour que nous, dans les divers pays et continents, nous voyions plus les malheurs qu'entraîne le péché que la lumière de la sainteté. Même si au même moment une tendance de plus en plus forte se fait jour pour que *le péché ne soit plus appelé péché,* il est cependant vrai que la famille humaine vit dans la peur de ce qui est suscité en définitive par l'intelligence et la volonté humaine contre la volonté du Créateur et du Rédempteur. Nous tous ici, nous connaissons ces périls qui menacent notre planète, et nous y reconnaissons la part de l'homme.

Et pourtant...

Pourtant cette terre, le lieu où nous vivons, *est la terre sainte.*

Elle a été marquée *par la présence du Dieu vivant,* dont la plénitude est dans le Christ. Et cette *Présence demeure* en notre terre et produit les fruits de la sainteté.

Cette Présence est Réalité.

Elle est grâce.

Cette présence ne cesse d'être *l'appel — et la lumière.*

« La lumière brille dans les ténèbres, et les ténèbres ne l'ont pas arrêtée » (*Jn* 1,5).

JEUNES SCOLAIRES

MONTRÉAL / BASILIQUE NOTRE-DAME

Le 11 septembre 1984

Chers jeunes,

Au fond de nos coeurs — en faisant un bref instant de silence —, remercions déjà le Seigneur pour la joie de cette rencontre!

Vous êtes heureux d'être tout près du Pape! Eh bien, le Pape aussi est très heureux d'être au milieu de vous!

Vous le savez bien: lorsque les personnes, les jeunes comme vous, ou les aînés comme moi, prennent le temps de se rencontrer, de se manifester de l'amitié simplement et sincèrement, de s'entraider autant qu'elles le peuvent, c'est le BONHEUR sur terre! Précisément cette fraternité entre tous les habitants de l'univers, c'est le grand désir du Seigneur. Vous savez bien que Jésus est venu et demeure — mystérieusement mais réellement — parmi nous. Avec nous il poursuit ce projet de fraternité universelle, il nous rassemble et fait de nous les membres de son Corps.

Bien sûr, chacun de vous ne peut réaliser tout seul ce plan mondial d'amitié et d'unité entre les gens d'un même pays et entre tous les peuples de la terre. Mais chacun doit y apporter sa contribution, une contribution *personnelle,* irremplaçable. Vous me comprenez bien, je vois cela sur vos jeunes visages.

Vous êtes presque trois mille jeunes réunis dans cette Maison du Seigneur, et vous êtes tous des enfants différents. Il en est qui sont plus calmes, d'autres plus remuants; certains aiment mieux le dessin, la musique, d'autres le sport; beaucoup travaillent à l'école de tout leur coeur, il s'en trouve qui ont moins de goût et moins de courage pour étudier; quelques-uns ont des handicaps de santé, d'autres disposent d'une santé robuste. Différents, oui. Mais vous avez tous et chacun une place — une place unique — dans le coeur du Seigneur, un rôle dans le vaste plan du Seigneur sur le monde.

Et si Jésus vous rencontrait aujourd'hui… — mais Il vous rencontre d'une certaine manière par l'Évêque de Rome que je suis, à la suite de l'Apôtre Pierre —, il vous dirait encore: Oh, surtout, aimez-vous bien les uns les autres, c'est à ce signe que l'on vous reconnaîtra pour mes disciples, mes amis véritables! Oui, aimez-vous toujours davantage!

Je suis heureux d'avoir vu de mes yeux vos gestes symboliques à propos de l'amitié et de l'entraide, et de vous avoir entendu chanter votre volonté d'aimer l'autre tel qu'il est, les autres tels qu'ils sont. J'ai grande confiance que chacun de vous fera progresser, ici sur la terre du Canada et même à travers le monde, l'amitié telle que Jésus la comprend: donner tous les jours du bonheur aux autres… donner sa vie. Cela se fait, cela continuera, grâce à vos efforts personnels et en groupes. Mais toujours Jésus vous aide: dans la prière vous êtes tout près de Lui. Dans les sacrements qu'Il a confiés à son Église, vous le rencontrez: depuis le baptême, vous êtes liés à Lui; vous aimez recevoir le pardon par la confession, vous aimez le recevoir Lui-même et partager sa vie dans la joie de la communion; le sacrement de confirmation vous assure du don de l'Esprit Saint, qui vous donne sa lumière et sa force, pour que vous grandissiez avec cet Esprit de Jésus en vous et pour que vous preniez votre place active dans l'Église.

Je veux encore ajouter un mot. Je sais que vous avez tous votre place dans un famille, dans une communauté spéciale faite pour les jeunes, dans des mouvements d'action chrétienne. Vos parents, vos éducateurs vous donnent ce dont vous avez besoin pour vivre, pour grandir, pour construire votre avenir; ils vous comprennent, ils vous soutiennent, ils vous montrent leur affection. Alors je vous demande de manifester à tous ceux-là qui s'occupent si bien de vous toujours plus de confiance, de respect, de gentillesse. C'est ainsi que vous serez leur joie et que vous-mêmes vous connaîtrez chaque jour, non seulement le bonheur d'être aimés, mais le bonheur d'aimer. N'est-ce pas magnifique tout cela?

Voici donc ce que je voulais vous dire dans notre rencontre. Chers jeunes, afin de vous aider à vivre comme des frères, comme des amis, avec le plus de gens possible, je vous bénis au nom du Père et du Fils et du Saint-Esprit.

RENCONTRE AVEC LES JEUNES
MONTRÉAL
Le 11 septembre 1984

Chers jeunes,

Au cours de ma visite au Québec, me trouver auprès de vous est une vraie joie. Dans un pays vivant, dans une Église vivante, c'est vous qui tracez les lignes de l'avenir. Et ce soir, au stade olympique, lieu d'effort et d'accomplissement de l'homme, il est bon de vous entendre et de vous voir exprimer la foi et les inquiétudes, l'espérance et les interrogations de votre génération en regardant avec lucidité tout ce qui fait votre vie.

Vous avez repris la parole fondatrice qui ouvre l'Évangile de Jean. Ainsi vous placez notre rencontre sous le signe de la vie plus forte que la mort, sous le signe de la lumière que n'arrêtent pas les ténèbres, sous le signe du Verbe, Parole éternelle de Dieu, qui vient habiter parmi nous dans le Christ. Que cet acte de foi nous guide, que cette lumière nous pénètre quand retentissent vos questions!

Car vos questions sont nombreuses. Vous venez d'en exprimer certaines parmi les plus sérieuses. Elles rejoignent celles qui m'ont été confiées avec simplicité par plusieurs milliers d'entre vous avant que je vienne vous visiter. J'oserai vous dire que ces interrogations me paraissent souvent formulées comme dans la zone d'ombre où l'humanité redoute son avenir quand elle trace sa route sans percevoir la lumière qui lui est offerte, sans reconnaître la vraie lumière qui éclaire tout homme.

L'une de vous, une jeune fille de Québec, m'a écrit: « Donnez-nous votre secret pour répondre à l'amour et pour avoir confiance en Jésus ». Mais je ne suis pas venu vous dévoiler un secret. Je suis venu en témoin, comme Jean le Baptiste était là pour rendre témoignage à la lumière. Je suis venu vous inviter à ouvrir les yeux sur la lumière de la vie, sur le Christ Jésus. Si nous écoutons sa parole, si nous le suivons, si nous découvrons la grandeur de l'amour dont il aime tous les hommes et toutes les femmes de tous les âges, alors nous saurons que la vie vaut la peine d'être vécue, et mieux encore d'être donnée!

Dans la page de l'Évangile qui vous a inspirés ce soir, Jean nous dit de Jésus qu'il est le Verbe, qu'il est la vie et la lumière des hommes. Certes, Dieu, personne ne l'a jamais vu, mais le Fils de Dieu peut nous le révéler (*Jn* 1, 18). Le Fils, le Verbe, est la Parole qui exprime parfaitement la volonté du Père, qui appelle les milliards d'êtres que nous sommes à partager la beauté et la pureté inouïes de son amour infini par l'inlassable générosité de la création. Dans une des prières de la messe, nous disons: « Toi, le Dieu de bonté, la source de la vie, tu as fait le monde pour que beaucoup se réjouissent de ta lumière » (Prière eucharistique IV).

Pourtant il y a l'obscurité: quand la vie nous déçoit, quand la vie nous blesse, quand on ne trouve pas le bonheur, quand le coeur se ferme et les frères se divisent et se combattent. Les ténèbres arrêtent la lumière: l'humanité se dresse comme un écran, et elle ressent jusqu'à l'angoisse ses difficultés de vivre. Le monde ne reconnaît plus celui qui l'a appelé à la vie pour s'épanouir dans l'unité fraternelle de tous. Les ténèbres entraînent un repli frileux sur soi, l'incapacité d'aimer librement et généreusement, la perte de la vérité dans le mensonge. Dans les ténèbres, le regard aveuglé ne sait plus apercevoir le Père, dont l'amour reste fidèle malgré l'éloignement de ses fils et de ses filles, malgré toutes les ruptures.

« En lui, il n'y a point de ténèbres » (*Jn* 1, 5).

« La lumière brille dans les ténèbres et les ténèbres ne l'ont pas arrêtée ». « Le Verbe était la vraie lumière qui éclaire tout homme ». « Et le Verbe s'est fait chair, il a habité parmi nous » (cf. *Jn* 1, 5.9.14).

Devant le côté sombre de vos questions, je voudrais vous dire : « Redressez-vous et relevez la tête, votre délivrance est proche » (*Lc* 21, 28). Jésus, le Fils de Dieu, « vrai Dieu né du vrai Dieu, lumière née de la lumière », habite parmi nous. « En lui était la vie et la vie était la lumière des hommes ».

Ces paroles introduisent toute la Bonne Nouvelle : en Jésus de Nazareth, le Fils resplendissant de la gloire du Père s'est fait l'un de nous ; il entame un étonnant combat contre les forces des ténèbres. Une lutte où la puissance des ténèbres ne peut arrêter la force du Christ qui est d'un tout autre ordre, car il n'est fort que par le don de lui-même à son Père pour ses frères. Une lutte où il accepte de partager notre faiblesse et notre solitude, de subir l'hostilité des hommes, au point de s'écrier : « C'est maintenant l'heure de la puissance des ténèbres » (*Lc* 22, 53). Mais les ténèbres ne l'arrêteront pas ; il combat avec les armes de la paix.

À l'excès du pouvoir, Jésus oppose le désintéressement : il a choisi d'être le Serviteur.

À l'excès de l'orgueil, Jésus oppose l'humilité : « Je ne cherche pas ma propre volonté, mais la volonté de celui qui m'a envoyé » (*Jn* 5, 30).

À la haine qui rejette et qui tue, Jésus oppose le pardon : « Père, pardonne-leur, ils ne savent ce qu'ils font » (*Lc* 23, 24).

À la puissance aveugle de la mort, Jésus oppose l'amour de celui qui se donne : « Ma vie, nul ne l'enlève, mais je la donne de moi-même » (*Jn* 10, 18).

À la garde dérisoire de son corps au tombeau, Jésus oppose la liberté de la Résurrection : « Comme l'éclair en jaillissant brille d'un bout à l'autre de l'horizon, ainsi sera le fils de l'homme lors de son Jour » (*Lc* 17, 24).

À qui désespère de la vie et éprouve le vertige du néant, Jésus oppose le don de la vie nouvelle : « Telle est la volonté de mon Père que quiconque voit le Fils et croit en lui ait la vie éternelle ; et moi, je le ressusciterai » (*Jn* 6, 40).

Mes amis, dans les lettres que j'ai reçues de vous, je discerne deux séries de demandes : d'une part, « parlez-nous de Jésus Christ, de l'espérance et de la foi » —et d'autre part « aidez-nous à résoudre les difficultés qui assombrissent notre vie personnelle, sociale et religieuse ».

J'ai voulu d'abord vous parler de la lumière du Christ, car c'est en témoin du Rédempteur que je suis venu chez vous. Le choix de l'Évangile que vous avez présenté rencontrait ce désir. Ne cherchez pas ailleurs une inspiration pour répondre à vos questions. Écoutez-le qui vous dit: « Je suis la lumière du monde. Celui qui vient à ma suite ne marchera pas dans les ténèbres; il aura la lumière qui conduit à la vie » (*Jn* 8, 12).

Il faut vous en souvenir aux heures de doute. Si vous suivez le Christ, vous développerez pleinement les possibilités qui sont en vous. Vous serez des chercheurs de la vérité, car seule elle rend libre. C'est à votre dynamisme que je fais appel: vous saurez avancer vers la solution de vos problèmes en écoutant tout l'Évangile, en y réfléchissant avec vos aînés, et dans vos divers mouvements chrétiens de jeunes. Mobilisez ensemble vos énergies; faites preuve de lucidité sur ce qui fonde votre vie; discernez la lumière du Christ qui vous montre comment sortir des cercles où vous pourriez vous enfermer. Avec lui, vous aimerez la vie!

Gardez-vous, aux heures obscures, de vous évader. Ayez le cran de résister aux marchands d'illusions qui exploitent votre soif de bonheur et vous font payer cher un moment de « paradis artificiel » obtenu avec un peu de fumée, une dose d'alcool ou de drogue. Ce chemin prétend conduire au bonheur, en réalité il ne mène nulle part. Il vous détourne de cette maîtrise intelligente de soi qui construit l'homme. Ayez le courage de ne pas prendre ce chemin facile, ou d'en remonter la pente. Et sachez tendre la main à ceux de vos frères que guette le désespoir quand la ténèbre du monde est pour eux trop cruelle.

Beaucoup d'entre vous sont marqués par le chômage. À ce niveau, c'est toute la difficulté d'une société en mutation qui vous atteint. Il y a les solutions économiques, lourdes et longues: elles restent à trouver. Les responsables de la société doivent s'y consacrer avec le soin premier de rendre supportable la condition de tous et d'observer cette première justice qu'est le respect de chacun, aussi démuni soit-il, aussi jeune soit-il. Mais vous-mêmes, ne laissez pas les difficultés détruire les ressorts de votre personnalité: prenez en charge votre avenir.

Interrogez-vous aussi sur ce que vous attendez de la vie professionnelle, vous qui vous préparez, vous qui y entrez déjà, et vous qui êtes empêchés de vous y épanouir. Soyez créateurs! Ne restez pas les grands absents quand il s'agit de bâtir aujourd'hui l'avenir du monde! Vous avez déjà votre part de responsabilité.

Vous êtes souvent, à juste titre, critiques d'une société si avide de biens de consommation qu'elle détruit la nature et dilapide ses ressources. Mais vous, demandez-vous quel sens vous donnez au gain, à la possession des richesses désirées. Êtes-vous libres par rapport à l'argent? À quel partage êtes-vous prêts? Souvenez-vous de Jésus, le jour où il entre dans la maison de Zachée: sa présence a transformé tout un style de vie; non seulement Zachée retrouve la justice en promettant de restituer l'argent injustement acquis, mais il découvre la générosité en distribuant ses richesses.

Élargissez aussi votre regard au-delà de votre milieu habituel et de votre pays. Vos frères dans de vastes parties du monde sont privés même du nécessaire, blessés dans leur dignité et opprimés dans leur liberté et leur foi. Le Christ aime tous les siens et il se reconnaît avec prédilection dans les plus pauvres. Qu'il vous fasse partager son amour pour tous vos frères et vos sœurs en humanité! Qu'il vous aide à vivre une solidarité réelle qui franchit les frontières et surmonte les préjugés!

Vous êtes citoyens d'un pays qui vit en paix, mais l'avenir de l'humanité vous préoccupe. Vous appelez la paix du plus profond de votre cœur. Répercutez cet appel! Je souhaite que votre souci de la paix mondiale fasse de vous des ouvriers de paix. Commencez par votre milieu. Reprenez en vérité la prière de François d'Assise, bâtisseur de paix dans sa propre ville: « Seigneur, fais de moi un instrument de ta paix; là où il y a la haine, que je mette l'amour... » Et, comme le disait récemment Madame Jeanne Sauvé, «il faut que la paix devienne un état d'âme, une manière d'être et de travailler ».

Avant d'évoquer d'autres questions que vous m'avez posées, je voudrais revenir à l'Évangile qui nous guide ce soir. «Il est venu chez les siens... Tous ceux qui l'ont reçu, ceux qui croient en son nom, il leur donné de pouvoir devenir enfants de Dieu ».

C'est une réalisation inimaginable, inespérée, avec le Dieu vivant et vrai que Jésus rend possible, car il est proche de nous: « Le Verbe s'est fait chair, il a habité parmi nous ». En livrant sa vie pour la multitude, il promet sa présence parmi nous pour toutes les générations. Fidèle à sa mission, il s'est fait l'un de nous et demeure présent, lumière qui éclaire tout homme, « le chemin et la vérité et la vie » (*Jn* 14, 6).

Pour la plupart d'entre vous, la rencontre intime avec le Christ a été consacrée par le baptême. Jésus a offert la richesse de la vie qui est en Dieu. Pierre disait: « Il nous a appelés des ténèbres à son admirable lumière » (*1 Pi* 2, 9).

Aujourd'hui, bien souvent, vous ne trouverez pas facile de prendre votre place dans la communauté des baptisés. Certains d'entre vous disent ne pas reconnaître dans l'Église le lieu où il est naturel d'être fraternellement unis par le Christ de l'Évangile. L'édifice vous semble trop large, construit par d'autres dans un style différent du vôtre. La lumière qui l'éclaire, vous la trouvez coupée par trop de pans d'ombre.

Il est vrai que la communauté est loin encore de former le miroir parfait qui refléterait tout le visage du Christ. Il est vrai que l'unité reste un objectif trop souvent contredit. Il est vrai, en un mot, que l'Église appelée par le Sauveur à se rassembler en lui est sur la route de la conversion, et que la route est encore longue.

Cependant, vous les jeunes, rappelez-vous que Jésus nous a demandé de ne pas nous ériger en juges (cf. *Mt* 7, 1-5). Ne restez pas non plus sur le seuil, au dehors. Ne vous laissez pas tenter d'attendre de l'Église uniquement le reflet de vous-mêmes. Baptisés, vous êtes des membres du corps du Christ. Seul le corps tout entier pourra refléter pour la communauté des hommes le Visage de lumière du Christ.

Vous attendez légitimement de vos aînés qu'ils vous accueillent avec tolérance, et vous respectent pour ce que vous êtes. Mais vous, faites de même à leur égard.

L'Église est la communauté dans laquelle nous héritons des dons transmis aux Apôtres et communiqués jusqu'à nous sans interruptions: l'Église une, sainte, catholique et apostolique. Elle est pour tous le lieu de la rencontre de Celui qui habite parmi nous: elle est le lieu du don reçu de son Esprit et de sa grâce, elle est le lieu où nous est donnée une règle de vie, elle est le lieu où tous sont appelés à partager, à rendre grâce, à rejoindre l'offrande eucharistique de la vie donnée par le Christ, à recevoir le don du pardon, à assumer la mission d'annoncer la vérité et de répandre l'amour.

Prenez votre part à la vie de ce corps, tout imparfait qu'il reste. Apportez votre exigence et votre enthousiasme. Contribuez à l'expression de la foi et de la prière, avec votre sens poétique, et votre désir d'engagement.

Et si naît en vous le désir de consacrer votre vie au service de Dieu et de vos frères dans le ministère de l'Église, dans la vie religieuse, sachez y reconnaître l'appel du Seigneur et répondre avec la générosité sans réticence des jeunes. Prenez le temps du discernement, laissez éprouver votre vocation dans la prière et la réflexion, consacrez-vous à une formation solide. Entrez avec confiance en dialogue avec les pasteurs et les supérieurs qui ont la charge de confirmer votre appel. Vous seriez de ceux qui connaissent la joie de servir à la suite du Christ dans l'Église où il demeure, de livrer votre vie en partageant, libres et pauvres, son amour pour ses frères.

Il est un dernier point que je voudrais encore aborder, parce qu'il vous tient à coeur: ce sont vos questions sur le mariage et la façon de vivre l'amour du couple et de la famille.

En lisant vos lettres, j'ai été impressionné d'y percevoir une longue plainte: trop d'entre vous souffrent devant l'éclatement des familles, les séparations et les divorces. Vous êtes blessés au point de douter parfois de la possibilité d'un amour fidèle et durable.

Nous n'avons pas à juger ceux qui ont été ébranlés par le bouleversement des moeurs et de la société. Mais je vous dis: ne doutez pas, vous pourrez bâtir un foyer sur le roc de la fidélité, car au plus profond vous pouvez compter sur la fidélité de Dieu qui est amour.

Préparez-vous à l'engagement digne et vrai du mariage. Réagissez à bien des entraînements et ne confondez pas l'expérience prématurée de la jouissance avec le don de soi dans l'amour lucidement consenti pour toujours. Quand, homme et femme, vous unirez vos vies, soyez décidés à le faire en toute générosité, chacun désirant d'abord le bonheur de l'autre, ensemble désirant donner la vie et préparer le bonheur de vos enfants. Préparez-vous au seul engagement qui soit digne de l'amour humain, l'engagement dans le mariage pour bâtir une oeuvre à la dimension de toute une vie. Et que la parole du Christ, là aussi, soit votre lumière : « Il n'est pas d'amour plus grand que de donner sa vie pour ceux qu'on aime » (*Jn* 15, 13).

Chers jeunes, dans toutes les questions qui vous passionnent, il y a une face obscure, où l'inquiétude se manifeste, et il y a une lumière d'espérance. Cette espérance, —vous m'en avez fait part— vous conduit justement à vous interroger sur votre avenir, celui du monde et celui de l'Église.

Au nom du Christ, je vous le demande : quand la lassitude vous gagne ou que le doute vous saisit, brisez le cercle où vous enfermait la solitude, retrouvez Celui qui est la lumière de tout homme, rejoignez vos frères pour marcher ensemble, prenez appui sur vos aînés.

Restez des chercheurs de la vérité. Déployez avec courage les richesses qui sont en vous. Donnez-vous sans mesure au service de la justice, de la paix, de la liberté et de l'amour, dans la lumière du Christ,

Québec, à l'image de la puissance de ton fleuve, tu es un pays à la nature généreuse. Toi qui sais canaliser les rivières, sauras-tu canaliser les forces vives de ta jeunesse pour le service de tout l'homme et de toute l'humanité aimée de Dieu?

Tournez-vous, amis jeunes, à chaque étape de votre route, vers Celui en qui habite toute la plénitude de Dieu (cf. *Co* 2, 9). À la suite de Pierre, faites-lui confiance : « Seigneur, à qui irions-nous? C'est toi qui as les paroles de la vie! (*Jn* 6, 68).

Paroles d'un pèlerin

4ᵉ JOUR

• ST-JOHNS

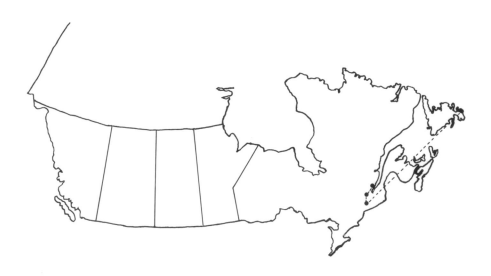

BÉNÉDICTION DE LA FLOTILLE DE PÊCHE
ST. JOHN'S
Le 12 septembre 1984

Chers Frères et Soeurs, cher peuple de Terre-Neuve,

C'est dans leur bateau de pêche en mer de Galilée que Jésus demanda à Simon-Pierre, à Jacques et à Jean, de participer à sa mission. Comme nous le rappelle l'Évangile, Jésus passa le plus clair de son temps à partager le quotidien, les espoirs et les épreuves du peuple. C'est la raison pour laquelle je suis immensément heureux d'être aujourd'hui parmi vous qui faites partie de la communauté des pêcheurs. Et je salue tout particulièrement l'Archevêque Penney ainsi que tous ceux d'entre vous qui êtes les chefs spirituels des autres Églises et communions représentées ici. L'heureux événement qui nous réunit aujourd'hui est la bénédiction de la flottille de pêche, ici même à Flatrock.

C'est dans ce contexte que je suis venu aujourd'hui vous exprimer ma solidarité et *faire avec vous profession de foi en Notre Seigneur Jésus Christ.* Cette foi qui est la nôtre, la foi au Fils éternel de Dieu fait homme, offre à toute la communauté humaine un message exaltant. Notre foi en Jésus Christ, Dieu véritable et homme véritable, ouvre nos yeux à un grand espoir et, d'un même élan, nous rappelle à tous éloquemment le commandement du Christ d'aimer et de servir notre prochain.

Bien avant de venir s'établir sur ces côtes, les Européens pêchaient déjà dans ces eaux. En tous ces villages de pêcheurs qui parsèment le littoral, vos ancêtres et vous avez levé l'ancre par tous les temps *pour tirer votre subsistance de la mer,* souvent même au péril de vos vies. Vos épouses et vos familles ont partagé les risques et les frayeurs qui sont le lot de votre mode de vie. Dans la douleur et l'espérance *chrétienne,* elles ont pleuré la perte de tant d'êtres chers qui ne revinrent pas. Comme l'écrivait un poète de Terre-Neuve:

> « Il fallut mille ans à la mer
> Un millier d'années pour graver
> Le visage de granit de cette falaise
> Ces contreforts, ces crevasses et ces ravines.
> Il fallut à la mer une heure, une seule,
> Une nuit de tempête pour pareillement meurtrir
> Crevasser et raviner
> Le visage d'une femme. »

Aujourd'hui, votre vie est marquée par une *insécurité toute différente,* qui vient non point de la mer, mais des conditions nouvelles de l'industrie de la pêche et de l'économie mondiale. Le Canada luimême, avec ses énormes ressources naturelles et sa population limitée, n'a pas échappé aux effets de la crise économique mondiale. Ici à Terre-Neuve, plus encore qu'ailleurs au Canada, vous avez durement ressenti le fardeau du *chômage,* qui s'est abattu tel un fléau sur les espoirs d'un si grand nombre d'entre vous, les jeunes surtout, qui savent d'expérience comment le défaut d'un travail satisfaisant peut les atteindre dans tant d'aspects de leur vie comme il touche la société elle-même. Il abolit les perspectives d'avenir compromet les moyens d'existence de la famille et ébranle les structures sociales de la collectivité.

Je soulignais dans mon encyclique *Laborem exercens:* « Le fait que le travail de l'homme est *une clé,* et sans doute la clé essentielle, de toute la question sociale (No 3). Les hommes et les femmes sont censés contribuer, par leur travail, à l'édification de la communauté humaine et ainsi atteindre leur véritable stature humaine qui fait d'eux, avec Dieu, les créateurs et les bâtisseurs de son Royaume. Les échecs répétés, dans cette recherche d'un travail valorisant, sont un affront à la dignité de l'individu, un affront qu'aucune aide sociale ne saurait complètement réparer. Les évêques du Canada ont souvent déploré le coût humain d'un tel chômage, et surtout les ravages qu'il exerce dans la vie familiale. J'ajoute ma voix aux leurs en faisant appel à tous les chargés de pouvoir afin qu'ensemble ils s'efforcent de trouver les solutions aux problèmes de l'heure, ce qui suppose une *restructuration de l'économie* de manière que les besoins humains l'emportent toujours sur le gain financier. Notre foi exige que nous donnions *la primauté à la personne plutôt qu'à la productivité,* à l'humain plutôt qu'aux choses matérielles.

On a dit du Canada qu'il était le grenier du monde et, avant la dernière récession, il était en outre l'un des principaux exportateurs de poisson du monde entier. Quel cruel paradoxe que de vous voir si nombreux ici même *en détresse financière,* vous qui pourriez travailler pour nourrir vos semblables, alors qu'au même moment *la faim, la malnutrition chronique et le spectre de la famine* touchent des millions de gens ailleurs dans le monde.

Moyennant une judicieuse intendance, *la mer continuera à nous offrir ses moissons.* En revanche, depuis quelques années, les entreprises de conservation et de distribution des produits alimentaires se sont modernisées selon de nouvelles techniques et se sont trouvées de plus en plus concentrées entre des mains de moins en moins nombreuses. Nous l'avons constaté dans le monde entier, de plus en plus de petits patrons pêcheurs, ou des entreprises domestiques y perdent leur indépendance financière aux mains de vastes compagnies, disposant de capitaux énormes. Ces dernières risquent de perdre le contact avec le pêcheur, ses besoins et ceux de sa famille. Elles sont tentées de ne répondre qu'aux forces du marché, sans y trouver toujours la motivation financière nécessaire pour poursuivre la production. En fin de compte, c'est la sécurité de l'approvisionnement alimentaire mondial qui s'en trouve d'autant plus compromise, dans la mesure où il se trouve régi *plutôt par le souci du profit de quelques-uns que par les besoins de la majorité.*

La conjoncture économique actuelle, notamment en ce qui concerne la pêche, exige de courageuses interventions propres à en corriger les effets négatifs. Dans la recherche de solutions originales nous devons nous inspirer de principes fondés sur notre conception chrétienne de l'homme et de son bien. La mise en place de coopératives de pêcheurs, de conventions collectives entre travailleurs et employeurs, d'une forme quelconque de copropriété ou d'association, voilà autant de solutions possibles au problème. On donnerait ainsi aux travailleurs une voix au chapitre dans les prises de décisions qui affectent leur vie et celle de leur famille.

Dans un monde de plus en plus interdépendant, la gestion raisonnée de toutes les ressources de la planète, et surtout de ses ressources alimentaires, exige une *planification à long terme* à tous les paliers de gouvernement, de concert avec l'industrie et les travailleurs. Elle exige également des *ententes internationales efficaces* en matière de commerce. Elle doit encore tenir compte des problèmes d'aide alimentaire au développement, et répondre aux besoins des plus démunis.

Mes chers amis, un dur labeur allié à un sens profond de la famille et de la communauté vous ont toujours soutenus dans la poursuite de votre idéal chrétien. Mais avant tout, *c'est votre foi en Jésus Christ et en l'espérance qu'elle fait naître en vous qui sont à la base de toutes vos aspirations* à un avenir meilleur. Pour cette raison, dans l'effort et le combat qui sont votre vie quotidienne, vous pouvez dire comme saint Paul: « Si en effet nous peinons et combattons, c'est que nous avons mis notre espérance dans le Dieu vivant » (*1 Tm* 4, 10).

Avec vos pasteurs et vos animateurs spirituels rassemblés ici autour de moi, je prie pour vous tous et pour vos familles. Que Dieu notre Père rende fécond le travail de vos mains! Que son divin Fils, notre Seigneur Jésus Christ, lui qui multiplie les pains et les poissons pour nourrir la foule affamée, étende l'horizon de votre solidarité fraternelle à tous ses frères et soeurs! Que l'Esprit Saint vive dans vos coeurs et vous remplisse de sa paix, aujourd'hui et à jamais!

Je vous exhorte, cher peuple de Terre-Neuve à ne jamais oublier les valeurs qu'enseignait le Christ sur la barque de Pierre, en mer de Galilée, ainsi que pendant toute sa vie. Et souvenez-vous aussi à tout jamais, de la parole de l'apôtre Paul: « Que tout se passe chez vous dans la charité » (*1 Co* 16, 14).

RÉUNION AVEC
LES PERSONNES HANDICAPÉES

ST. JOHN'S / STADE MÉMORIAL

Le 12 septembre 1984

Chers frères et soeurs,

C'est un grand plaisir pour moi que cette rencontre spéciale avec les personnes handicapées et invalides durant ma visite à la province de Terre-Neuve. Je vous salue dans la joie et dans la paix de notre Sauveur ressuscité. Je salue également vos familles et vos amis, qui vous accompagnent aujourd'hui: et tous ceux et celles qui vous sont proches par leurs prières et leur présence aimante.

J'ai eu l'occasion, durant ces dernières années, de rencontrer un grand nombre de *personnes handicapées et invalides:* des pèlerins qui sont allés à Rome, des groupes comme le vôtre aujourd'hui que j'ai rencontrés durant mes tournées pastorales, des enfants handicapés que j'ai reçus à l'occasion de leur première communion ou de leur confirmation. J'apprécie toujours ces rencontres car elles me permettent de mieux vous connaître et de comprendre vos luttes et vos succès, vos chagrins et vos joies. Elles m'ont permis de mieux apprécier combien vous *participez pleinement à la vie de la communauté,* et qu'on ne doit pas vous reléguer à l'arrière-plan de la société. Vous avez, de même, un rôle important à jouer *au sein de l'Église.* Vous êtes appelés à partager pleinement *sa vie et sa mission dans le monde.*

Chacun d'entre vous a reçu en partage, à son baptême, le don d'une vie nouvelle dans le Christ et la dignité de fils ou de fille adoptifs de notre Père céleste. Par le baptême, vous participez aux *fonctions sacerdotale, prophétique et royale de Notre-Seigneur Jésus Christ;* et vous êtes appelés à exercer votre rôle dans l'édification du Corps du Christ, l'Église, et l'instauration du Royaume de Dieu dans le monde. Cet appel personnel à la sainteté et au service aimant des autres ne vous coupe pas de votre vie quotidienne. Au contraire, l'acceptation patiente de vos handicaps et votre espérance radieuse devant les difficultés constituent par elles-mêmes une proclamation de l'Évangile, car elles rendent témoignage, en silence, au pouvoir salvifique de Dieu qui se manifeste dans notre vie.

« Oui, cherchez », comme le disait saint Paul, « à imiter Dieu, comme des enfants bien-aimés, et suivez la voie de l'amour, à l'exemple du Christ qui vous a aimés » (*Ep* 5, 1-2). Essayez d'accepter toute chose en esprit de foi et dans la lumière de la Croix. Puissiez-vous trouver dans l'Eucharistie et dans la prière la force nécessaire pour surmonter tous les obstacles — le pouvoir libérateur de l'amour du Christ qui a conquis le monde.

Chers frères et soeurs dans le Christ, soyez assurés que vous n'êtes jamais seuls. Dieu vous aime et vous a réservé une place toute spéciale au sein de l'Église. Le Pape vous aime, lui aussi, et vous bénit du fond du coeur, Il chérit également vos familles et tous vos proches. Et que le Christ vous comble de sa paix.

HOMÉLIE

ST. JOHN'S

Le 12 septembre 1984

Chers frères et soeurs en le Christ,

« Rendons grâce au Seigneur notre Dieu »

Ces mots sont tirés *du coeur même de la liturgie eucharistique.* Eucharistique signifie action de grâce. Aujourd'hui, réunis autour de cet autel, notre premier désir est de *rendre grâce* — de rendre grâce avec l'archidiocèse de St. John's et avec toute l'Église de Terre-Neuve qui célèbre cette année le bi-centenaire de son implantation dans l'île. Nous voulons ainsi exprimer ce qui est l'élément le plus caractéristique de la liturgie eucharistique.

Notre sacrifice et notre prière, en union avec le sacrifice de Jésus Christ — dans l'identification sacramentelle avec Lui — est avant tout *une grande action de grâce rendue par l'Église.*

Cette action de grâce à façonné la vie spirituelle de ceux et celles qui ont été au Canada, depuis les tout débuts, depuis la fondation, les disciples et les confesseurs du Rédempteur. La liturgie que nous célébrons est destinée tout spécialement à manifester le fait que les fils et les filles de Terre-Neuve, du Labrador et de tout ce pays, *enracinés comme ils le sont dans le mystère du Christ,* crient à Dieu du fond de leur coeur: « Rendons grâce au Seigneur notre Dieu ».

Nous remercions *Dieu pour la richesse de sa création.*

Nous Le remercions en particulier pour la richesse donnée en partage aux générations sucessives de Canadiens, aussi bien *les généra-*

lions qui ont vécu ici par le passé selon le modèle de leur *culture originale,* que les générations venues d'au-delà des mers édifiant peu à peu les structures d'une *civilisation nouvelle* et d'une culture canadienne. Nous remercions Dieu pour l'épanouissement que d'innombrables familles ont connu au fil des ans et de la liberté et de l'espérance qu'elles y ont trouvées.

Chantons donc avec le Psalmiste:

> « La bonté du Seigneur est pour tous,
> sa tendresse, pour toutes ses oeuvres.
> Que tes oeuvres, Seigneur, te rendent grâce
> et que tes fidèles te bénissent!
> Ils diront la gloire de ton règne,
> ils parleront de tes exploits. » (Ps 145 [144], 9-11).

Et tandis que nous louons Dieu pour la beauté de la nature qui nous entoure dans cette île et dans tout le Canada, revoyons avec les yeux de la foi le *témoignage porté par les oeuvres de la création;* nos esprits et nos coeurs se tourneront vers Lui, qui, le septième jour, regarda ce qu'Il avait réalisé et « vit que c'était bon » (*Gn* 1, 31).

Notre action de grâce monte *des oeuvres à Dieu lui-même.*

Nous remercions Dieu de son existence: pour le fait qu'Il est Dieu, *pour sa Divinité,* pour sa toute-puissance et sa sainteté, pour sa vérité et son amour, pour son plan éternel de salut pour l'humanité et pour le monde.

Nous remercions le Père pour le Fils et le Saint-Esprit. Nous remercions le Fils pour le Père. Nous remercions le Saint-Esprit car, par l'amour du Père et du Fils, Il est le Don incréé: la source de tous les dons de grâce créée.

L'apôtre Paul écrit: « C'est pourquoi je tombe à genoux devant le Père qui est la source de toute *famille* au ciel et sur terre. Lui qui est si riche en gloire qu'Il vous donne la puissance par son Esprit pour rendre fort l'homme intérieur ». (*Ép* 3, 14-16).

L'homme regarde en son for intérieur, vers son *« moi profond »*, et rend grâce *au mystère même de la Divinité.* L'homme a été créé « à l'image et à la ressemblance de Dieu » (cf. *Gn* 1, 26), et il est appelé pour cette raison à rendre grâce d'une manière toute spéciale. Nous remercions Dieu pour le fait qu'Il est Dieu et qu'en Lui se trouve le *modèle éternel* de notre essence humaine. Nous Le remercions pour la Divinité, pour le mystère impénétrable de la Trinité, pour le Père, le Fils et le Saint-Esprit.

Nous rendons grâce pour tout ce qui est l'oeuvre et le fruit de la grâce, par lequel *le coeur humain participe à la vie intime de Dieu lui-même.*

Car Paul poursuit: « ... que le Christ habite en vos coeurs par la foi; restez enracinés dans l'amour, établis dans l'amour. Ainsi vous serez capables de comprendre avec tous les fidèles quelle est la largeur, la longueur, la lourdeur, la profondeur... Vous connaîtrez l'amour du Christ qui surpasse tout ce qu'on peut connaître. Alors vous serez comblés jusqu'à entrer dans la plénitude et vous entrerez par votre plénitude dans toute la Plénitude de Dieu. » (*Ép* 3, 17-19).

Nous remercions Dieu d'être Dieu: *pour cette plénitude absolue qui est Lui.*

Et nous rendons grâce également pour cette dimension de notre humanité, qui nous fait partager la nature de Dieu, la vie intime de Dieu lui-même.

Nous remercions pour la grâce et la sainteté, et plus particulièrement pour cette grâce et cette sainteté qui, au fil des siècles, a été partagée et continue d'être *partagée par les fils et les filles de ce pays:*

> « Et maintenant bénissez le Dieu de l'univers
> qui partout fait de grandes choses,
> qui a exalté nos jours dès le sein maternel
> qui a agi envers nous selon sa miséricorde » (*Si* 50, 22).

Oui, nous rendons grâce pour le fait que Lui, Dieu, nous permet à nous, les êtres humains, d'avoir *part à la mission messianique de Jésus Christ,* son Fils éternel fait homme. Nous Le remercions d'avoir fait de nous le peuple de Dieu et d'avoir scellé notre mission sur terre avec le sceau *sacerdotal, prophétique et royal* par notre participation à la mission du Christ Lui-même.

Le Christ dit dans l'Évangile d'aujourd'hui: « Vous êtes le sel de la terre. Si le sel se dénature, comment redeviendra-t-il du sel?... Vous êtes la lumière du monde. Une ville située sur une montagne ne peut être cachée. Et l'on n'allume pas une lampe pour la mettre sous le boisseau; on la met sur le lampadaire, et elle brille pour tous ceux qui sont dans la maison » (*Mt* 5, 13-15).

Ce sont là des paroles éloquentes, des paroles exigeantes. À la lumière de ces paroles, nous *rendons grâce pour votre vocation chrétienne.*

Nous voulons comprendre cette vocation sous toutes ses différentes formes, et la pénétrer à la lumière de la foi et de notre expérience. *Nous voulons l'assumer.* Nous voulons véritablement l'assumer!

De quelle autre manière pouvons-nous exprimer notre gratitude pour le don de notre vocation en Jésus Christ?

Nous rendons une *action de grâce très spéciale* pour *nos familles chrétiennes.* En union avec son Fils, Jésus Christ notre Seigneur, nous remercions le Père « dont toute famille tire son nom ». Nous Le remercions: — pour ces nombreuses familles à travers le Canada dont la vie reflète « la beauté et la grandeur de leur vocation à l'amour et au service de la vie » (*Familiaris Consortio,* 1).

— Pour *l'amour profond* que les époux chrétiens se portent l'un à l'autre dans la communion de la vie conjugale, projetant dans le monde une image toute spéciale de l'amour de Dieu.

— Pour la fidélité réciproque que se gardent, leur vie durant, des couples innombrables, par le pouvoir de la grâce sacramentelle.

— Pour tous ces couples qui s'attachent généreusement à suivre le *plan de Dieu* sur *l'amour humain,* tel qu'exprimé par les enseignements de l'Église dans les encycliques *Humanae Vitae* et *Familiaris Consortio,* et dont le mariage est toujours disposé à accueillir une vie nouvelle; et pour tous ceux et celles qui enseignent aux couples la planification familiale naturelle.

— Pour l'immense service rendu par les parents qui apportent de *nouveaux membres* au Corps Mystique du Christ.

— Pour les efforts quotidiens consentis par les pères et les mères qui *éduquent leurs enfants* jusqu'à la maturité chrétienne.

— Pour les familles qui, dans les souffrances, le chagrin et les difficultés économiques, vivent une vie *d'espoir chrétien.*

— Pour l'engagement des familles, conformément à l'enseignement du deuxième Concile du Vatican, à prendre *une part active à la mission de l'Église,* en tant que communauté croyante et évangélisatrice et en tant que communauté en dialogue avec Dieu et au service de l'homme.

— Pour les efforts faits par les familles chrétiennes en vue d'aider les jeunes à comprendre la dignité du mariage et à bien *se préparer* à cette vocation.

— Pour l'engagement renouvelé de l'Église à préserver et à expliquer *la sainteté et l'unité de la famille,* et pour l'amour généreux avec lequel tant de *prêtres et de religieux et religieuses* consacrent leur vie à l'édification de la vie familiale.

— Pour les efforts des familles en butte aux problèmes et aux difficultés, mais qui savent persévérer, convaincues que l'amour éternel et indéfectible de Dieu s'exprime dans le *pacte indissoluble* de leur propre mariage sacramentel.

— Pour le *témoignage spécial* donné à l'enseignement du Christ sur l'indissolubilité du mariage, que donnent tous les époux qui souffrent de la douleur de la séparation, de l'abandon ou du rejet.

— Pour la *transmission du message évangélique* dans les foyers chrétiens, et pour l'évangélisation qu'accomplissent les familles chrétiennes dans leur voisinage et leur lieu de travail.

— Pour toutes ces nombreuses familles qui *prient ensemble* et qui trouvent la force dans la prière au Seigneur.

— Pour les familles qui *acceptent la Croix* et qui, dans la joie chrétienne, participent au mystère pascal du Seigneur Jésus.

— Oui, nous remercions et louons Dieu notre Père pour toutes les familles chrétiennes — et elles sont très nombreuses — qui écoutent les *paroles dispensatrices de vie* de Jésus Christ son Fils : « Ainsi *votre lumière* doit-elle briller aux yeux des hommes pour que, voyant vos bonnes oeuvres, ils en rendent gloire à votre Père qui est dans les cieux » (*Mt* 5, 16).

Puissent toutes les familles chrétiennes du monde, et nous tous, remplir notre vocation chrétienne, chacun conformément aux dons que nous avons reçus. *Chacun d'entre nous, par le témoignage de nos bonnes oeuvres.* Chacun d'entre nous, *appelé à rendre gloire à notre Père qui est aux Cieux,* et à remercier le Seigneur notre Dieu.

L'action de grâce est la *manifestation de la gloire de Dieu en chacun.* L'être humain, que Dieu a placé au milieu du monde visible — auquel Dieu a donné une part dans le mystère de la création et de la rédemption par la grâce — cet être humain est appelé à la gloire. Lorsqu'il manifeste — par l'action de grâce — la gloire de Dieu dans les choses de la créature, l'homme reçoit en lui-même la *promesse de la gloire future* qui sera révélée en lui.

Bien-aimés frères et soeurs de Terre-Neuve, du Labrador et de tout le Canada: Rendons grâce au Seigneur notre Dieu!

Il est bon de Le remercier et de lui rendre gloire. Amen.

RENCONTRE AVEC LES JEUNES GENS

ST. JOHN'S

Le 12 septembre 1984

Chers jeunes, chers frères et soeurs en Notre-Seigneur Jésus-Christ,

Je vous remercie de m'avoir si chaleureusement accueilli aujourd'hui, ici à Terre-Neuve. C'est pour moi une grande joie de me joindre à vous qui, à ce festival de la jeunesse, venez *célébrer votre foi en Jésus Christ.* Je remercie Dieu pour vous ainsi que pour tous les jeunes qui viennent d'ailleurs; je le remercie pour ces dons tout particuliers de votre jeunesse, ainsi que pour le rôle que vous jouez parmi nous dans l'édification d'un monde où régneront davantage la justice, la paix et l'amour. Pour reprendre les paroles de saint Paul: « Je rend grâce à mon Dieu chaque fois que je fais mémoire de vous, en tout temps dans toutes mes prières pour vous tous, prières que je fais avec joie » (*Phil* 1, 3).

Il vous convient de rendre grâce à Dieu pour la paix et liberté que connaît votre immense pays. Vous y jouissez de la liberté de parole, de culte et de mouvement, et vous pouvez également y exercer vos choix politiques. Et pourtant, *vous n'êtes pas sans éprouver de problèmes.* Nombre d'entre vous, je le sais, n'avez pas d'emploi et vous envisagez l'avenir avec une profonde anxiété. Malgré ce chômage chronique qui vous accable, vous devez garder vivace en vous l'espoir et vous efforcer de mettre à profit d'une façon créative ces loisirs forcés que crée le chômage. D'autre parmi vous sont à l'école, et là aussi l'incertitude règne. Vous êtes parfois tentés d'abandonner et de vous demander: Pourquoi tous ces efforts? Quelle est la signification de la vie humaine? Où tout cela mène-t-il?

Ce sont là des *questions que se posent les jeunes du monde entier.* Ce sont des questions que se posent les jeunes gens qui, dans tant de pays, n'ont pas suffisamment à manger. Ils n'ont aucune possibilité de recevoir une véritable instruction. Ce sont des questions posées par des jeunes gens qui vivent en proie à l'injustice, à la violence et aux persécutions. Elles sont posées par des jeunes gens en quête de paix, assoiffés de justice et qui désirent Dieu de toutes leurs forces. Elles furent posées cette année par les jeunes qui vinrent à Rome pour célébrer avec moi l'Année Sainte de la Rédemption.

Moi qui suis votre frère et votre pasteur, je voudrais vous apporter aujourd'hui une *puissante raison d'espérer* et de voir la vie comme un grand et précieux don de Dieu. Et *cette raison est Jésus Christ,* le Fils de Dieu qui est venu sur terre pour nous apprendre la véritable signification de la vie humaine. Par la puissance de son Esprit, ce même Jésus qui est mort sur la Croix et qui s'est levé des morts est vivant en son Église; Il est vivant en vous qui, comme chrétiens, portez son nom et vous efforcez d'écouter sa parole de vie.

Je suis ici pour *proclamer cette présence de Jésus dans votre vie* et la puissance de son amour qui est à l'oeuvre dans vos coeurs. Grâce à cette présence, grâce à cette puissance, vous pouvez faire de grandes choses. Voilà l'appel de votre vie, un appel de Dieu à servir votre communauté et votre Église. Peut-être serez-vous appelés ainsi à servir comme époux ou épouse, comme père ou mère, comme célibataire, comme religieux ou comme prêtre. Mais en tous ces cas, c'est un appel à une conversion personnelle, c'est une invitation à ouvrir vos coeurs au message du Christ et à sa puissance dans votre vie. Dans le monde entier, toute structure qui exige une réforme, qu'elle soit économique, sociale ou politique, ne peut être judicieusement modifiée que si nos coeurs sont purifiés, parce qu'à *la source de toutes les injustices se trouve le coeur humain.*

Jeunes gens de Terre-Neuve et de tout le Canada, *le Christ vous invite à une conversion du coeur,* à une vie vécue en union avec lui. Pour cette raison, vous ne devez pas vous laisser vaincre par l'anxiété, par un sentiment pénible d'impuissance, pas plus que par la tentation de vous révolter ou de tout abandonner. Personne ne peut nier l'effrayant désordre qui règne à tant d'endroits dans le monde: la cruauté de tant de gens et l'injustice de certains régimes sont causes de souffrances humaines indescriptibles; la possibilité d'un conflit nucléaire engendre l'angoisse et la peur. *Mais vous êtes armés pour faire face à tous les problèmes grâce à une nouvelle attitude,* un nouveau coeur et une nouvelle puissance: votre foi en Jésus Christ qui est vivant en vous. Pour reprendre la parole de saint Jean: « Telle est la victoire qui a triomphé du monde: notre foi » (*1 Jn* 5, 4).

Selon le plan de Dieu, vous n'étiez pas censés hériter d'un monde en ruine. Nous avons tous la responsabilité de *changer le cours dangereux des événements qui ont emporté l'humanité.* Et c'est vous, les jeunes de ce pays, qui êtes appelés à jouer un rôle tout particulier pour façonner et édifier un monde meilleur. Vos efforts peuvent porter fruit, mais ces efforts, *vous devez les déployer en union avec le Christ qui est puissant en vous* et qui parle à vos coeurs.

En union avec le Seigneur, attelez-vous à la tâche en commençant par vous regarder vous-mêmes sans complaisance, pour ensuite faire de même à l'égard de la société dans laquelle vous vivez. Pour y arriver, il faut que vous sachiez comment juger et selon quels critères. *Il vous faut une échelle de valeurs qui soit la bonne,* il vous faut une vision claire du monde, du travail, de la vie humaine et de l'amour. Mais comment donc, me demanderez-vous, acquérir tout cela?

Il ne se passe pas de jours que les médias et l'exemple des gens qui vous entourent ne vous présentent certains modèles de vie. Très souvent, ces modèles illustrent la victoire de l'égoïsme sur la générosité. Je vous invite aujourd'hui à regarder *un autre modèle d'humanité,* un modèle susceptible de satisfaire pleinement votre recherche de sens. Celui-là même que je ne manque jamais de présenter en exemple à la jeunesse du monde, c'est Jésus dont nous parlons. Même s'Il est le Fils de Dieu, Il est également le fils de Marie et, ainsi, Il partage totalement notre nature humaine. Il a connu la joie et la souffrance, la faim et la douleur; Il a vu la beauté de la nature et a connu la douceur de l'amitié. Il reste à jamais la véritable image de ce que c'est que d'être humain. Il est Jésus de Nazareth et nous apprenons à le connaître en lisant les Évangiles. Il a été mis à mort pour avoir partagé le sort des pauvres et des exploités; il est venu pour servir et non pour être servi. Mais Dieu son Père l'a relevé des morts. Par son Saint-Esprit, il reste au milieu de nous et en nous: Il est la source de notre force lorsque, quotidiennement, nous luttons pour élever notre monde. C'est là notre foi chrétienne: grâce à son aide, nous pouvons réaliser *le programme qu'Il nous a laissé,* un programme tellement simple et qui pourtant embrasse tout: «Aimez-vous les uns les autres comme je vous ai aimés» (*Jn* 15, 12).

À chaque page de l'Évangile, Jésus nous redit que nous ne devons jamais désespérer, que l'amour triomphe de tous les obstacles, de tous les échecs, de la souffrance et de la haine, même de la mort. Et cet amour, chers jeunes, avec la paix qu'il apporte, sera pour vous une ancre solide au milieu du chaos du monde; il vous poussera également à vous engager encore davantage dans ce monde. *Jésus vous invite à aimer et à servir.*

Commencez par faire quelque chose de concret dans votre propre situation. Ne regardez pas trop loin. Commencez immédiatement là où vous travaillez ou là où vous étudiez, dans vos mouvements de jeunes, dans votre milieu familial, dans votre paroisse. Ne permettez jamais à qui que ce soit parmi vos proches de se laisser priver de ses droits ou de se faire rabaisser par d'autres pour n'être pas de votre milieu social, ou de votre race, pour ne pas parler votre langue ou ne pas partager votre foi. Refusez d'ériger des obstacles entre vous et vos aînés. Soyez également présents à leur situation parce que votre aide leur est nécessaire; vous apprendrez en apportant votre contribution. Accordez votre soutien enthousiaste à ces groupes locaux qui tentent de construire un monde plus humain. Puis élargissez vos horizons et travaillez partout, avec cette joyeuse énergie de la jeunesse, pour la cause de la justice. Apprenez à vous priver pour pouvoir partager avec ceux qui ont faim, avec les jeunes qui ont reçu moins que vous. *C'est en étant solidaires de vos frères et de vos soeurs de toutes les nations, de toutes les races et de toutes les cultures* que vous pourrez changer le monde et édifier un avenir meilleur pour tous — un avenir qui accordera davantage d'importance à la personne humaine qu'au profit, qui assurera un juste partage des ressources du monde, un avenir enfin où la négociation pacifique supplantera la menace de la guerre.

Mais pour y arriver, vous avez besoin de l'aide de Dieu. Et *cette aide de Dieu, elle vous viendra de la prière.* Votre union au Christ sera le secret de votre efficacité, et elle sera encore renforcée par vos prières, par vos entretiens avec Dieu, par l'élévation de votre coeur jusqu'à lui. Mais Jésus a également pourvu à vos besoins par les sacrements de l'Église, en particulier l'Eucharistie et le sacrement de la Pénitence. La conversion de vos coeurs est produite par l'action du Christ, et le Christ vient vers vous dans ses Sacrements qui seront toujours pour vous *l'expression et la célébration de votre foi* et de *votre vie en Jésus Christ.* Le péché est une réalité humaine et nous avons tous besoin d'expérimenter le pardon, la réconciliation et la paix dans une rencontre personnelle avec le Christ. La Providence Divine nous donne cette possibilité par la Confession et, par l'Eucharistie, nous permet d'accéder à son amour, comblant ce désir d'une relation interpersonnelle que nous nourrissons au plus profond de nous-même.

Certes, ériger une civilisation fondée sur l'amour, la vérité et la justice est une tâche colossale. Mais vous êtes de taille à vous y atteler! Pourquoi? Grâce au Christ, qui est vivant en vous par ses Sacrements, par votre union avec Lui dans la prière. Courage donc, chers jeunes, car nous célébrons ensemble notre foi en Jésus Christ, le Fils de Dieu et le Sauveur du monde. Et à mesure que ce millénaire approche de son terme, souvenez-vous que le Christ a besoin de vous, jeunes de Terre-Neuve, de tout le Canada et du monde. Il a besoin de vous, de vos coeurs purs et de votre amour généreux, pour l'aider à remplir sa mission, élever l'humanité et apporter son salut au monde. *Voilà la mission du Christ et il la partage avec vous!*

RENCONTRE AVEC
LES ÉDUCATEURS CATHOLIQUES
ST. JOHN'S
Le 12 septembre 1984

Chers frères et soeurs en Jésus Christ,

Ce soir en cette Basilique dédiée à saint Jean Baptiste, je me sens très proche de vous tous. J'ai le sentiment *d'être vraiment de Terre-Neuve.*

C'est effectivement pour moi une joie et un privilège de me retrouver dans cette assemblée d'éducateurs, de parler à ceux et celles qui sont chargés de l'une des tâches les plus importantes de l'Église et de la société. La tâche de l'enseignant et de l'école est, de fait, une charge sacrée qui leur est confiée par les parents et les familles. Étant éducateurs catholiques, vous avez accepté une *responsabilité toute particulière que vous ont confiée les parents.* Ces parents, ces familles, vous ont investi de leur précieuse confiance. Pour sa part, *l'Église vous considère comme des collaborateurs importants,* partageant avec elle une grande part de responsabilités puisqu'il s'agit de l'aider à remplir le mandat du Christ tel que l'ont transmis les Apôtres: « Allez donc, de toutes les nations faites des disciples… leur apprenant à observer tout ce que je vous ai prescrit » (*Mt* 28, 20).

C'est à vous qu'il est donné *de créer l'avenir et de lui imprimer une orientation* en offrant à vos élèves un ensemble de valeurs qui leur permettra d'évaluer leurs connaissances nouvellement acquises. Il est peu de défis qui soient plus exaltants et plus enrichissants que celui d'instruire et de guider les jeunes; il en est peu qui soient plus ardus. Vous préparez à la vie d'adulte et à la maturité chrétienne une génération de jeunes gens de Terre-Neuve, du Canada, ceux-là qui édifieront l'Église et la société de demain.

En cherchant à réaliser ces objectifs professionnels et spirituels qui sont ceux de l'enseignant ou de l'administrateur d'un établissement d'enseignement, vous *découvrez les ambiguïtés et les conflits* qui caractérisent notre société contemporaine. En l'espace d'une seule vie, nous avons assisté à une évolution considérable des valeurs sociales, de la situation économique et des progrès technologiques. En votre qualité d'éducateurs, *vous devez vous accommoder de ces changements* puisqu'ils sont le vécu et le lot quotidien de vos élèves.

Alors que l'enseignant et le système scolaire cherchent sans cesse à s'adapter à ce qui est nouveau, ils doivent en même temps *affirmer et préserver la signification et l'importance des vérités et des valeurs éternelles.* Les éducateurs doivent être prêts à relever sans hésiter le défi qui est le leur: dispenser un enseignement dont le programme s'inspire davantage de la réflexion que de la technique, qui procède davantage d'une quête de la sagesse que d'une accumulation d'informations.

Parallèlement, les activités et expressions culturelles radicalement différentes qui caractérisent notre époque, et en particulier celles qui mobilisent l'attention populaire des jeunes, exigent des éducateurs qu'ils restent *ouverts aux nouvelles influences culturelles* et qu'ils puissent les interpréter pour les jeunes à la lumière de la Foi chrétienne et du commandement universel d'amour de Jésus Christ.

Il a toujours été difficile d'être chrétien, et plus difficile encore d'être un véritable enseignant chrétien, surtout si cet enseignant est appelé à oeuvrer dans un système séculier. Chaque âge pose une nouvelle série de problèmes tout en présentant du même coup des *possibilités nouvelles de porter témoignage à l'amour rédempteur de Jésus Christ.*

Vous êtes appelés à imprimer à votre enseignement une compétence professionnelle alliée à un haut degré d'excellence. Pour pouvoir influencer vos élèves à ce tournant de l'histoire, pour qu'ils puissent grandir dans la foi et dans l'amour, vous devez êtres conscients des pressions qu'ils ont à subir et respecter d'emblée les phases naturelles de leur croissance vers leur maturité. Mais vos responsabilités vont beaucoup plus loin que d'être qualifiés et compétents au plan professionnel.

Un aspect très important de votre rôle vous appelle à *conduire les jeunes gens vers le Christ,* à les inspirer pour qu'ils le suivent, à leur montrer son amour infini et le souci qu'Il a d'eux, et cela en leur donnant *l'exemple de votre propre vie.* À travers vous comme au travers d'une fenêtre ouvrant sur un paysage ensoleillé, les élèves doivent arriver à connaître la richesse, la joie d'une vie vécue dans le respect de l'enseignement de Jésus, d'une vie menée selon ses appels au dépassement. Enseigner signifie non seulement communiquer ce que nous savons, mais également révéler qui nous sommes en vivant ce que nous croyons. Et c'est cette leçon-là qui donnera des fruits durables. Aujourd'hui, les élèves du monde entier répètent à l'unisson à leurs enseignants catholiques cette phrase de l'Évangile selon saint Jean, qui s'adressait à l'origine à l'apôtre Philippe : « Nous voudrions voir Jésus » (*Jn* 12, 21). Voilà certes une tâche vitale pour l'enseignant catholique : montrer Jésus à la jeunesse. Saint Paul voyait son propre ministère comme ce travail sans cesse renouvelé qui consiste à *former le Christ* chez ceux qu'il avait été appelés à servir (cf. *Gal* 4, 19).

En votre qualité d'enseignants et d'éducateurs, vous prenez également part à *proclamation de la parole divine au service de la vérité.* Vous cherchez à libérer la pensée et l'esprit de ceux à qui vous enseignez pour les conduire à la maturité dans la foi, la connaissance et la compréhension. En offrant à vos élèves la vérité du Christ, vous les aidez aussi à connaître la liberté du Christ. Vous participez dès lors à l'authentique libération de cette génération d'élèves à qui Jésus Christ, qui lui même s'appelle « la Vérité », répète sa promesse évangélique : « Si donc le Fils vous affranchit, vous serez réellement libres » (*Jn* 8, 36). Vous êtes appelés à *servir et à propager la vérité libératrice du Christ.*

À notre époque, les jeunes sont ballotés en tout sens par les appels contradictoires cherchant à attirer leur attention et leur allégeance. De toutes les parties du monde, ils entendent quotidiennement des messages de conflits et d'hostilité, d'avidité et d'injustice, de pauvreté et de désespoir. Au milieu de cette confusion sociale, les jeunes souhaitent vivement découvrir des *valeurs solides et durables* qui donneront à leur existence sa signification et son but. Ils cherchent un sol ferme — une perspective dégagée — pour s'y établir. Ils aspirent à une direction, un but, qui donneront à leurvie un sens et un dessein.

L'Évangile nous dit où trouver ce sol ferme. Il se trouve *aux côtés de notre Seigneur,* là où nous partageons sa force et son amour, où nous lui répondons avec enthousiasme et générosité, lui qui nous appelle à l'aimer et à le servir comme Il nous a aimés et servis. Qui donc peut mieux montrer aux jeunes le chemin qui mène à cet endroit sûr, à cette vie dynamique, cette vie de plénitude, sinon les enseignants vers lesquels ils se tournent pour leur demander la voie? Jamais personne d'autre ne pourra vous remplacer à ce poste. Jamais personne d'autre ne pourra, comme vous le pouvez, accompagner les élèves dans leur *quête de la vérité,* susciter chez eux cette *soif de justice,* leur faire comprendre la bonté de Dieu et les guider avec patience et amour tout au long de leur cheminement dans la foi.

Les jeunes d'aujourd'hui ont faim de vérité et de justice parce qu'*ils ont faim de Dieu.* Et nourrir cette faim est la vocation la plus noble de l'éducateur chrétien. Associé aux parents, à qui incombe en premier lieu l'éducation des enfants, l'enseignant est appelé à *refléter,* avec foi et discernement, *la présence de Dieu dans le monde.*

Les enseignants comme les parents doivent s'attacher à imprimer à leur propre vie cette maturité spirituelle, cette force et cette justesse de la foi, qui pourront résister à l'assaut des valeurs contradictoires qui assaillent le foyer comme l'école. Si l'enseignement de l'Évangile est visible dans votre vie quotidienne, il aura une influence visible sur les jeunes qui sont vos élèves. Lorsque les jeunes constatent combien leurs enseignants et leurs parents qu'ils aiment bien, s'engagent pour *Jésus Christ,* lorsqu'ils voient à quel point leur vie est inspirée par cet engagement, la signification et le message de la foi leur parviennent spontanément et ainsi la bonne nouvelle est une fois de plus annoncée au monde et sur la terre.

Les objectifs précis de l'éducation chrétienne, tels qu'ils furent décrits par le Second Concile du Vatican, tiennent compte des besoins nombreux des jeunes. Ces objectifs sont pour vous un constant défi et ils sont comme le symbole de la grandeur de votre oeuvre: « L'éducation chrétienne... vise principalement à ce que les baptisés deviennent chaque jour plus conscients de ce don de la foi qu'ils ont reçu, apprennent à adorer Dieu le Père en esprit et en vérité (cf. *Jn* 4, 23) avant tout dans l'action liturgique, soient transformés de façon à mener leur vie personnelle selon l'homme nouveau et qu'ainsi constituant cet homme parfait, dans la force de l'âge, qui réalise la plénitude du Christ (cf. *Ép* 4, 13), ils apportent leur contribution à la croissance du Corps mystique » (*Gravissimum Educationis,* 2).

Ici même dans la province de Terre-Neuve comme dans les autres provinces du Canada, vos ancêtres ont lutté sans trêve pour obtenir un *système d'enseignement catholique* où ces idéaux des enseignants catholiques et les principes de l'éducation catholique pourraient le mieux être mis en application. C'est là un précieux patrimoine qui vous a été confié, un patrimoine qui apporte une contribution positive et très valable non seulement à l'Église mais aussi à toute la société.

Les écoles catholiques peuvent donner aux jeunes cette connaissance pénétrante et ces encouragements spirituels dont ils ont tellement besoin dans notre monde matérialiste et morcelé. Les écoles catholiques parlent de la *signification de la vie,* elles parlent des valeurs et de la foi qui donnent à la vie son sens. Dans un même ordre d'idées l'individualisme étant souvent aliénant, les écoles catholiques doivent susciter et renforcer chez eux un *sens de la communauté,* de l'attention aux autres, et leur faire accepter les différences et la diversité qui sont la marque des sociétés pluralistes. Même en professant cet *engagement institutionnel à la Parole de Dieu telle que le proclame l'Église catholique,* les écoles catholiques doivent inculquer aux jeunes *une attitude de profond respect pour la conscience d'autrui* ainsi qu'un *profond désir d'unité chrétienne.*

Tout en cherchant à atteindre l'excellence en matière de formation professionnelle et technique, les écoles catholiques ne doivent toutefois jamais oublier que leur but ultime est de préparer les jeunes à assumer, dans la liberté chrétienne, leur responsabilité personnelle et sociale dans cette longue marche de l'humanité vers la vie éternelle.

Pour ces mêmes raisons les écoles catholiques, tout en restant attentives à leur mission d'épanouissement intellectuel, prendront également bien soin de respecter l'impératif de l'Évangile en se mettant au service de tous les élèves et pas seulement des plus brillants et des plus prometteurs. De fait, fidèles à l'esprit de l'Évangile et à l'importance qu'il accorde au pauvre, elles prêteront une attention toute particulière à ceux et celles qui ont de plus grands besoins.

Chaque homme, chaque femme et chaque enfant a un *droit à l'éducation*. Intimement lié à ce droit à l'éducation est le *droit qu'ont les parents,* les familles, de choisir selon leurs convictions le genre d'éducation et le modèle d'école qu'ils souhaitent pour leurs enfants (Déclaration Universelle des Droits de l'Homme, Art. 26). S'y rattache également le nom moins sacré *droit à la liberté de religion.*

Dans une société comme la société canadienne, la liberté dont jouit chacun de s'associer ou d'adhérer à certains groupements communautaires ou institutionnels, pour pouvoir réaliser ses attentes dans le respect de ses propres valeurs, est un droit démocratique fondamental. Ce droit implique que les parents ont *véritablement la possibilité de choisir,* sans se voir imposer de charges financières indues, l'école et le système d'enseignement qui conviennent à leurs enfants. Je remarque qu'ici, à Terre-Neuve, vous considérez l'éducation comme un partenariat entre l'Église et la Province. Dans d'autres parties du Canada, une coopération semblable existe fort heureusement entre l'Église et le gouvernement. Je me rends compte aussi que la situation varie d'une province à l'autre.

La société est appelée à mettre sur pied et à financer, à même les deniers publics, *les types d'écoles qui correspondent aux aspirations les plus profondes de ses citoyens.* L'État morderne a pour rôle de répondre à ces attentes dans les limites toutefois du bien commun. Dès lors, l'État favorise l'harmonie et, dans une situation pluraliste comme celle qu'on retrouve au Canada, il assure véritablement le respect de la très grande diversité de ce pays. Ignorer cette diversité et les revendications légitimes des membres des divers groupes reviendrait à refuser aux parents un droit fondamental.

Il incombe dès lors aux gouvernements de garantir, aux diverses Églises *la liberté qu'elles ont de se donner leurs propres services éducatifs,* avec tout ce que cette liberté implique: formation des enseignants, immeubles, subventions à la recherche, financement suffisant du système et ainsi de suite.

Dans une société pluraliste, c'est assurément un défi d'assurer à tous les citoyens des services éducatifs qui les satisfassent. C'est un défi complexe et dès qu'on veut le relever, on ne saurait ignorer *la place centrale qu'occupe Dieu dans la vision de la vie qu'a le croyant.* On ne saurait relever ce défi avec un système scolaire entièrement séculier. Nous ne pouvons pas laisser Dieu à la porte des écoles.

Chers enseignants, chers parents, *l'école catholique est entre vos mains.* Elle est le reflet de vos convictions. Son existence même dépend de vous. L'école catholique est, avec la famille et la communauté paroissiale, l'un des endroits privilégiés *où se transmet notre foi.* L'école catholique est *un effort communautaire,* un effort qui ne saurait aboutir sans la coopération de tous les intervenants: élèves, parents, enseignants, directeurs et pasteurs. Vous les parents, vous avez une responsaiblité et un privilège particuliers. Vous êtes les premiers témoins et les premiers artisans de l'éveil du sentiment de Dieu chez vos enfants. C'est à vous qu'il incombe en premier lieu de les amener aux sacrements de l'initiation chrétienne et, dans cette tâche, vous recevez l'aide et l'assistance de l'école et de la paroisse.

Notre monde est en quête d'une nouvelle signification et d'un nouvel équilibre des valeurs. Grâce au ministère des enseignants catholiques, l'école catholique est, pour l'épanouissement et la communication d'une vision du monde *ancrée dans la signification de la Création et de la Rédemption,* un endroit privilégié. Chers éducateurs et chers parents, vous êtes appelés à créer les écoles qui transmettront les valeurs que vous voulez laisser à ceux qui vous suivront. Et n'oubliez jamais que c'est le Christ qui dit: Allez et prêchez!

5e JOUR

- MONCTON
- HALIFAX

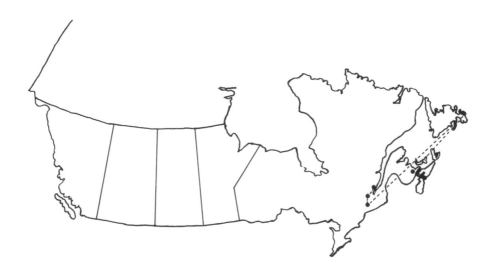

CÉLÉBRATION À LA CATHÉDRALE
MONCTON
Le 13 septembre 1984

Chers Frères et Soeurs

Loué soit Jésus Christ! Je rends grâce à Dieu qui m'a permis de venir visiter cette province du Nouveau-Brunswick qui célèbre cette année son deuxième centenaire. Avec joie, je salue l'Église de Dieu qui est à Moncton, le siège métropolitain et son Archevêque, Monseigneur Donat Chiasson; et pareillement le diocèse de Saint-Jean, le plus anciennement créé — dès 1842 —, avec Monseigneur Arthur Gilbert; le diocèse de Bathurst, avec Monseigneur Edgar Godin; et celui d'Edmundston, avec Monseigneur Gérard Dionne. Je salue ceux qui sont venus d'autres provinces du Canada, et même des États-Unis, parce qu'ils sont voisins, ou parce que leurs ancêtres sont venus de l'Acadie.

Le Seigneur est au milieu de nous qui sommes réunis en son nom. À nous qui avons mis notre foi dans le Christ ressuscité, il est donné de réfléchir comme en un miroir la gloire du Seigneur, d'être transformés par l'Esprit Saint (cf. *2 Co* 3,18). C'est comme si l'on voyait Jésus, « ut videntes Iesum », selon la belle devise de ce diocèse. Et c'est Marie qui, par l'Esprit Saint, nous a donné le Sauveur Jésus; c'est elle qui nous conduit à Lui.

Cette cathédrale nous rappelle le rôle de Marie dans l'Église. Les Acadiens ont toujours eu une grande dévotion envers Marie, leur Mère du ciel.

Dès 1881, lors de leur premier congrès national, ils la choisirent comme patronne sous le vocable de Notre-Dame de l'Assomption, et ils adoptèrent la fête du 15 août comme fête nationale. Ils fondèrent même la Société « L'Assomption ».

L'étoile de Marie brille alors sur leur drapeau aux couleurs françaises et papales, et l'« Ave Maris Stella » retentit comme un hymne national. La première paroisse acadienne, ici, à Moncton, a été dédiée à Notre-Dame de l'Assomption, et c'est sur l'emplacement de sa chapelle que le premier Archevêque de Moncton, Monseigneur Arthur Mélanson, a fait construire cette cathédrale, inaugurée en 1940.

Chers Frères et Soeurs, comme votre dévotion séculaire à Marie me réjouit! Je suis sûr que vous aurez à coeur d'y être fidèles, de l'intensifier, dans la ligne que le Concile Vantican II a tracée à la fin de la Constitution sur l'Église. Notre-Dame de l'Assomption est vraiment « le signe d'espérance assurée et de consolation pour le peuple de Dieu en pèlerinage sur la terre » (*Lumen gentium,* no 68). Et je pense qu'elle a déjà permis à la foi bien enracinée dans le peuple acadien de résister à toutes les tempêtes.

Car l'Église qui, en ce lieu, reçoit aujourd'hui le Pape, est l'aboutissement magnifique d'une implantation laborieuse et d'une histoire tourmentée, où nous admirons la ténacité de vos ancêtres.

Dès 1604, était fondée ici la première colonie française en Amérique. En cette région de l'Acadie, grâce au zèle de plusieurs équipes missionnaires, la foi catholique s'est profondément ancrée dans la population, et chez tous les Amérindiens des provinces maritimes, qui firent preuve dès lors d'une merveilleuse fidélité. Oui, malgré les épreuves de la déportation et même les menaces de l'anéantissement dues aux vicissitudes politiques, les Acadiens furent en même temps fidèles à leur foi, fidèles à leur culture, fidèles à leur terre où ils s'efforcèrent constamment de revenir, dans la plus grande pauvreté, privés du ministère des prêtres, des moyens d'éducation et des droits politiques. Durant un certain temps, des laïcs ont assuré les rassemblements de prière et entretenu la foi, en attendant que quelques prêtres et religieuses aient la possibilité de venir exercer leur apostolat au milieu d'eux. Et depuis lors, au cours de ces cent dernières années, le peuple acadien a relevé la tête et la floraison de la foi catholique n'a pas manqué. Nous pensons, entre autres, aux familles nombreuses profondément chrétiennes, à l'éclosion abondante de vocations sacerdotales et religieuses. Comment oublier que, près d'ici, Memramcook a été le berceau de la Congrégation fondée par la bienheureuse soeur Marie-Léonie? Et l'essor culturel est allé de pair, comme en témoignent ici l'Université d'expression française et les moyens de communication sociale.

Au début de ce siècle, les Acadiens sont venus eux-mêmes à Rome, en la personne de l'Abbé François-Michel Richard, auprès de mon prédécesseur le Pape Pie X, pour témoigner de leur histoire héroïque et de leur besoin d'un évêque compatriote. Le saint Pape, si fervent pour le mystère eucharistique, leur remit un calice d'or, en gage de sa sollicitude et de sa promesse. Aujourd'hui, c'est l'Évêque de Rome qui vient à vous. Il rend grâce pour la fidélité et la force de votre foi, à travers des épreuves qui lui rappellent celles de son pays au cours des siècles, et celles que connaissent aujourd'hui tant de nos frères et soeurs à travers le monde, persécutés pour leur foi, brimés pour leur appartenance culturelle et nationale où leur foi s'est enracinée. Ce n'est pas sans émotion que je célébrerai la messe avec le calice donné par saint Pie X. Toutes ces souffrances y seront unies au Sang du Christ, dans l'espérance de leur transfiguration dans la Vie glorieuse du Seigneur.

Mais l'Église ici ne se limite pas à la population d'origine acadienne. Elle embrasse tous ceux qui partagent la même foi catholique, unis au successeur de Pierre, et elle les invite à vivre en frères et soeurs, respectueux de leurs richesses spirituelles et culturelles respectives, et solidaires dans la même mission d'évangélisation de ce monde contemporain. D'autres vagues d'immigrants sont en effet venues s'y adjoindre depuis environ un siècle et demi, et particulièrement de l'Irlande. La vitalité de l'Église dans le Nouveau-Brunswick leur doit beaucoup. Je salue avec affection ces familles anglophones.

Et je salue aussi tous nos frères et soeurs de cette région, qui sont originaires d'autres patries, d'autres cultures et d'autres confessions chrétiennes; ils mettent eux aussi leur foi en Jésus Christ Sauveur, participent au même et unique baptême et sont appelés à la même charité, sans pouvoir encore partager la même eucharistie, faute d'une unité plénière dans la foi. Comme je le disais en Suisse, dans un autre contexte, à des frères protestants, « la purification de la mémoire est un élément capital du progrès oecuménique ». Il nous faut « confier sans réticence le passé à la miséricorde de Dieu et être, en toute liberté, tendus vers l'avenir pour le faire plus conforme à sa volonté » : il veut que les siens n'aient qu'un coeur et qu'une âme et accueillent le salut dont il nous fait toujours la grâce (cf. discours à Khersatz, 14 juin 1984, no 2). Que l'Esprit Saint nous guide sur ce chemin, ardu mais nécessaire, des efforts oecuméniques pour tendre constamment vers la pleine unité! Dieu nous veut fidèles à l'authenticité de notre foi, à notre culture, à notre histoire, à notre terre, dans le respect des autres, bien plus, dans l'amour fraternel, dans une réelle solidarité face aux besoins humains actuels et dans la recherche loyale de sa Vérité.

Chers Frères et Soeurs, nous nous retrouverons cet après-midi pour la célébration eucharistique, dans un site naturel qui fait le charme de votre pays. Mais regardons encore une fois cette belle cathédrale de granit. C'est la maison de Dieu, édifiée avec soin par vos pères comme le signe de sa présence, visible de loin, et en témoignage de leur reconnaissance à Marie. C'est le lieu par excellence du rassemblement eucharistique, autour de l'évêque; et, en la personne de l'évêque assisté de ses prêtres, c'est le Seigneur Jésus Christ, le Pontife suprême, qui est présent au milieu des croyants (cf. *Lumen gentium,* no 21). C'est encore le lieu de la réconciliation personnelle des pécheurs avec Dieu. C'est en permanence la maison de prière, de la prière communautaire, de la prière silencieuse aussi, de l'adoration. C'est en même temps le symbole de l'Église qui est à Moncton, faite de pierres vivantes, de vous mêmes qui êtes ses membres. Chacun de vous y a sa place, son rôle spécifique, selon son ordination, sa vocation ou son charisme. Vous, évêques, prêtres et diacres, qui êtes ordonnés pour représenter le Christ-Tête au service de la communauté. Vous, religieux, Frères et Soeurs, qui êtes consacrés pour donner au monde le goût du Royaume de Dieu présent et à venir, dans son radicalisme évangélique. Et vous tous, laïcs baptisés et confirmés. Vous, foyers chrétiens, incarnation de l'amour; vous, pères et mères chargés de famille. Vous, membres des mouvements de spiritualité. Et vous, représentants des jeunes qui êtes si nombreux ici. Vous qui êtes engagés dans les services liturgiques, catéchétiques, caritatifs, auprès des malades, des vieillards ou des marginaux. Vous, éducateurs, et vous, responsables de la culture et des médias. Vous, laïcs des mouvements d'action catholiques, ou des groupements professionnels de pêcheurs, d'agriculteurs ou d'ouvriers...

L'Église universelle, unique, est nécessairement présente dans cette Église particulière. Et moi-même, à qui le Christ a demandé, comme à Pierre, d'être pasteur des « brebis » et des « agneaux », de confirmer mes frères dans la foi, je viens vous affermir chacun dans votre mission. Nous méditerons cet après-midi sur la communauté ecclésiale.

Le seul fondement de notre Église est Jésus Christ. Le ciment qui lie les pierres est l'amour qui vient de son Esprit Saint. Le signe qu'elle doit offrir à tous les passants est un témoignage des vertus théologales puisées en Dieu et qui consistent à croire inconditionnellement au Christ, à espérer au plus creux des épreuves, à aimer sans frontière. Nous sommes un peuple en marche vers une plénitude qui dépasse l'horizon terrestre. Et Marie est notre étoile sur cette mer agitée.

AVE MARIS STELLA

HOMÉLIE (FRONT MOUNTAIN ROAD)
MONCTON
Le 13 septembre 1984

« S'il est vrai que, dans le Christ, on se réconforte les uns les autres, si l'on s'encourage dans l'amour, si l'on est en communion dans l'Esprit, si l'on a de la tendresse et de la pitié, alors, mettez le comble à ma joie en restant biens unis, ayez le même amour… ne recherchez pas chacun votre propre intérêt, pensez aussi à celui des autres. Ayez entre vous les mêmes sentiments qui furent ceux du Christ Jésus » *(Ph 2, 1-5)*.

Ces mots de saint Paul aux chrétiens de Philippes, ils sont aussi pour vous, chers Frères et Soeurs de Moncton, de l'Acadie et de toute la province du Nouveau-Brunswick. Je vous encourage à former des *communautés* humaines exemplaires par leur pratique de la solidarité; je vous exhorte à garder à vos *communautés ecclésiales* la dignité que leur donne le Christ: conformez-vous à l'inspiration de l'Évangile, recherchez ce qui est juste aux yeux de Dieu. Ayez le courage de la foi, le dynamisme de la charité et la force de l'espérance chrétienne, quelles que soient les épreuves. Oui, ouvrez vos communautés à l'Esprit du Christ.

Pour approfondir cet appel, je vous propose l'exemple et les paroles du saint évêque que l'on fête aujourd'hui, l'un des plus célèbres des premiers siècles de l'Orient chrétien: saint Jean Chrysostome. Le psaume exprimait admirablement son âme: « Faire ta volonté, mon Dieu, voilà ce que j'aime… *j'ai annoncé ta justice dans la grande assemblée; vois, je ne retiens pas mes lèvres, toi tu le sais* » *(Ps [40], 9-10)*. Ce pasteur hors pair n'a cessé en effet d'ouvrir la bouche pour éclairer son peuple, pour le former, pour l'entraîner dans sa vocation chrétienne; on l'a appelé Chrysostome, c'est-à-dire « bouche d'or ». Et son enseignement, tout imprégné de la Parole de Dieu et de la contemplation de mystère du Christ, a su trouver une expression claire, persuasive, concrète, qui provoque les chrétiens de tous les temps aux choix essentiels à leur salut, à la réalisation de la « justice ».

À la fin du quatrième siècle, dans une Église en pleine croissance, Jean vivait à Antioche de Syrie. Il aurait pu réussir dans le monde des tribunaux, du théâtre et des lettres, mais il préféra, après son baptême vers l'âge de vingt ans, s'initier à l'étude des livres saints et se consacrer au service de l'Église. Il essaya de vivre la contemplation et l'ascèse dans les solitudes montagneuse. Puis, durant onze ans, comme diacre et prêtre, il prêcha inlassablement l'Évangile aux foules *d'Antioche*. Il fut appelé en 397 à devenir Patriache de Constantinople, où il ne put exercer son épiscopat que durant six ans. Devant ce milieu croyant et sensible à la piété, mais enclin aux passions, aux intrigues de cour, aux manifestations mondaines, au luxe des riches, au laisser-aller des moines et des clercs, il ne voulut en rien atténuer la vigueur et la clarté de l'Évangile, les exigences du baptême chrétien et de l'eucharistie, du sacerdoce, de la charité, de la dignité du pauvre. Vraiment, « il n'a pas retenu ses lèvres pour annoncer la justice ». Et pas davantage durant les deux exils que lui imposa l'impératrice Euxodie après l'avoir fait déposer, aggravant sa deuxième déportation sur le chemin du Caucase, où il mourut le 14 septembre 407. On peut bien le considérer comme un *martyr du courage pastoral*. Mais ce que nous retiendrons surtout, c'est qu'il a su former un peuple chétien, des communautés chrétiennes dignes de ce nom.

L'éloquence de sa « bouche d'or » venait de la puissance de sa foi, Avec saint Paul, il pouvait dire: « J'ai cru, c'est pourquoi j'ai parlé » (*2 co* 4, 13). Et cette foi imprégnée d'amour entraînait son zèle apostolique. « Tout ce que nous vivons, c'est pour vous, afin que la grâce soit plus abondante; en vous rendant plus nombreux, elle fera monter une immense action de grâce pour la gloire de Dieu» (*2Co* 4, 15).

En fait ce zèle du pasteur avait sa source dans *l'union au Christ*. Cette union était particulièrement vive lorsque le grand évêque de Constantilope devait connaître la souffrance et la persécution. Il pouvait dire lui aussi à la suite de saint Paul: « Nous portons sans cesse dans notre corps l'agonie de Jésus, afin que la vie de Jésus, elle aussi, soit manifestée dans notre corps » (*2 Co* 4, 10). L'union avec le *Christ souffrant* et agonisant dans son *efficacité* à son service apostolique et en fait de vie surnaturelle pour les autres: « La mort fait son oeuvre en nous, et la vie en vous » (*2 Co* 4, 12).

Des jugements, des vexations, des diffamations et des persécutions, Jean Chrysostome *n'avait pas peur* . Il n'en annonçait que plus *fermement* les exigences de l'Évangile, par fidélité au Christ et par charité pour ceux dont il voulait la conversion. Mais cette force inébranlable ne contredisait jamais la *charité.* Il a vraiment vécu les paroles de Jésus rapportées dans l'Évangile de Luc que nous venons d'entendre: « Aimez vos ennemis, faites du bien à ceux qui vous haïssent, souhaitez du bien à ceux qui vous maudissent, priez pour ceux qui vous calomnient » (*Lc* 6, 27-28). Son éloquence lui attirait le succès auprès des foules — à Antioche, à Constantinople, même dans son exil en Asie mineure—, mais sa franchise lui attirait aussi la haine d'un certain nombre. Il l'avait mise uniquement au service de la vérité et de la justice; il l'a payé très cher, souffrant profondément dans son coeur et dans son corps. Cela ne l'a pas détourné d'aimer et de chercher le bien des autres, car il donnait sans chercher à recevoir: « Faites du bien, prêtez sans rien espérer en retour... Donnez, et l'on vous donnera » (*Lc* 6, 35,38). Plutôt que de voir ses partisans verser le sang de ses compatriotes, c'est lui qui se livra aux soldats.

Voilà le pasteur, chers Frères et Soeurs, qui a formé une génération de chrétiens dans une grande partie de l'Orient, par sa parole et par l'exemple de sa vie. Voilà le témoin qui vous est présenté aujourd'hui, à vous qui cherchez à fortifier vos communautés ecclésiales.

Le Concile Vatican II a parlé de la « communauté chétienne », signe de la présence de Dieu dans le monde: « Par le sacrifice eucharistique, elle passe au Père avec le Christ; nourrie avec soin de la Parole de Dieu, elle présente le témoignage du Christ; elle marche dans la charité et est enflammée d'esprit apostolique » (Décret sur l'activité missionnaire de l'Église, no 15). Puissent vos paroisses et vos diverses communautés réaliser ce programme! Mais pour le réaliser selon l'Évangile, il nous est bon d'écouter encore Jean Chysostome exprimer sa foi: « Est-ce à ma propre force que je fais confiance? Je possède sa parole: voilà mon appui, voilà ma sécurité, voilà mon havre de paix » (cf. hom. avant le départ en exil, 1-3; *PG* 52, 427-430).

Pénétrez-vous de cette parole, disait-il encore, « vous avez un besoin continuel de trouver votre force dans l'Écriture ». Il demande aussi que l'on *prie* sans cesse, partout, dans le temple de Dieu qu'est le coeur humain.

Jean Chrysostome prend soin de préparer les candidats au baptême, et surtout d'aider les *baptisés* à comprendre la grandeur du don que Dieu leur a fait dans ce sacrement. Il parle avec enthousiasme de *l'eucharistie* qui nous fait participer à la victoire de Pâques. Mais il n'oublie pas que le « premier chemin de la conversion, c'est la condamnation de nos fautes. Commence toi-même par *dire tes fautes* pour être justifié » (cf. *PG* 49, 263-264).

Cette insistance de Jean Chrysostome sur le don de la grâce, sur la foi, la prière, les sacrements, débouche toujours sur les exigences de comportement qui s'en suivent nécessairement sous peine d'illogisme ou d'hypocrisie. Et c'est là qu'il parle avec une vigueur étonnante de la charité, de *l'amour du prochain.*

Cet amour est *réconciliation:* « Qu'aucun de ceux qui ont un ennemi n'approche de la Table sainte… va d'abord te réconcilier, puis reçois le sacrement » (cf. hom. au peuple d'Antioche).

Cet amour est la volonté *d'unité* et de *fraternité:* « L'Église n'existe pas pour que nous restions divisés en y venant, mais bien pour que nos divisions y soient éteintes: c'est le sens de l'assemblée. Si c'est pour l'eucharistie que nous venons, ne posons aucun acte qui contredise l'eucharistie » (cf. hom. *Co* 24, 2; 27, 3-5).

Cet amour est *respect et accueil du pauvre:* « Tu veux honorer le Corps du Christ? Ne le méprise pas lorsqu'il est nu. Ne l'honore pas ici, dans l'église, par des tissus de soie, tandis que tu le laisses dehors souffrir du foid et du manque de vêtements… *Dieu n'a pas besoin de calices d'or, mais d'âmes qui soient en or…* Commence par rassasier l'affamé, et avec ce qui te restera, tu orneras l'autel » (cf. *PG* 619-622).

L'amour est recherche de ce qui est *utile au prochain:* « Rien n'est plus froid qu'un chétien indifférent au salut d'autrui » (cf. *PG* 60, 162-164). « Nous négligeons le salut de nos enfants. Nous recherchons seulement le profit. Nous nous occupons davantage des ânes et des chevaux que de nos fils... Qu'y a-t-il de comparable à l'art de former une âme? » (cf. *PG* 58, 580-584).

L'amour est *apostolat,* il est zèle *missionnaire* jusqu'au bout du monde. « Dieu ne nous demande pas de réussir, mais de travailler.. Si le Christ modèle des pasteurs, a travaillé jusqu'à la fin à la conversion d'un homme désespéré (Judas), que ne devons-nous pas faire pour ceux à l'égard desquels il nous a été ordonné d'espérer? » (cf. hom. sur la Cananéenne, 10-11). « Le levain, tout en disparaissant dans la masse, n'y perd pas sa force; au contraire, il la communique peu à peu... C'est le Christ seul qui donne au levain sa puissance... et quand la masse a fermenté, elle devient du levain à son tour, pour tout le reste » (cf. 46e homélie sur *Mt* 2-3).

Ces quelques paroles fortes de saint Jean Chysostome vous disent la foi, la charité, le courage apostolique et l'espérance qu'il a voulu partager avec ses frères.

Chers Frères et Soeurs du Nouveau-Brunswick, est-il encore besoin de traduire ces exhortations en consignes adaptées à notre temps, pour le progrès de vos communautés?

Je sais que l'esprit communautaire vous a déjà permis de surmonter bien des difficultés à l'origine, en Acadie; aujourd'hui encore, vous êtes réputés par votre sens de la fraternité, de l'hospitalité cordiale, du partage. Mais votre région, comme beaucoup d'autres, subit une transformation profonde qui est une nouvelle épreuve; la vie urbaine se développe, une crise économique atteint les communautés loca-les, et aussi une crise spirituelle, une crise des valeurs. Vous pouvez cependant regarder l'avenir avec sérénité si vous demeurez fermes dans la foi au Christ ressuscité, si vous laissez son Esprit inventer en vous les réponses aux nouveaux défis, si vous êtes solidaires, si vous acceptez d'être le levain dans l'Église et dans la société.

Et tout d'abord, vos communautés chrétiennes relèveront le défi si elles savent former et approfondir la foi de leurs membres, par la cathéchèse des jeunes et des étudiants, par la formation permanente des adultes, par des sessions et des retraites. une foi qui soit un atta-chement personnel au Dieu vivant et prenne en compte tout le credo. Ne permettez pas que l'ignorance religieuse contraste avec le pres-tige des connaissances profanes! Vos communautés progresseront et se renouvelleront si vous accordez une plus grande place à la méditation de l'Évangile, à la prière, aux *sacrements* de l'eucharistie et de la pénitence.

Les efforts de partage, de justice et de charité — ce qu'on peut appeler « l'amour social » — risquent en effet de devenir une simple philanthropie, s'ils ne s'enracinent pas dans le ressourcement spirituel que je viens d'évoquer après saint Jean Chrysostome. Et encore, celui-ci parlait à un peuple de croyants, qui oubliait les conséquences éthiques de sa foi; aujourd'hui, il faut aussi et d'abord vivifier la foi qui, pour un certain nombre, est ébranlée et mise en question.

Mais il est évident qu'une foi bien comprise entraîne tous les engagements de charité dont parlait le pasteur Constantinople et qui aujourd'hui pourraient s'appeler :

- *respect des personnes,* de leur liberté, de leur dignité, pour qu'elles ne soient pas écrasées par les nouvelles contraintes sociales;
- *respect des droits de l'homme,* selon les chartes désormais bien connues, droit à la vie dès la conception, droit à la réputation, droit au développement, droit à la liberté de conscience;
- refus de la violence et de la torture;
- souci des catégories moins favorisées, des femmes, des travailleurs, des chômeurs, des immigrants;
- institution de *mesures sociales* pour plus d'égalité et de justice, pour tous les hommes et toutes les femmes, au-delà des intérêts individuels ou des privilèges;
- volonté de *simplicité de vie et de partage,* en contraste avec la course actuelle au profit, à la consommation, aux satisfactions artificielles, de manière à ne pas oublier soi-même l'essentiel et pour permettre aux pauvres, quels qu'ils soient, de mener eux aussi une vie digne;
- *ouverture plus universelle,* élargie aux besoins primordiaux des *pays moins favorisés,* en particulier ceux qu'on désigne par le « Sud », les régions où meurent chaque jour, faute de paix ou

de soins élémentaires, des milliers d'humains; et pour cela, souci de mettre en oeuvre, au plan international, des solutions efficaces pour une répartition plus équitable des biens et des chances sur la terre;

— *zèle missionnaire* pour l'entraide entre Églises.

Ainsi vos communautés sauront poursuivre une solidarité généreuse qui commence dans le voisinage immédiat pour s'ouvrir au monde sans frontière. Vous n'attendrez pas de régler vos propres problèmes sociaux — bien réels certes, je pense en particulier au chômage — pour vivre la charité avec la plénitude décrite par saint Jean Chrysostome.

Toute cette action de solidarité, vous l'accomplirez personnellement, ou par vos associations chrétiennes, et aussi en participant aux initiatives des institutions de la société civile (cf. Gaudium et spes, nos 42-43); avec la motivation chrétienne qui voit dans l'autre un frère en Dieu et un membre du Christ, vous y serez le levain qui soulève la pâte pour plus de justice, de fraternité, d'amour social.

Vos communautés ecclésiales seront d'autant plus équilibrées et dynamiques que *chacun y jouera son propre rôle*, selon sa vocation et son charisme, comme je le disais ce matin à la cathédrale: évêques, prêtres, religieux, laïcs.

Il est sans doute nécessaire que se forment ce que vous appelez des *groupes-relais* qui manifestent mieux la vitalité de l'Église en permettant une expression spécialisée et une action à taille humaine. Mais tous doivent veiller à leur cohésion, dans la mission évangélisatrice commune, et la *paroisse* joue ici un rôle hors pair. Pour tous les milieux, « sa vocation est d'être une maison de famille, fraternelle et accueillante, où les baptisés et les confirmés prennent conscience d'être peuple de Dieu [...]. De là, ils sont envoyés quotidiennement à leur mission apostolique sur les chantiers de la vie du monde » (cf. exhortation *Catechesi tradendae*, no 67).

Chers Frères et Soeurs, nous sommes un peuple en marche. Nous travaillons ici-bas avec courage et passion pour instaurer un monde nouveau, plus ouvert à Dieu, plus fraternel, qui offre quelque ébauche du *siècle à venir* (cf. *Gaudium et spes*, n. 39, § 2). Gardons-nous d'oublier la plénitude à laquelle Dieu nous appelle!

Saint Jean Chrysostome, disciple du Seigneur, successeur des Apôtres, a été soutenu, au cours de toute sa vie laborieuse et difficile,
par l'espérance eschatologique — celle de l'au-delà, de la vie nouvelle promise par Dieu —, que Saint Paul annonçait dans sa Lettre
aux Corinthiens: «Nos épreuves du moment présent sont légères,
par rapport au poids extraordinaire de gloire éternelle qu'elles nous
préparent. Et notre regard ne s'attache pas à ce qui se voit, mais
à ce qui ne se voit pas; ce qui se voit est provisoire, mais ce qui ne
se voit pas est éternel!» (*2 Co* 4, 17-18).

Que la voix de Saint Paul, que la voix du grand saint de Constantinople, continuent à résonner dans vos coeurs, avec la voix de vos propres pasteurs, unis au successeur de Pierre!

Que l'intercession de Notre-Dame de l'Assomption, Notre-Dame de
l'Acadie, permette à l'Église de Moncton et des autres diocèses de
croître, de se fortifier, de rayonner, en cohérence avec son destin
éternel: «Notre regard s'attache à ce qui ne se voit pas, *à ce qui est
éternel!*».

AMEN!

ANGÉLUS AVEC LES JEUNES
HALIFAX / CENTRAL COMMONS
Le 13 septembre 1984

Chers jeunes,

Je vous salue dans la paix du Christ! C'est une grande joie que d'être avec vous ce soir à Halifax. Ainsi que vous le savez, je suis toujours heureux de rencontrer les jeunes, que ce soit à Rome ou durant mes déplacements à travers le monde. C'est une joie que d'être en votre compagnie car je vois sur vos visages l'avidité d'apprendre et la volonté de servir. Je sais le grand désir de paix et d'unité que vous nourrissez pour le monde. J'ai conscience également que *l'avenir vous appartient,* que les décisions que vous prendrez vont façonner l'Église dans le monde de demain.

Rassemblés ce soir pour la prière de l'Angelus, nous sommes unis par une foi et une allégresse communes. C'est un sentiment tout naturel, rassemblés comme nous le sommes entre amis, *entre frères et soeurs dans le Christ.* Nous savons, également, que l'Église est une *communion de personnes* — hommes, femmes et enfants, d'âge et de race différents, appartenant à divers milieux et cultures, communion de gens qui, en dépit de leur grande diversité, s'unifiant dans l'amour du Christ et le don de l'Esprit Saint.

Cette communion de personnes qu'est l'Église est véritablement un mystère, un mystère plus merveilleux que nous ne pourrons jamais l'imaginer, proprement insondable. En tant que membres du corps unique du Christ, *nous participons à la vie même de la Très Sainte Trinité,* unis ensemble comme les enfants d'un Père aimant, comme des frères et des soeurs en Jésus Christ, tous héritiers du Royaume des Cieux.

Cependant, ce don que nous avons reçu, nous devons le transmettre (cf. *Mt* 10, 8). *Nous devons partager avec notre prochain le grand don de la communion avec Dieu.* Notre monde moderne est déchiré par les préjugés et la violence, tandis que nos familles sont menacées par le divorce, la pornographie, l'alcool, les drogues et de nombreux autres maux. Au monde de 1984 et des prochaines années, à nos familles et à nos villes, nous devons apporter les dons de la communion et de l'amour. Nous devons forger les liens de la justice et de la paix. Vous qui êtes jeunes et pleins d'enthousiasme, vous avez un rôle tout particulier à jouer dans la mission de l'Église.

Cherchez donc à susciter une communion d'amour chrétien dans votre foyer et dans votre école, dans votre paroisse et votre quartier, parmi vos amis et vos connaissances de tous âges. Rappelez-vous les paroles de saint Paul: « Je vous exhorte à mener une vie digne de l'appel que vous avez reçu: en toute humilité, douceur et patience, supportez-vous les uns les autres avec charité; appliquez-vous à conserver l'unité de l'Esprit par ce lien qu'est la paix » (*Ép* 4, 1-3).

Chers jeunes de Halifax: *Le Seigneur Jésus compte sur vous!*

Chaque soir, dans les pays du monde entier, les cloches des Églises sonnent, invitant les fidèles à réciter l'Angelus. Tandis que *nous nous tournons en prière vers la Mère de Dieu,* ce soir, nous nous souvenons combien déjà, jeune femme, elle était étroitement unie au mystère du Christ, pleinement dévouée à son oeuvre de salut. Son exemple de foi et de prière nous apprend à trouver Dieu au plus profond de notre coeur, nous enseigne comment écouter la Parole de Dieu afin qu'elle porte fruit dans notre vie. Tournons-nous donc vers Marie avec confiance et espoir, supplions-la de nous apporter la communion de l'amour et de l'harmonie dans nos foyers, la paix et l'unité dans le monde. Marie, Mère de Dieu et Reine de la Paix, priez pour nous.

RENCONTRE AVEC DES LAÏCS COLLABORANT ACTIVEMENT AU MINISTÈRE DE L'ÉGLISE

HALIFAX

Le 13 septembre 1984

Chers frères et soeurs dans le Christ,

La Visitation de Marie à sa cousine Élisabeth est un très bel épisode de l'Évangile de saint Luc. C'est l'émouvante rencontre de deux futures mères, deux femmes dont le coeur est remplie de joie dans l'attente du « miracle humain » qui s'accomplit dans leur corps. Le récit comporte également un message théologique important: il relate comment Jean le Baptiste, le plus grand des prophètes de l'Ancien Testament, portait déjà témoignage à Jésus alors qu'il se trouvait encore dans le sein de sa mère. Il fait ressortir également la foi de Marie: « Bienheureuse celle qui a cru en l'accomplissement de ce qui lui a été dit de la part du Seigneur » (*Lc* 1, 45).

Cet épisode nous fait prendre conscience d'une autre dimension que cet évangile revêt pour nous. Nous sommes amenés à apprécier le geste, touchant d'humanité, de Marie tendant la main avec amour à sa cousine Élisabeth. Elle nous apporte un *modèle de service aux autres,* montrant par l'exemple comment nous, ses fils et filles spirituels, devons ouvrir nos coeurs avec compassion à ceux et celles qui aspirent au Christ, à travers nous.

Chers frères et soeurs, la *notion de service est en effet fondamentale à l'apostolat des laïcs* et à tout le ministère. Le service est au coeur même de toute vocation au sein de l'Église: le service de Dieu et de notre prochain, un service qui soit à la fois ardent et humble, toujours motivé par un désir d'accomplir la volonté de Dieu telle qu'elle se manifeste par l'action directrice de l'Esprit Saint à l'oeuvre dans l'Église.

Je tiens à vous dire combien je suis heureux d'être avec vous ce soir. Vous êtes venus des fermes, des villages et des villes de Nouvelle-Écosse et de l'Île-du-Prince-Édouard. Par la grâce de Dieu, chacun d'entre vous a été appelé à témoigner du *Christ de façon particulière*. Vous avez entendu cet appel et y avez répondu avec générosité. Je vous remercie de votre engagement *actif envers l'Église,* et je vous salue au nom de Notre Seigneur Jésus Christ et au nom de Marie, sa Mère, dans cette basilique de Halifax qui lui est dédiée.

Nous lisons dans l'Évangile : « Dieu a tant aimé le monde qu'il a donné son Fils unique, afin que quiconque croit en lui ne se perde pas, mais ait la vie éternelle (*Jn* 3, 16). Jésus Christ, le Fils de Dieu, prit une chair humaine non « pour être servi, mais pour servir et donner sa vie en rançon pour une multitude » (*Mc* 10, 45). Après sa Résurrection, le Christ est apparu à ses disciples, leur insufflant l'Esprit et les envoyant poursuivre sa mission : « Comme le Père m'a envoyé, moi aussi je vous envoie » (*Jn* 20, 21).

Nous comprenons ainsi que l'*Église a été fondée sur les Apôtres* pour poursuivre la mission du Christ, qui est de conduire l'humanité entière à la vie éternelle, par la foi. *Chaque activité* entreprise par l'Église à *cette fin fait partie de son apostolat,* et cet apostolat est sa réponse à la mission que lui a confiée le Christ.

Par le Baptême et la Confirmation, chacun est appelé à *participer à la mission salvatrice* de l'Église. En tant que membre de l'organisme vivant qu'est le corps mystique du Christ, aucun chrétien ne peut se contenter d'un rôle purement passif. Chacun doit participer activement à la vie de l'Église.

En effet, la vocation chrétienne est par nature une vocation apostolique.

C'est le Christ, tête du Corps, qui, d'autorité, envoie personnellement ses membres à l'apostolat. En travaillant à la mission de l'Église, tous les fidèles participent à la mission du Christ. Leur contribution, pour être efficace, exige qu'ils vivent selon la foi, l'espérance et la charité que le Saint-Esprit met dans leurs coeurs. Le précepte de la charité, qui est le commandement le plus important du Seigneur, exhorte chacun à oeuvrer pour la gloire de Dieu et la communication de la vie éternelle à tous, afin que tous apprennent à reconnaître le seul Dieu véritable et Jésus-Christ, son Fils, qu'Il nous a envoyé (cf. *Jn* 17, 3).

Il existe, parmi les membres de l'Église, une *diversité de services à l'intérieur d'une mission unique.* Le Christ a confié aux Apôtres et à leurs successeurs le ministère de l'enseignement, de la sanctification et du gouvernement, en son nom et en vertu de son pouvoir. Mais les laïcs ont reçu également une part des fonctions sacerdotale, prophétique et royale du Christ (cf. *Lumen Gentium,* 31). Dans l'exercice de leurs attributions propres, ils doivent harmoniser leurs efforts avec le ministère du peuple de Dieu en son entier, et oeuvrer de concert avec ceux que le Saint-Esprit a désignés pour gouverner l'Église (cf. *Ac* 20, 28). De même, sur tous les chrétiens repose l'obligation de répandre le message du salut parmi tous les peuples du monde.

En tant que laïcs, vous êtes appelés à témoigner du Christ dans la sphère de votre foyer, de votre voisinage, de vos villages et de vos villes. Vous contribuez à la mission de l'Église en *ajustant tout d'abord votre conduite à votre foi.* Par vos actes et par vos paroles, vous devez proclamer le Christ, la Lumière du monde. Cette invitation à l'apostolat s'adresse à tous les chrétiens. Comme laïcs, vous avez également pour *tâche spécifique de renouveler l'ordre temporel, en l'imprégnant de l'esprit de l'Évangile.*

Appartenant à des milieux culturels et sociaux différents, vous êtes en mesure d'infuser l'esprit chrétien dans la mentalité et le mode de vie, dans les lois et les structures de votre communauté. C'est ainsi que vous exercez votre rôle et votre responsabilité par une action du « semblable sur le semblable »: familles évangélisant les familles, étudiants évangélisant les étudiants, jeunes conduisant les jeunes vers le Christ. Dans ce domaine tout particulièrement, le témoignage de votre conduite est complété par le témoignage de votre parole (cf. Apostolicam Actuositatem, 13). Vous pouvez influencer profondément ceux et celles que vous rencontrez dans votre travail et dans vos diverses activités quotidiennes par l'exemple d'une vie intègre et la pratique assidue de la charité fraternelle.

Vous avez pour *mission* très spéciale de *parler* au monde d'une *façon concrète:* de manifester la vérité et la justice dans votre propre vie, de proclamer par vos actes votre respect de la vie, votre conscience sociale, votre rejet du matérialisme et des excès de la consommation. Vous êtes appelés à témoigner par la pureté de votre vie et, si vous êtes mariés, à être le symbole vivant de la fidélité conjugale et de l'indissolubilité du mariage, telles que Jésus-Christ les a prêchées. Ne doutez jamais, chers amis, que la Parole de Dieu a le pouvoir de réaliser cela en vous: «Vous êtes le sel de la terre... Vous êtes la lumière du monde» (*Mt* 5,13-14).

Mais, en plus de cela, à chacun d'entre vous a été donné un *charisme,* don du Saint-Esprit qui vous confère une *aptitude à un service particulier* au sein de l'Église. Comme le dit saint Paul, le Saint-Esprit est donné d'une manière propre à chaque personne: «Pourvus de dons différents selon la grâce qui nous a été donnée, si c'est le don de prophétie, exerçons-le en proportion de notre foi; si c'est le service, en servant; l'enseignement, en enseignant» (*Rm* 12, 6-7).

Vous pouvez exercer cet apostolat chrétien à titre *individuel* ou comme *membre d'un groupe* de personnes qui travaillent dans un même but. Dans ce large éventail des champs d'apostolat, certains sont appelés à proclamer la Parole de Dieu comme cathéchistes, comme enseignants ou comme animateurs des adultes à travers les rites de l'initiation chrétienne. Certains s'adresseront plus particulièrement aux familles, aux malades, aux prisonniers, aux invalides, aux jeunes ou aux personnes âgées. D'autres oeuvreront dans le domaine de la justice sociale, de la santé ou de l'oecuménisme. D'autres encore exerceront leurs talents administratifs dans les conseils de diosèse ou de paroisse, ou dans les divers organismes qui encadrent la communauté chrétienne au sens large. Les mouvements spécialisés, qui se consacrent au renouveau spirituel des personnes et des groupes, et principalement des familles, sont capables de contibuer grandement à la mission de l'Église.

L'Église apprécie tout particulièrement le rôle joué par la famille dans le service de l'Évangile. Je faisais ressortir dans mon Exhortation apostolique sur le rôle de la famille chrétienne dans le monde moderne, que «le ministère de l'évangélisation rempli par les parents chrétiens est original et irremplaçable» (*Familiaris Consortio,* 53). Les enfants ont, eux aussi, un rôle à jouer à cet égard et doivent être encouragés à apporter leur contribution. « Ils ont leur propre travail apostolique à faire » selon les termes du deuxième concile du Vatican (*Apostolicam Actuositatem,* 12).

Puisque le premier but de l'apostolat chrétien est *d'annoncer* au monde, par la parole et par l'action, le message du Christ, et de lui *communiquer* la grâce rédemptrice du Christ, le principal instrument pour ce faire est le ministère de la parole et des sacrements. *Cette tâche est remplie de façon spécifique* par les ministères ordonnés, conférés par le Sacrement des Ordres. « Le Christ lui-même a institué le sacerdoce ministériel afin de mettre à la disposition du Peuple de Dieu le sacrifice eucharistique qui est la source et le sommet de toute vie chrétienne » (*Lumen Gentium,* 11). Ainsi, tout ministère est orienté vers ce sacrifice, qui en est le but et le centre.

Certains laïcs se trouvent associés de façon particulière aux activités des évêques, des prêtres et des diacres, ou sont appelés à exercer de façon continue certaines tâches pastorales ou ministérielles. Cet aspect du ministère laïque est particulièrement providentiel lorsqu'il y a pénurie de prêtres. Mais n'oublions pas que les laïcs sont affectés de façon permanente par le Christ lui-même *au service de l'Évangile* au sein de l'unique Église. L'Église se réjouit lorsque ecclésiastiques, religieux et laïcs travaillent de concert, chacun selon sa vocation propre, pour donner au monde une image unifiée de leur mission commune: la mission du Christ.

Il y a tant à faire. Il existe des secteurs entiers de la vie humaine qui semblent soustraits à toute influence morale ou religieuse. Rappelons-nous les paroles de Jésus: « À la vue des foules Il en eut pitié, car ces gens étaient las et prostrés comme des brebis qui n'ont pas de berger. Alors Il dit à ses disciples: 'La moisson est abondante mais les ouvriers peu nombreux; priez donc le Maître de la moisson d'envoyer des ouvriers à sa moisson' » (*Mt* 9, 36-37). Le vrai disciple *brûle du désir d'annoncer le Christ* par la parole, que ce soit aux non-croyants pour les aider à cheminer vers la foi, ou aux fidèles pour les instruire, les fortifier et les inciter à une vie plus fervente (cf. Apostolicam Actuositatem, 6). Il existe aujourd'hui un besoin urgent que davantage de laïcs s'engagent à enseigner la doctrine chrétienne aux jeunes.

La diversité des besoins humains requiert divers types d'action de la part de l'Église. L'Église est une, de même que son Évangile de salut et son Eucharistie, mais elle doit compter sur la diligence de ses membres pour découvrir les meilleures façons de répondre aux problèmes et aux besoins nouveaux. Paul VI a clairement exprimé la position de l'Église : « Ce n'est pas sans éprouver intimement une grande joie que Nous voyons une légion de Pasteurs, religieux et laïcs, épris de leur mission évangélisatrice, chercher des façons toujours plus adaptées d'annoncer efficacement l'Évangile » (*Evangelii Nuntiandi, 73*).

Nous savons que le fondement et le succès de tout apostolat et tout ministère au sein de l'Église reposent sur notre union vivante avec le Christ, notre Seigneur et Maître. Cette *union intime avec le Christ* s'entretient et se nourrit par la prière. On peut affirmer que, de façon très tangible, l'apostolat consiste dans le déploiement de l'amour que Jésus porte aux autres, qui surgit de nous-mêmes. Mais en l'absence de cette union avec le Christ nourrie par la prière, notre énergie vacille, notre ferveur s'éteint et nous courons le risque de devenir comme « airain qui sonne ou cymbale qui retentit » (*1Co* 13, 1).

En outre, tout ministère requiert l' *appui de la communauté chrétienne dans son entier,* et particulièrement notre *prière persévérante pour les autres.* Quel besoin nous avons de cette prière mutuelle! Combien j'apprécie vos prières et combien j'en ai besoin! Combien vos évêques, vos prêtres et vos diacres, comptent sur le soutien de vos prières! Ils savent combien vous apportez à la vitalité de l'Église tout entière, combien vous oeuvrez pour promouvoir sa mission salvatrice dans le monde.

Nous trouvons un *modèle de cette vie apostolique et spirituelle* dans la vie humble de la Vierge de Nazareth, la Mère de Jésus, *Reine des Apôtres.* Ainsi que le disait d'elle le deuxième concile du Vatican : « Tandis qu'elle menait sur terre une vie semblable à celle de tous, remplie par les soins et les labeurs familiaux, Marie demeurait toujours intimement unie à son Fils et coopérait à l'oeuvre du Sauveur à un titre absolument unique. Aujourd'hui elle est au ciel, son amour maternel la rend attentive aux frères de son Fils dont le pèlerinage n'est pas achevé, et qui se trouvent engagés dans les peines et les épreuves jusqu'à ce qu'ils parviennent à la partie bienheureuse » (*Apostolicam actuositatem,* no 4).

Mes frères et soeurs: *Remerciez Dieu de l'occasion qui vous est donnée de servir le Christ et son Église.* Servez avec gratitude et avec joie! Remerciez Dieu de la foi que vous avez trouvée dans vos foyers et dans vos communautés et qui s'est répandue jusque dans les moindres recoins du pays, et dans le monde entier. Soyez reconnaissants à tous ceux qui ont servi avant vous, à tous ceux qui ont prêché l'Évangile de Notre Seigneur Jésus Christ au long de ces côtes de l'Atlantique. Remerciez vos parents, vos enseignants et vos pasteurs, qui vous ont les premiers initiés à l'Évangile.

Comme serviteur du Christ qui vous aime tous, je vous exhorte, mes compagnons dans la foi, co-pèlerins dans le retour vers le Père, à écouter de nouveau les paroles que saint Pierre a adressées aux premiers chrétiens:

« Chacun selon la grâce qu'il a reçue, mettez-vous au service les uns des autres, comme de bons intendants d'une multiple grâce de Dieu. Si quelqu'un parle, que ce soit comme les paroles de Dieu; si quelqu'un assure le service, que ce soit comme par un mandat reçu de Dieu, afin qu'en tout Dieu soit glorifié par Jésus-Christ, à qui sont la gloire et la puissance pour les siècles des siècles. Amen » (*1 Pi* 4, 10-11).

6e JOUR

- HALIFAX
- TORONTO

Photo: Michel Couture

VISITE À L'HÔPITAL I.W. KILLAM / ENFANTS ET HANDICAPÉS

HALIFAX

Le 14 septembre 1984

Chers amis et très chers enfants de l'hôpital Izaak Walton Killam,

Au début de cette nouvelle journée, alors que l'Église, dans le monde entier, célèbre le triomphe de la sainte Croix, je suis très heureux de vous rendre visite dans cet hôpital. Je vous salue tous au nom de Jésus Christ. Je salue les médecins, les infirmières et tout le personnel, les personnes handicapées et les malades, les enfants et leurs familles. Je rends grâce à Dieu de pouvoir être parmi vous. *Je viens à vous en ami, en pasteur, et je tiens à vous donner l'assurance de la grande affection que l'Église a pour vous. Vous avez dans mon coeur une place toute particulière. Mes prières, et celles de toute l'Église, sont avec vous, et elles le sont d'autant plus dans ces moments où vous vous sentez plus faibles, plus impuissants.*

J'aimerais profiter de ce moment pour vous rappeler l'amour tout particulier que Jésus porte aux personnes handicapées et aux malades, aux enfants et à tous ceux qui souffrent. Ainsi, nous pouvons lire le passage suivant dans l'Évangile selon saint Marc: « On lui présentait des petits enfants pour qu'il les touchât, mais les disciples les rabrouèrent. Ce que voyant, Jésus se fâcha et leur dit: « Laissez les petits enfants venir à moi; ne les empêchez pas, car c'est à leurs pareils qu'appartient le Royaume de Dieu. En vérité je vous le dis: quiconque n'accueillera pas le Royaume de Dieu en petit enfant, n'y entrera pas. Puis il les embrassa et les bénit en leur imposant les mains » (*Mc* 13-16).

151

Quel exemple frappant *de l'amour plein de tendresse de Jésus pour les enfants!* Et quel modèle de service rempli d'amour que nous cherchons, nous l'Église, à imiter en ce jour. Nous aussi, nous voulons dire à tous les enfants, à tous ceux et celles qui sont malades ou handicapés, le souci profond que nous avons d'eux et l'aide que nous voulons leur donner. Notre voeu est de les bénir et de les élever jusqu'au Seigneur par la prière.

Je voudrais maintenant dire quelques mots aux médecins, aux infirmières, aux parents et à tous ceux et celles qui s'occupent des malades et des personnes handicapées. Je tiens d'abord à vous remercier et à vous féliciter pour votre travail et votre dévouement, pour les heures innombrables que vous consacrez à leur donner vos soins et votre attention, à eux qui sont les petits enfants de Dieu dans le besoin.

Pendant sa vie sur terre, Jésus n'a pas seulement aimé d'un amour tout particulier les enfants et tous ceux qui souffraient d'une maladie ou d'un handicap: Il allait même jusqu'à s'identifier à eux lorsqu'Il disait: « J'étais malade et vous m'avez visité... Dans la mesure où vous l'avez fait à l'un de ces plus petits de mes frères, c'est à moi que vous l'avez fait » (*Mt 25, 36,40*). Ces paroles, consignées par saint Mathieu, illustrent *la dignité et la valeur de ce que vous faites pour ces petits enfants.*

Votre dévouement empreint d'amour, vos services généreux, votre compétence médicale et professionnelle, tous ces actes d'amour à l'endroit de l'enfant ou d'un malade, sont des actes d'amour à l'endroit du Christ, mystérieusement présent en eux. Et votre charité ainsi que vos soins dévoués témoignent de la dignité et de la valeur de chaque personne, jusqu'au plus petit, jusqu'au plus frêle bébé. Que Dieu vous bénisse et vous garde dans sa grâce.

Par ces quelques mots, je vous donne l'assurance de l'amour et du souci qu'a pour vous l'Église et celle de ma propre affection pastorale en Jésus-Christ. Et je demande à Dieu de vous bénir en vous comblant de sa paix et de sa joie. Que le Seigneur de la Vie soit avec vous tous.

HOMÉLIE

HALIFAX

Le 14 septembre 1984

Nous t'adorons, Seigneur, et nous te louons, car par ta Croix tu as assuré le salut du monde. Alleluia.

Chers frères et soeurs,

Vous, les représentants du peuple de Dieu de l'Archevêché de Halifax, du Cap Breton, de toute la Nouvelle-Écosse et de l'Ile-du-Prince-Edouard, êtes réunis ici en cette acclamation de la liturgie avec Monseigneur l'Archevêque Hayes et vos autres évêques, ainsi qu'avec l'Église dans le monde entier. L'Église Catholique célèbre aujourd'hui la Fête du Triomphe de la Croix du Christ. Ainsi, *le Christ crucifié est élevé* par la foi *dans les coeurs de tous ceux et celles qui croient, et à son tour il élève ces mêmes coeurs par une espérance qui ne peut être détruite. Car la Croix est le signe de la Rédemption, et en la Rédemption réside la promesse de la Résurrection et le début de la vie nouvelle: l'élévation du coeur humain.*

Dès lors que j'eus commencé à servir au Siège de saint Pierre, j'ai entrepris de proclamer cette vérité par l'Encyclique Redemptor Hominis. Dans cette même vérité, je désire m'unir à vous tous aujourd'hui dans l'adoration de la Croix du Christ:

« Qu'ils n'oublient pas les hauts faits de Dieu » (cf. Ps 77 [78], 7).

Dans l'esprit de cette acclamation de la liturgie d'aujourd'hui, suivons attentivement *la voie tracée par ces saintes paroles* dans lesquelles le Mystère du Triomphe de la Croix est annoncé.

Tout d'abord, le message central de l'Ancien Testament est contenu dans ces paroles. Selon saint Augustin, l'Ancien Testament recèle en lui ce que le Nouveau Testament révèle pleinement. Nous avons ici *l'image du serpent d'airain* dont *Jésus parlait* dans sa conversation avec Nicodème. Le Seigneur lui-même révéla la signification de cette image en disant: « Comme Moïse éleva le serpent dans le désert, ainsi faut-il que soit élevé le Fils de Dieu de l'homme » (*Jn* 3, 14-15).

Pendant la marche d'Israël de l'Égypte à la terre promise, Dieu permit — parce que le peuple murmurait — *une abondance de serpents venimeux,* et plusieurs moururent de leur morsure. Lorsque les autres comprirent leur péché, il demandèrent à Moïse d'intercéder pour eux devant Dieu: « Intercède auprès de Yahvé pour qu'il éloigne de nous ces serpents (*Nb* 21, 7).

Moïse pria et reçut du Seigneur le commandement suivant: « Façonne-toi un Brûlant (serpent) que tu placeras sur un étendard. Quiconque aura été mordu et le regardera restera en vie » (*Nb* 21, 8). Moïse obéit. Le serpent d'airain élevé sur la perche devint moyen de salut pour quiconque était mordu par un serpent.

Dans le livre de la Genèse, le serpent était le symbole de l'esprit du mal mais aujourd'hui, dans un étonnant revirement, *le serpent d'airain* élevé dans le désert est un *symbole du Christ* élevé sur la Croix.

La Fête du Triomphe de la Croix nous remet à l'esprit et, dans un certain sens aussi la rend présente, l'élévation du Christ sur la Croix. Cette Fête est *l'élévation du Christ Sauveur:* quiconque croit au Crucifié a la vie éternelle.

L'élévation du Christ sur la Croix donne un premier élan à l'élévation de l'humanité par le moyen de la Croix. Et *la mesure finale de cette élévation est la vie éternelle.*

Cet événement de l'Ancien Testament est rappelé par le thème central de l'Évangile selon saint Jean.

Pourquoi la Croix et le Crucifié sont-ils le seuil de la vie éternelle?

Parce qu'*en Lui — le Christ crucifié — se manifeste dans sa plénitude l'amour de Dieu pour le monde, pour l'homme.*

Lors du même entretien avec Nicodème, le Christ dit ceci: «*Dieu a tant aimé le monde* qu'il a donné son Fils unique, pour que tout homme qui croit en Lui ne périsse pas mais ait la vie éternelle. Dieu en effet n'a pas *envoyé son Fils* dans le monde pour qu'il juge le monde, mais pour que le monde soit sauvé par Lui» (*Jn* 3, 16-17).

L'élévation salvatrice du Fils de Dieu *sur la Croix* trouve *en l'amour sa source* éternelle. C'est *l'amour du Père* qui envoie le Fils; il donne son Fils pour que le monde soit sauvé. Et en même temps, c'est *l'amour du Fils* qui ne «juge» pas le monde, mais qui se donne par amour pour le Père afin que le monde soit sauvé. Se donnant lui-même au Père par *le Sacrifice de la Croix,* Il se donne *lui-même,* en même temps, *au monde:* à chaque être humain et à toute l'humanité.

La Croix contient en elle le Mystère du Salut car, *dans la Croix, l'amour se trouve élevé.* C'est l'élévation de l'amour à son plus haut sommet dans l'histoire du monde: dans la Croix, l'amour se trouve élévé et *la Croix* est en même temps *élevée par l'amour.* Et du haut de la Croix l'amour descend vers nous. Oui: «La Croix est le moyen le plus profond pour la divinité de se pencher sur l'homme... La Croix est comme un toucher de l'amour éternel sur les blessures les plus douloureuses de l'existence terrestre de l'homme» (*Dives in Misericordia,* 8).

À ce message de l'Évangile selon saint Jean, la liturgie d'aujourd'hui ajoute la présentation que fait Paul dans son Épître aux Philippiens. L'apôtre y parle du *dépouillement du Christ par la Croix,* mais en même temps de *l'élévation* du Christ au-dessus de toute chose — et cela également trouve son origine dans la même Croix.

Le Christ Jésus s'anéantit lui-même, prenant condition d'esclave, et devenant semblable aux hommes. S'étant comporté comme un homme, il *s'humilia plus encore,* obéissant jusqu'à la mort et à la mort sur une croix! *Aussi Dieu l'a-t-il exalté* et lui a-t-il donné le Nom qui est au-dessus de tout nom, pour que tout, au nom de Jésus, s'agenouille au plus haut des cieux, sur la terre et dans les enfers, et que toute langue proclame, de Jésus Christ, qu'il est SEIGNEUR, à la gloire de Dieu le Père. (*Phil* 2, 6-11).

La Croix est le signe de la plus profonde humiliation du Christ. Aux yeux du peuple, à cette époque, c'était *la marque d'une mort infâme.*

Aucun homme libre ne pouvait être puni de pareille mort, elle s'appliquait aux seuls esclaves. Le Christ accepte volontairement cette mort, la mort sur la Croix. Pourtant, *cette mort devient le début de la Résurrection*. Dans la Résurrection, le Serviteur crucifié de Yahvé se trouve élevé : *il est élevé au-dessus de la création tout entière*.

En même temps, la Croix également est *élevée*. Elle cesse d'être la marque d'une mort infâme pour devenir le *signe* de la Résurrection, c'est-à-dire de la *vie*. Par le signe de la Croix, ce n'est pas le serviteur ou l'esclave qui parle, mais le Seigneur de toute la création.

Ces trois éléments de la liturgie d'aujourd'hui — l'Ancien Testament, l'hymne christologique de Paul et l'Évangile selon saint Jean — présentent ensemble la grande *richesse du mystère* du Triomphe de la Croix.

Comme nous nous trouvons aujourd'hui plongés dans ce Mystère avec l'Église qui, dans le monde entier, fête en ce jour le Triomphe de la Sainte Croix, je voudrais *partager* d'une façon toute particulière *sa richesse avec vous,* chers frères et soeurs de l'Archevêché de Halifax, cher peuple de Nouvelle-Écosse, de l'Ile-du-Prince-Édouard et de tout le Canada.

Oui je souhaite partager avec vous toutes les richesses de cette sainte Croix — cet étendard de salut qui fut planté dans votre sol il y a 450 ans. Depuis cette époque, la Croix a triomphé en cette terre et, grâce à la collaboration de milliers de Canadiens, le message libérateur et salvifique de la Croix fut propagé jusqu'aux confins de la terre.

J'aimerais maintenant rendre hommage à *l'effort missionnaire* des fils et des filles du Canada qui ont donné leur vie pour « que la Parole du Seigneur accomplisse sa course et soit glorifiée » (2 *Thess* 3, 1). Je rends hommage à la foi et à l'amour qui les a animés, ainsi qu'à la puissance de la Croix qui leur a donné la force d'aller répondre au commandement du Christ : « Allez donc, dans toutes les nations, faites des disciples, les baptisant au nom du Père, du Fils et du Saint Esprit » (*Mt* 28, 20).

Et en rendant hommage à vos missionnaires, je rends également hommage à toutes les collectivités du monde entier qui ont reçu leur message et ont marqué leur tombe de la Croix du Christ. L'Église leur est reconnaissante d'avoir fait aux missionnaires l'hospitalité d'une parcelle de terre pour leur dernier repos, afin qu'ils puissent y attendre *le Triomphe définitif de la sainte Croix* dans la gloire de la Résurrection et de la vie éternelle.

J'exprime ma profonde gratitude pour *le zèle* qui a caractérisé l'Église au Canada et je vous remercie de vos prières, de votre contribution et de toutes les activités grâce auxquelles vous avez soutenu la cause missionnaire. Je vous remercie tout particulièrement pour la générosité dont vous avez fait preuve à l'endroit des organismes du Saint-Siège voués à une mission d'aide.

L'évangélisation reste toujours *le patrimoine sacré du Canada* qui peut certes être fier de ses activités missionnaires sur son territoire comme à l'étranger. L'évangélisation doit continuer à être exercée par le témoignage personnel, en prêchant l'espérance fondée sur les promesses de Jésus et en proclamant l'amour fraternel. Elle sera à jamais liée à l'implantation et à l'édification de l'Église et elle aura des liens étroits avec le développement et la libération qui sont autant d'expressions du progrès humain. Au centre du message, il y a toutefois *une proclamation explicite du salut en Jésus Christ*, ce salut apporté par la Croix. Pour reprendre les paroles de Paul VI: « L'évangélisation contiendra aussi toujours — base, centre et sommet à la fois de son dynamisme — une claire proclamation que, en Jésus Christ, le Fils de Dieu fait homme, mort et ressuscité, le salut est offert à tout homme, comme don de grâce et miséricorde de Dieu » (*Evangelii Nuntiandi*, 27).

L'église au Canada prendra toute sa dimension dans la mesure où elle proclamera dans ses membres, en paroles comme en actes, le Triomphe de la Croix — *dans la mesure où elle sera chez elle comme à l'étranger, une Église évangélisatrice.*

Au moment où je prononce ces paroles, il en est un Autre qui, partout, s'adresse aux coeurs des jeunes. C'est le Saint-Esprit lui-même qui pousse instamment *chacun, en tant que membre du Christ,* à recevoir et à propager la Bonne Nouvelle de l'amour de Dieu. Mais à *certains de ceux-là*, il redit le commandement de Jésus *sous son aspect expressément missionnaire:* « *Allez* et *faites des disciples* de toutes les nations ». Devant toute l'Église, moi, Jean-Paul II, je proclame une fois encore l'excellence de la vocation missionnaire. Et je veux donner l'assurance à tous ceux qu'appellent le sacerdoce et la vie religieuse que notre Seigneur Jésus Christ est prêt à accepter et à faire fructifier le sacrifice tout particulier de leur vie consacrée, dans le célibat, pour le Triomphe de la Croix.

Aujourd'hui, l'Église évangélisatrice revient, dans une certaine mesure, à revivre toute cette période qui commence le Mercredi des Cendres, culmine pendant la Semaine Sainte et à Pâques et se poursuit pendant les semaines jusqu'à la Pentecôte. *La Fête du Triomphe* de la Sainte Croix est pareille à une synthèse concise de tout le *Mystère de Pâques* de notre Seigneur *Jésus Christ*.

La Croix « triomphe » parce que c'est sur elle que le Christ est élevé.

C'est par elle que le Christ a « élevé » l'homme. Sur la Croix, chacun *est véritablement élevé* jusqu'à atteindre la plénitude de sa dignité — la *dignité de la destinée ultime en Dieu*.

Dans la Croix, *la puissance de l'amour* qui élève l'homme, qui *l'exalte*, se trouve également révélée.

Et de fait, *l'ensemble du plan de la vie chrétienne,* de la vie humaine, trouve ici à la fois sa synthèse et une nouvelle confirmation d'une merveilleuse façon: le plan et sa signification! *Acceptons* ce plan — et sa signification! Attachons-nous à trouver une fois encore *une place pour la Croix* dans nos vies et dans notre société.

Parlons-en d'une façon toute particulière à tous ceux et celles qui souffrent et offrons aux jeunes son message d'espoir. Continuons également à proclamer jusqu'aux confins de la terre sa puissance *salvatrice: Exaltatio Crucis!* Le Triomphe de la sainte Croix!

Chers frères et soeurs: « N'oubliez pas les hauts faits de Dieu! ». Amen.

RENCONTRE AVEC LES MEMBRES DU CLERGÉ

TORONTO

Le 14 septembre 1984

Mes chers frères prêtres,

Je suis heureux que ma première grande réunion, lors de ma visite pastorale à l'Église de Toronto, soit avec vous. Je tiens à vous exprimer la *joie que je ressens* et combien j'apprécie tout ce que vous faites pour le saint peuple de Dieu. Il est significatif que ce rassemblement se tienne le jour où nous célébrons le triomphe de la Croix. La liturgie d'aujourd'hui souligne l'importance de cette célébration. Nous y trouvons une source de réflexion sur la signification de la Croix dans le Sacerdoce de Jésus et, par voie de conséquence, dans notre propre vie sacerdotale.

La croix est *l'expression suprême du service sacerdotal de Jésus*. Il s'y offre lui-même en sacrifice parfait pour réparer auprès du Père les péchés de l'humanité; Il conclut par là une *alliance* nouvelle et éternelle entre Dieu et l'homme. Cette alliance merveilleuse se renouvelle dans chaque eucharistie que nous célébrons, et dans chacune l'Église réaffirme son identité et sa vocation en tant que Corps du Christ.

Revenons au passage de l'Évangile de saint Jean que nous venons d'écouter. Nous y trouvons Jésus discutant avec Nicodème, un notable juif, qui « vint de nuit », sous le couvert de l'obscurité, afin d'être éclairé par lui qui est « la lumière du monde ». Par ses questions, Nicodème révèle qu'il est à la recherche de la vérité sur Dieu et qu'il désire connaître la direction qu'il doit imprimer à sa vie. Jésus ne le déçoit pas.

159

Sa réponse est claire et directe. En répondant à Nicodème, Jésus va au *coeur même du message évangélique*:

> « Dieu a tant aimé le monde qu'il a donné son Fils unique, afin que quiconque croit en lui ne se perde pas, mais ait la vie éternelle » (*Jn* 3, 16).

L'élévation sur la croix du Fils de l'Homme est un *signe de l'amour du Père*. Jésus le confirme lorsqu'il dit: « C'est pour cela que le Père m'aime, parce que je donne ma vie pour la reprendre » (*Jn* 10, 17). En même temps, la Croix démontre l'amour obéissant de Jésus devant la volonté du Père: « Ma nourriture est de faire la volonté de celui qui m'a envoyé et de mener son oeuvre à bonne fin » (*Jn* 4, 34). La Croix est véritablement le symbole de l'amour divin que le Fils partage avec l'humanité.

Cet amour symbolisé par la Croix est profondément pastoral, car par lui quiconque croit en Jésus Christ obtient la vie éternelle. Sur la Croix, le Bon Pasteur « donne sa vie pour les brebis » (*Jn* 10, 11). La mort de Jésus sur la croix constitue le *ministère* suprême, le service le plus haut à la communauté des croyants. Le sacrifice de Jésus exprime avec plus d'éloquence que ne le peut la parole humaine la *nature pastorale de l'amour que le Christ porte à son peuple*.

La Croix traduit la volonté du Père de réconcilier le monde à travers son Fils. Saint Paul résume pour nous *la mission réconciliatrice du Christ* lorsqu'il écrit:

> « Dieu s'est plu à faire habiter en lui toute la Plénitude et par lui à réconcilier tous les êtres pour lui, aussi bien sur la terre que dans les cieux, en faisant la paix par le sang de sa Croix » (*Col* 1, 19-20).

La Croix ne se dresse pas seulement sur la communauté ecclésiale rassemblée dans la foi, mais sa sphère d'influence s'étend sur « tout ce qui est sur la terre et dans les cieux ». Le pouvoir de la Croix est la force de la réconciliation qui dirige *la destinée de toute la création*. Notre Seigneur révèle le centre de cette force de réconciliation lorsqu'il dit: « Et Moi, une fois élevé de terre, j'attirerai tous les hommes à moi » (*Jn* 12, 32). La réalité de la Croix affecte profondément notre société contemporaine, avec tous ses moyens technologiques et ses succès scientifiques. C'est par le sacerdoce du Christ que cette société atteindra sa destinée ultime en Dieu.

De même que la signification du sacerdoce du Christ réside dans le mystère de la Croix, *la vie du prêtre trouve son sens et son but dans le même mystère.* Puisque nous participons au sacerdoce de Jésus crucifié, nous devons prendre conscience chaque jour davantage que notre service est marqué du sceau de la Croix.

La Croix nous rappelle, à nous prêtres, le *grand amour de Dieu pour l'humanité* et l'amour personnel qu'il porte. L'immensité de cet amour nous est communiquée tout d'abord dans le don de la vie nouvelle que chaque chrétien reçoit par le signe de l'eau au Baptême. Cette merveilleuse expression de l'amour divin remplit sans cesse le croyant de gratitude et de joie.

Combien est merveilleux ce don que Jésus offre à certains hommes, pour le bénéfice de tous, d'avoir part à son sacerdoce ministériel. Qui d'entre nous, prêtres, ne voyons pas dans cet appel une expression de l'amour profond et personnel de Dieu pour chacun de nous, et pour l'Église tout entière qu'il est appelé à construire par le *ministère spécifique de la Parole et des Sacrements?*

Sachant que nous sommes appelés à nous donner à la mission rédemptrice de Jésus, chacun d'entre nous a conscience de son indignité à être ordonné « homme de Dieu » pour les autres. Ce sentiment nous amène à prendre davantage *appui sur Dieu dans la prière.* En union avec le Christ en prière, nous trouvons la force d'accepter la volonté du Père, de répondre joyeusement à l'amour du Christ pour, ainsi, grandir en sainteté. Pendant tout ce temps, l'ombre de la croix se projette sur notre existence de prêtre, nous exhortant à imiter le Christ Lui-même avec toujours plus de générosité. Durant toute cette lutte, les mots de saint Paul résonnent constamment dans nos coeurs: « Pour moi, certes, la vie c'est le Christ » (*Ph* 1, 21).

Comme prêtres, nous voyons également dans la Croix un symbole de notre service pastoral aux autres. Comme le Grand Prêtre au nom duquel nous agissons, nous sommes appelés « non pas à être servis, mais à servir » (*Mt* 20, 28). Nous sommes chargés de conduire le troupeau du Christ, de le guider « par le juste chemin pour l'amour de son Nom » (*Ps* 23, 3).

Notre principal service, comme prêtres, est de *proclamer la Bonne Nouvelle du Salut en Jésus Christ*. Toutefois, nous ne communiquons pas ce message « en termes de sagesse dans laquelle la crucifixion du Christ peut être exprimée », mais par « le langage de la Croix », qui est « la puissance de Dieu de sauver » (*1 Co* 1, 17-18). Pour bien prêcher, il faut être pénétré du mystère de la Croix, grâce à l'étude et à la réflexion quotidienne sur la Parole de Dieu.

Notre service sacerdotal trouve son expression la plus sublime dans l'offrande du sacrifice eucharistique, qui est en effet *la proclamation sacramentelle du mystère du salut*. Dans cette action sacrée, nous rendons présent, pour la gloire de la très Sainte Trinité et la sanctification des hommes, le sacrifice de Jésus Christ sur la Croix. L'Eucharistie apporte *le pouvoir de la mort du Christ sur la Croix dans la vie des fidèles :* « Chaque fois que vous mangez ce pain et que vous buvez cette coupe, vous annoncez la mort du Seigneur, jusqu'à ce qu'il vienne » (*1 Co* 11, 26).

L'Eucharistie est la raison d'être même du sacerdoce. Le prêtre existe pour célébrer l'Eucharistie. Nous y trouvons la signification de *tout ce que nous faisons d'autre*. Nous devons donc être attentifs à ce don merveilleux qui nous a été confié pour le bien de nos frères et soeurs. Nous devons réfléchir profondément à ce que nous faisons lorsque nous célébrons l'Eucharistie et à la façon dont cet acte affecte notre vie toute entière.

Le Jeudi Saint 1980, j'ai partagé cette pensée avec les évêques de l'Église dans une lettre que je leur adressais: « Le prêtre remplit sa mission principale et se manifeste dans toute sa plénitude en célébrant l'Eucharistie, et cette manifestation est plus complète *lorsqu'il permet lui-même à ce mystère de devenir visible,* afin que lui seul brille dans le coeur et dans l'esprit des croyants, à travers son ministère » (No 2).

Par son amour de l'Eucharistie, le prêtre inspire les laïcs à exercer le rôle important qui leur est propre dans la célébration liturgique. Il y contribue également en actualisant le *charisme de sa propre ordination*. Dans sa lettre pastorale sur le sacerdoce, le Cardinal Carter décrit cet aspect du rôle du prêtre: « Sa fonction est de convoquer le peuple de Dieu à exercer sa propre responsabilité... à offrir le sacrifice de louange qui doit éclairer leurs vies et, à travers eux, le monde. Cela, le prêtre doit le faire *in persona Christi* » (Lettre pastorale, V, 7).

En un mot, le prêtre élève le Christ au milieu de l'*assemblée afin que, sous le signe de la Croix*, l'assemblée se soude dans l'unité et dans l'amour, et témoigne à la face du monde de l'amour rédempteur du Christ.

Nous savons que certains sacrifices nous seront demandés sous le signe de la Croix. Cela ne nous surprend pas car la *Croix est le mode d'exercice du service pastoral du Christ*. Il nous arrive de sombrer dans le découragement et la solitude, et même de nous sentir rejetés. Il arrive que nous ayons tant à donner de nous-même que nous nous sentons complètement vidés de notre énergie. On nous demande régulièrement d'être compréhensif, patient et compatissant à l'égard de ceux avec qui nous sommes en désaccord, et avec tous ceux et celles que nous rencontrons. Nous acceptons pourtant ces exigences, avec tous les sacrifices qu'elles impliquent, de façon à « être tout à tous, afin d'en sauver à tout prix quelques-uns » (*1 Co* 9, 23). Et nous acceptons ce que l'on nous demande, non pas à contre-coeur, mais volontiers, oui, joyeusement.

Notre engagement sacerdotal à *mener une vie de célibat* « en vue du Royaume des cieux » est lui aussi au bénéfice des autres. Permettez-moi de répéter ce que j'ai écrit aux prêtres du monde dans ma lettre du Jeudi Saint 1979: « Par son célibat, le prêtre devient « l'homme pour les autres », d'une manière différente de l'homme de celui qui, en se liant à la femme dans l'union conjugale, devient lui aussi comme époux et père, un « homme pour les autres »… Le prêtre, en renonçant à cette paternité propre aux époux, recherche une autre paternité, et même presque une autre maternité quand on pense aux paroles de l'apôtre au sujet des enfants qu'il engendre dans la douleur. Ce sont là des enfants de son esprit, des hommes confiés par le Bon Pasteur à sa sollicitude… La vocation pastorale des prêtres est grande… Pour être disponible à un tel service, s'il veut être disponible pour ce service, le coeur du prêtre doit être libre. Le célibat est le signe d'une liberté en vue du service » (No 8).

Et nous prêtres, nous reconnaissons aussi dans le mystère de la Croix *la puissance de réconciliation* que *le Christ* exerce sur toute la création. Nous croyons que la Croix du Christ présente à la société contemporaine — avec ses découvertes scientifiques et son progrès technologique, avec son aliénation et son désespoir — un message de réconciliation et d'espérance. Quand nous présidons l'assemblée eucharistique, qui est la source de la réconciliation et de l'espérance pour l'Église, nous portons la responsabilité d'aider les chrétiens à humaniser le monde grâce à la puissance du Seigneur crucifié et ressuscité.

Chers Frères dans le sacerdoce, le Christ nous appelle *à proclamer son message de réconciliation et d'espérance* d'une manière toute particulière, d'une manière que la Providence de Dieu nous a réservée, à nous seuls. Proclamer la réconciliation et l'espérance, cela veut dire non seulement insister sur la grandeur du pardon de Dieu et de son amour bienveillant au regard du péché, mais aussi *permettre* aux fidèles *de bénéficier de l'action du Christ qui pardonne par le Sacrement de Pénitence.*

À mainte reprise j'ai demandé à mes frères dans le sacerdoce et aux évêques de donner une priorité particulière à ce Sacrement, afin que le Christ puisse rejoindre ses frères et ses soeurs dans cette rencontre personnelle d'amour. Notre ministère sacramentel, qui inscrit au coeur de la vie des fidèles le don de la Rédemption, est un acte d'étroite collaboration avec le Sauveur du monde. C'est par la conversion personnelle réalisée et scellée par le Sang de Jésus que le renouveau et la réconciliation pénétreront finalement toute la création.

À cette occasion, je voudrais rappeler ce que j'ai dit en septembre dernier à un groupe d'évêques canadiens à Rome. C'était un appel lancé dans le cadre de la préparation à ma visite pastorale. Espérant que désormais il servira de *prolongement à ma visite,* je vous adresse ce même appel « à inviter tous les fidèles du Canada à la conversion et à la confession personnelle. Pour certains, ce sera faire l'expérience de la joie du pardon sacramentel pour la première fois depuis bien des années; pour chacun, ce sera une expérience de la grâce... Appeler à la conversion, c'est aussi appeler à la générosité et à la paix. C'est un appel à accueillir la miséricorde et l'amour de Jésus Christ » (23 septembre 1983). Chers Frères, proclamons au monde la réconciliation et l'espérance dont nous faisons nous-mêmes l'expérience par le Sacrement de Pénitence.

La vocation à laquelle le Christ nous a appelés est véritablement un défi lancé à notre amour. Selon les termes de la lettre aux Hébreux : « Fixant nos yeux sur le Chef de notre foi, qu'il la mène à la perfection, Jésus, qui au lieu de la joie qui lui était proposée, endura une croix, dont il méprisa l'infamie » (*Hé* 12, 1).

Alors que nous renouvelons notre engagement sacerdotal aujourd'hui, *offrons-nous au Christ sur le chemin de la Croix.* Et faisons-le en union avec Marie, sa Mère et la nôtre.

RÉUNION OECUMÉNIQUE

TORONTO

Le 14 septembre 1984

Chers amis en Jésus Christ,

C'est avec une très grande joie que je me joins à la prière de louange et de supplique avec vous tous qui représentez les *différentes Églises et communions chrétiennes de tout le Canada*. Je vous salue tous avec amour et respect, reprenant les mots de l'apôtre Paul: « À vous grâce et paix de par Dieu le Père et le Seigneur Jésus Christ » (*2 Th* 1, 2). Je veux aussi saluer avec beaucoup de respect les chefs des autres religions qui sont venus ici aujourd'hui. Je vous remercie de votre présence à cette rencontre oecuménique.

L'Évangile selon saint Mathieu nous apprend que Jésus « gravit la montagne, et lorsqu'Il s'assit, ses disciples vinrent auprès de Lui. Prenant la parole, Il les enseignait » (*Mt* 5, 1-2). Nous aussi, nous sommes disciples de Jésus et *ensemble nous allons auprès de Lui*. Nous allons écouter sa parole afin qu'Il puisse nous enseigner comme Il enseigna jadis à la foule réunie autour de Lui sur la montagne. Nous voulons être instruits et inspirés par son message de salut. Nous voulons également prier ensemble pour le don de l'unité entre tous les chrétiens et pour unir nos coeurs en louange à Dieu: le Père, le Fils et le Saint Esprit.

Il est très bon d'être avec vous. Je tiens à vous dire combien je vous suis reconnaissant de *la lettre pastorale oecuménique* adressée aux congrégations et aux paroisses chrétiennes de tout le Canada, en anticipation de ma visite pastorale. Il est réconfortant de se voir assuré de l'appui par la prière et de l'intérêt fraternel de tant de frères et de soeurs chrétiens. J'apprécie profondément l'accueil chaleureux que vous m'avez réservé et je suis très *heureux que vous ayez saisi cette occasion pour affirmer la nécessité du mouvement oecuménique*, pour faire ressortir les nombreuses étapes importantes vers la pleine unité qui ont déjà été franchies et pour encourager les initiatives nouvelles et la poursuite des prières en vue de réaliser ce but auquel nous aspirons tant.

Il y a exactement 20 ans aujourd'hui, le 14 septembre 1964, mon prédécesseur Paul VI prenait la parole au Deuxième Concile du Vatican, à la troisième session générale, où furent promulgués la Constitution de l'Église et le Décret sur l'oecuménisme. Vers la fin de son discours, il s'adressa directement aux observateurs des autres Églises et communautés ecclésiales, leur disant: « Nous voulons vous assurer une fois de plus que notre objectif et notre espoir sont de pouvoir un jour lever tous les obstacles, tous les malentendus, tous les soupçons qui nous empêchent encore de nous sentir pleinement 'd'un même coeur et d'une même âme' (*Ac* 4, 22) en Jésus Christ et en son Église... C'est là un objectif de la plus grande importance, enraciné dans les desseins mystérieux de Dieu, et nous nous efforcerons, avec humilité et piété, de nous rendre dignes d'une si grande grâce ».

Dans les vingt années qui se sont écoulées depuis que ces paroles ont été prononcées, nous pouvons nous réjouir de voir les *progrès importants* que nous avons accomplis, car, effectivement, *de nombreux obstacles, de nombreux malentendus et de nombreux soupçons ont été levés.* Pour tout cela nous remercions Dieu. Je suis reconnaissant, dans le même temps, de cette occasion qui m'est donnée, et d'autres semblables, qui nous permettent de mieux apprécier ce que la grâce de Dieu a opéré au milieu de nous et qui renouvellent notre détermination et notre courage à poursuivre ensemble le chemin qu'il nous reste encore à parcourir.

Dans ma première encyclique, *Redemptor Hominis*, écrite peu après mon élection au Siège de saint Pierre, je disais: « Il est certain par ailleurs que, dans la présente situation historique de la chrétienté et du monde, il n'apparaît pas d'autre possibilité d'accomplir la mission universelle de l'Église en ce qui concerne les problèmes oecuméniques que celle de chercher loyalement, avec persévérance, humilité et aussi courage, les voies du rapprochement et de l'union, comme le Pape Paul VI nous en a donné personnellement l'exemple. Nous devons donc rechercher l'union sans nous décourager devant les difficultés qui peuvent se présenter ou s'accumuler le long de ce chemin; autrement, nous ne serions pas fidèles à la parole du Christ, nous ne réaliserions pas son testament » (no 6). L'expérience des six dernières années, depuis mon élection, a confirmé encore davantage dans mon coeur l'obligation évangélique de « chercher loyalement, avec persévérance, humilité et aussi courage les voies du rapprochement et de l'union ».

Nous ne pouvons renoncer à cette tâche difficile mais indispensable, car elle est liée de façon inhérente à notre mission de proclamer à toute l'humanité le message du Salut. *La restauration de l'unité complète des chrétiens,* cette aspiration profonde pour laquelle nous prions tant, revêt une *importance cruciale pour l'évangélisation du monde.* Des millions de nos contemporains continuent d'ignorer le Christ et des millions d'autres qui en ont entendu parler sont empêchés d'accepter notre foi chrétienne à cause de nos divisions tragiques. En vérité, la raison pour laquelle Jésus priait pour que nous soyions unis était précisément « que le monde puisse croire » (*Jn* 17, 21). La proclamation de la bonne nouvelle de Notre Seigneur Jésus Christ est gravement gênée par la division doctrinale entre les disciples du Sauveur. Au contraire, le travail d'évangélisation porte fruit lorsque les chrétiens des différentes communions, bien que non encore pleinement unis, collaborent comme frères et soeurs en Jésus Christ dans toute la mesure du possible et dans le respect de leur tradition propre.

À l'approche du troisième millénaire de la chrétienté, nous sommes confrontés à une technologie en expansion rapide, porteuse à la fois de multiples possibilités et d'obstacles pour l'évangélisation. Bien qu'elle engendre un certain nombre d'effets bénéfiques pour l'humanité, elle produit également *une mentalité technologique hostile aux valeurs évangéliques.* La tentation existe de poursuivre le développement technologique en tant que valeur propre, comme s'il s'agissait d'une *force autonome* comportant un impératif d'expansion inhérent, plutôt que de le considérer comme une richesse à mettre au service de la famille humaine. Une deuxième tentation est de lier le développement technologique à la *logique du profit* et de l'expansion économique constante, sans égard pour les droits des travailleurs ou les besoins des pauvres et des démunis. Une troisième tentation est de rattacher le développement technologique à la poursuite ou à la conservation du *pouvoir*, au lieu d'en faire un instrument de la liberté.

Si l'on veut éviter ces écueils, tout développement technologique doit être examiné à la lumière des exigences objectives de l'ordre moral et *à la lumière du message évangélique*. Unis au nom de Jésus Christ, nous devons poser des questions critiques et affirmer les principes moraux fondamentaux qui se rapportent au développement technologique. Par exemple, on se doit de privilégier les besoins des pauvres plutôt que les désirs des riches; les droits des travailleurs plutôt que l'optimisation des profits; la préservation de l'environnement plutôt que l'expansion industrielle effrénée; la production répondant aux besoins sociaux plutôt que la production militaire. Ces défis ouvrent un vaste champ à la collaboration oecuménique et ils constituent un élément vital de notre mission de proclamation de l'Évangile du Christ. Et devant tout ceci, nous élevons nos coeurs vers Dieu, le Père de Notre Seigneur Jésus Christ.

Je sais que de grands efforts de collaboration oecuménique ont été déployés au Canada depuis de nombreuses années; ils ont gagné en intensité ces dernières années et l'on constate une aspiration croissante à l'union complète en Jésus Christ. Les Églises ont engagé divers *dialogues théologiques* très importants et plusieurs *coalitions interconfessionnelles* en faveur de la justice sociale et des droits de la personne ont connu un grand retentissement face aux problèmes propres à notre ère technologique. J'admire profondément l'esprit chrétien qui est à la source de ces efforts généreux. Je vous exhorte à les poursuivre, en dépit des résultats incomplets jusqu'à présent enregistrés et en dépit des critiques injustes que peuvent vous adresser à l'occasion ceux qui ne comprennent pas l'importance de l'activité oecuménique. Je réitère volontiers la position de l'Église catholique, à savoir que tous les efforts valeureux destinés à promouvoir l'unité entre chrétiens sont une réponse à la volonté de Dieu et à la prière du Christ. Ils sont un élément essentiel de notre mission de *vivre la vérité dans la charité* et de *proclamer l'Évangile du Christ*.

La collaboration oecuménique, comme nous l'avons constaté, peut revêtir différentes formes: travailler ensemble à des projets de service fraternel, engager un dialogue théologique et des recherches communes pour comprendre notre passé tumultueux, s'adonner à des actions concertées en faveur de la justice et de l'humanisation de la société technologique, et beaucoup d'autres projets de ce genre. Tout cela est précieux et doit être poursuivi avec détermination, et particulièrement les efforts qui cherchent à promouvoir la vérité et nous aident à grandir dans la charité fraternelle. Il ne faut pas oublier, dans le même temps, la *primauté des activités spirituelles* que le Deuxième Concile du Vatican a considérées comme l'âme même des activités oecuméniques (cf. *Unitatis Redintegratio*, 8). Je parle ici de la pratique assidue de la *prière* publique et privée pour la *réconciliation* et *l'unité*, et de la poursuite de la *conversion personnelle* et de *la sainteté de vie*. Sans cela, tous les autres efforts manqueront de profondeur et seront dépourvus de la vitalité de la foi. Nous oublierions trop vite l'enseignement de saint Paul, à savoir que «tout vient de Dieu, qui nous a réconciliés avec Lui par le Christ et nous a confié le ministère de la réconciliation» (*2 Co* 5, 18).

Il ne peut y avoir de progrès sur le chemin de l'unité entre nous sans la croissance de la sainteté de la vie. Dans les béatitudes, Jésus nous montre la voie de la sainteté: «Heureux les pauvres en esprit... heureux les affligés... heureux les humbles... heureux les affamés et les assoiffés de justice...» (*Mt* 5, 3ff). Cherchant à compter parmi ces «heureux», nous grandirons nous-mêmes en sainteté, mais nous apporterons en même temps une contribution à l'unité de tous les disciples du Christ et, par là, à la réconciliation du monde. La véritable sainteté de la vie, qui nous rapproche du coeur du Sauveur, renforcera nos liens de charité avec tous les hommes et femmes, et particulièrement avec les autres chrétiens.

Efforçons-nous donc de compter parmi ces «heureux» des béatitudes, «affamés et assoiffés de justice» dans une ère technologique, priant pour l'unité entre nous et avec tous ceux qui croient au Christ, tendant avec espoir vers le jour où «il y aura un seul troupeau et un seul pasteur» (*Jn* !0, 16).

LA RENCONTRE AVEC LES POLONAIS
TORONTO
Le 14 septembre 1984

Loué soit Jésus Christ!

Chers frères et soeurs, chers compatriotes,

Je suis extrêmement heureux que l'occasion me soit donnée, au cours de mon voyage apostolique au Canada, de vous rencontrer aujourd'hui dans ce stade à Toronto, et par votre intermédiaire rencontrer tous les Polonais vivant dans ce pays.

Vous êtes venus ici malgré les difficultés et les sacrifices, de tous les coins du Canada pour prier avec le pape, votre compatriote, sang de votre sang et coeur de votre coeur.

Je viens à cette rencontre avec beaucoup d'émotion et de joie. Je me souviens encore vivement de la chaleur de votre accueil et de votre hospitalité lorsque, en 1969, archevêque métropolite de Cracovie, invité par l'épiscopat canadien et le Congrès polonais du Canada à l'occasion de son 25e anniversaire. J'ai visité ce pays et été reçu par des paroisses et des organisations culturelles polonaises. À cette époque, il m'a été donné de visiter un certain nombre de groupes d'immigrants, particulièrement dans l'Est et l'Ouest du Canada. J'ai appris un peu plus profondément quels étaient vos problèmes de chaque jour, votre travail, vos joies et vos chagrins. Au plus profond de ma mémoire, je garde l'image de votre vie catholique, de votre fidélité à la foi de vos pères et de votre tradition ainsi que de votre apport de la culture chrétienne à votre nouvelle patrie. J'ai vu de près le travail plein de dévouement des congrégations religieuses de femmes et d'hommes ainsi que du clergé, né ici ou arrivé à différents moments.

Notre rencontre d'aujourd'hui est en un sens la suite et l'accomplissement de cette première visite, et je peux dire avec l'apôtre Paul: « Privé de votre compagnie pour un moment, de visage mais non de coeur, nous nous sommes sentis extrêmement pressés de revoir votre visage, tant notre désir était vif » (*1 Th, 2*, 17) et « nous rendons grâce à Dieu à tout moment pour vous tous, en faisant mention de vous sans cesse dans nos prières. Nous nous rappelons en présence de notre Dieu et Père l'activité de votre foi, la labeur de votre charité, la constance de votre espérance, qui sont dus à notre Seigneur Jésus Christ » (*1Th* 1, 2-4).

Je voudrais pouvoir rencontrer chacun d'entre vous pour vous parler et vous saluer chaleureusement. En vous et par vous, j'envoie mes souhaits à tous nos compatriotes bien-aimés qui vivent au Canada de l'Atlantique au Pacifique et qui pour diverses raisons ne peuvent être avec nous ce soir. J'étends ce mot de bienvenue à toutes les paroisses polonaises, toutes les organisations catholiques, sociales, de jeunes, aux instituts de science et du bien-être, et à toutes les familles polonaises du Canada. D'une façon toute spéciale, je salue les prêtres et Monseigneur Szczepan Wesoty, les communautés religieuses, les ouvriers, les intellectuels, ceux qui se consacrent aux personnes âgées et ceux qui ont à porter la croix de la souffrance, les jeunes et les enfants — en un mot tout le monde!

J'embrasse tous et chacun par mon coeur, et je transmets un baiser de paix comme pape et comme frère.

Ma pensée va également à vous tous les pionniers qui maintenant reposent en paix.

Chers frères et soeurs, grâce à la providence de Dieu, vous venez de souche polonaise, vous devez réaliser, ici, au Canada, votre vocation humaine et chrétienne. Polonais qui, pour diverses raisons, ont trouvé dans le Canada une deuxième patrie, vous êtes devenus une partie intégrante de l'Église au Canada, et ici vous continuez d'écrire l'histoire du salut commencé dans le passé sur le sol polonais.

« L'unique peuple de Dieu, comme l'enseigne Vatican II, est présent à tous les peuples de la terre, empruntant à tous les peuples ses propres citoyens, citoyens d'un royaume qui n'est pas de nature terrestre, mais céleste. (…) Mais comme le royaume du Christ n'est pas de ce monde (cf. *Jn* 18, 36), l'Église, peuple de Dieu par qui ce royaume prend corps, ne retire rien aux richesses temporelles de quelque peuple que ce soit; au contraire, elle sert et assume toutes les facultés, les ressources et les formes de vie des peuples en ce qu'elles ont de bon; en les assumant, elle les purifie, elle les renforce, elle les élève. (…) En vertu de cette catholicité, chaque portion apporte aux autres et à toute l'Église le bénéfice de ses propres dons, en sorte que toute et chacune des parties s'accroissent par un échange mutuel universel et par un effort commun vers une plénitude dans l'unité » (*Lumen gentium,* no 13).

Appliquant l'enseignement du concile, on pourrait définir votre attitude spirituelle comme « un don spécial » de l'Église de Pologne au Canada et à l'Église canadienne.

Oui, vous êtes un don de cette nation et de son Église qui a une histoire et un héritage millénaires. Cette Église, qui surtout au cours des dernières décennies, a donné un nouveau témoignage dans l'Église universelle et la chrétienté, en attirant ainsi les regards du monde entier.

Oui! Vous êtes un don de cette nation et de cette Église dans laquelle ont vécu et témoigné des saints et des bienheureux, de saint Stanislas, évêque et martyr, à saint Maximillien, martyr de l'amour, et aux récents bienheureux comme la mère Ursula, le père Raphaël et le frère Albert. Vous êtes un don de la nation et de l'Église dans laquelle ont vécu et témoigné vos parents, vos grands-parents et vos arrière-grands-parents, et dans laquelle vivent et témoignent la génération contemporaine des Polonais.

L'héritage chrétien, qui a uni l'Église avec la nation polonaise depuis le commencement de la naissance de l'état, est devenu l'apport de l'Église au Canada par les immigrés polonais, commençant par ceux du siècle dernier, ceux de l'entre deux guerres, ceux de l'après-guerre et ceux des dernières années.

Lorsque je me trouvais au Canada en 1969, j'avais apporté aux organisations et aux églises polonaises que j'y visitais, des reliques de saints polonais. Je formais le voeu que l'on retrouve dans ce symbole l'expression de la communion spirituelle dans laquelle se trouvent l'Église de Pologne et celle du Canada. Je voulais aussi partager avec tous mes compatriotes cette unité spirituelle avec l'Église de Pologne, fondée sur le mystère de la Communion des Saints, partie intégrante de notre foi catholique et en outre, pour nous Polonais, partie intégrante de notre patrimoine spirituel tout entier (Lettre au clergé, 15 sept. 1969). C'est à ces racines chrétiennes, dont nous provenons vous et moi, que nous devons revenir continuellement ici dans ce pays qui nous a offert son hospitalité généreuse et qui est devenu notre seconde patrie. C'est dans ces racines que vous trouverez la force et la vitalité nécessaires pour votre croissance spirituelle.

Ceux qui vous ont précédés — les premiers émigrants — le savaient bien. Écoutons H. Sienkiewicz: «Même s'ils avaient été emportés par le vent, comme des feuilles mortes, leurs racines seraient restées dans l'endroit d'où ils venaient: la terre polonaise, bénie de Dieu, dont les blés se bercent... puissante, généreuse, tellement bonne, aimée plus que toutes les autres terre» (À la recherche du pain).

En prenant racine dans cette terre nouvelle, ils ont conservé leurs liens profonds avec leur patrie et la conscience de leur appartenance à la foi, à la culture et aux traditions de leurs ancêtres, en même temps, ils étaient membres de la grande communauté de l'Église universelle. Ils ont construits des églises, — comment ne pas mentionner la première église polonaise construite en l'honneur de Notre Dame de Czestochowa — au cours du siècle passé par les pionniers polonais dont les descendants se retrouvent toujours dans le village de Wilnow. Je songe aussi à l'église actuellement en chantier ici dans l'archidiocèse de Toronto, placée sous le vocable de saint Maximillien Kolbe. On doit aussi, à ces immigrants, des écoles catholiques, des organisations pro-Polonias et de jeunesse, comme par exemple l'Union nationale polonaise, le Congrès polonais du Canada, le mouvement scout polonais. Ils ont créé des centres d'études polonaises, des bibliothèques, des musées. Il ont publié des livres, des revues et des journaux. Tous ces centres et toutes ces organisations, constitués à diverses époques et dans des buts divers, s'inspirent de cet esprit grâce auquel vous êtes en lien avec la nation polonaise et son Église.

Vous ne brisez pas les liens, en dépit des années d'éloignement ou des expériences variées que vous avez connues ici, et même si certains d'entre vous, surtout les plus jeunes, ne savent pas toujours retrouver les mots polonais qu'il faudrait pour communiquer avec ceux qui viennent de Pologne et pour exprimer ce que le coeur ressent. Au contraire vous cherchez à nouer des liens avec la Pologne et avec ce qui est polonais. Solidaires de la terre de vos ancêtres, vous avez manifesté cette solidarité au moment où, dans des circonstances difficiles, vous avez à la secourir par vos offrandes, par votre concours généreux. Cela mérite reconnaissance et gratitude.

Qu'il me soit permis ici, en ce moment, de vous assurer au nom de tous mes compatriotes dans votre patrie, le plus cordial « Bóg zapa'c ». Merci!

La famille catholique joue, et a joué un grand rôle dans l'entretien de ces liens avec votre patrie, en conservant la foi de vos pères, les traditions et la culture polonaise grâce à l'action de vos paroisses et de vos écoles. La famille polonaise de l'immigration mérite qu'on lui exprime notre reconnaissance pour que dans des circonstances de vie nouvelle, loin de perdre son esprit, elle a su conserver son identité et apprendre à des générations nouvelles tout entières le sens des idéaux et des vertus chrétiennes les plus nobles.

Entourée par le matérialisme du monde contemporain, la famille connaît beaucoup de difficultés. Sa situation actuelle est confuse. Le concept de l'autorité des parents sur les enfants est contesté, comme le sont les valeurs chrétiennes essentielles.

Mes chers frères et soeurs, la famille doit être l'objet de vos soins les plus attentifs, cette famille issue du lien sacramentel entre l'homme et la femme qui, ensemble se sont découvert une vocation commune au mariage et à la vie familiale. Protéger la famille contre les dangers de la société moderne est un défi pour l'Église tout entière, un défi posé à tout le ministère pastoral polonais, à toute la Polonia, à tous.

Selon l'image de la famille, on obtiendra l'image de la Polonia canadienne; et la personne venant de souche polonaise reflétera ses qualités.

La famille, je l'ai écrit dans l'exhortation apostolique « Familiaris Consortio » est devenue la « cellule première et vitale de la société (...)

c'est au sein de la famille en effet que naissent les citoyens et dans la famille qu'ils font le premier apprentissage des vertus sociales, qui sont pour la société l'âme de sa vie et de son développement. (...) la famille constitue le berceau et le moyen le plus efficace pour humaniser et personnaliser la société : c'est elle qui travaille d'une manière originale et profonde à la construction du monde, rendant possible une vie vraiment humaine, particulièrement en conservant et en transmettant les vertus et les 'valeurs'. Comme le dit le Concile Vatican II, la famille est le 'lieu de rencontre de plusieurs générations qui s'aident mutuellement à acquérir une sagesse plus étendue et à harmoniser les droits des personnes avec les autres exigences de la vie sociale'. C'est pourquoi, face à une société qui risque d'être de plus en plus dépersonnalisante et anonyme, et donc inhumaine et déshumanisante, avec les conséquences négatives de tant de formes d'« évasion » — telles que l'alcoolisme, la drogue ou même le terrorisme —, la famille possède et irradie encore aujourd'hui des énergies extraordinaires capables d'arracher l'homme à l'anonymat, de l'éveiller à la conscience de sa dignité personnelle, de la revêtir d'une profonde humanité et de l'introduire activement avec son unicité et sa singularité dans le tissu de la société » (Nos 42-43).

Pour ces motifs je fais un appel chaleureux à tous ceux qui tiennent au bien de la famille pour qu'ils ne négligent rien qui puisse conserver l'identité naturelle de la famille et redécouvrir cet appel chrétien à rester toujours une « église domestique », mère et éducatrice des générations futures.

À l'occasion de la rencontre d'aujourd'hui, ma pensée se tourne d'une façon particulière vers la jeunesse, cette génération de ceux qui d'ici quelques années auront à prendre la responsabilité de la vie religieuse et polonaise de nos collectivités.

Mes chers amis, je me tourne vers vous pour vous faire part des désirs de mon coeur.

Il y a plusieurs années, au terme de ma visite pastorale en ce pays, j'ai adressé une lettre spéciale à ceux qui, à l'époque, constituaient la jeunesse. J'ai l'impression que les pensées essentielles de ma lettre restent toujours valables. Voyez-y aujourd'hui les pensées du Pape. Posez-vous cette question centrale : « Qui êtes-vous ? »

Je sais que la majorité d'entre vous sont nés sur ce sol, que vous appartenez à la deuxième, voire à la troisième génération de Polonais en ce pays, et pourtant la tradition, l'art, la danse, la chanson, la langue polonaises vivent et sont pour vous importants. Même si pour le plus grand nombre d'entre vous la langue que je vous parle en ce moment est beaucoup mieux connue que le polonais. Vous découvrez votre caractère polonais, qui vit encore au plus profond de vos âmes jeunes et sensibles. Cela signifie que l'héritage de vos pères se trouve gravé dans vos coeurs d'une façon réelle, indélible.

Vous êtes des enfants des Polonais!

Vous êtes vous mêmes si vous réagissez comme vos parents, en tant que polonais: Canadiens d'origine polonaise. La nature d'une appartenance fondée sur la citoyenneté et celle qui tire son origine d'une identité nationale sont de deux ordres différents. La première a un caractère plus externe; la seconde, un caractère plus interne. Il faut, pour se réaliser soi-même, cultiver ces deux ordres (*Lettre à la jeunesse,* 15 sept. 1969).

Être soi-même! À quel point il est important pour l'homme contemporain, et surtout pour la jeunesse qui, au milieu de tant de difficultés, cherche le moyen d'affirmer et d'exprimer son authenticité. Je souhaite donc que vous restiez vous-mêmes et particulièrement que vous sachiez découvrir et manifester vos origines polonaises, cet héritage spécial d'appartenance à la nation polonaise, transmis par vos parents. Que vous soyez vous-même et de cette conscience vous allez tirer des conclusions appropriées. Il faut que ces conclusions soient élaborées en collaboration avec les personnes plus âgées qui travaillent pour maintenir et approfondir leurs racines polonaises et qui, avec tous les croyants, forment l'Église une, sainte, catholique et apostolique. Jeunes, je vous souhaite de toujours chercher assidûment Dieu et de vivre en Lui, découvrant ainsi la vraie beauté du monde et le sens profond de votre humanité. Sachez découvrir votre vraie vocation, celle que Dieu a gravée dans vos coeurs, et par cette découverte, tâchez d'apporter le plus possible à la vie du pays qui a si généreusement accueilli vos parents. Soyez attentifs à ne jamais appauvrir cet héritage, préservé par les générations du passé. Ne décevez pas les espoirs déposés en vous. N'appauvrissez pas ce patrimoine conservé pour vous grâce aux efforts des générations antérieures. Ne trahissez pas les espoirs qu'ils ont placés en vous.

Je désire encore m'adresser aux frères et soeurs venus au Canada au cours des dernières années ou des derniers mois et que l'on désigne sous le nom de « nouvelle immigration ».

L'Église et la communauté internationale respectent le principe selon lequel « l'homme a le droit de quitter son pays d'origine pour divers motifs — comme aussi d'y retourner — et de chercher de meilleures conditions de vie dans un autre pays » (*Laborem Exercens*, no 23).

Vous qui êtes venus récemment au Canada avec l'intention de vous y établir ou pour y vivre un certain temps, vous entrez dans la vie canadienne, société qui peut vous impressionner par son développement matériel, par son organisation, sa richesse et son dynamisme. Bien souvent le nouveau-venu peut avoir l'impression d'être inférieur et dépendant. Il peut en ressentir un intense mécontentement et avoir des réactions excessives. Il peut en particulier succomber à la fascination aveugle, avoir une certaine honte de ses origines, nier son héritage dans lequel il a été éduqué, en pensant qu'il est trop modeste et pauvre en comparaison de la richesse qu'il rencontre. Il désire alors à tout prix s'élever au même niveau et le plus vite possible, particulièrement en acquérant des biens matériels.

Mes chers compatriotes, apprenez à évaluer à leur juste valeur ce qui vous entoure. Apprenez à apprécier les choses, à voir les différences, à choisir! Apprenez à respecter le bien qui est en vous et ne brisez pas les liens qui vous attachent à votre mère patrie. Apprenez à tirer profit de l'expérience des autres. Par dessus tout, sachez préserver le don de la foi et le lien vivant avec la grande famille des enfants de Dieu, l'Église du Christ.

J'ai confiance que durant cette difficile période d'intégration dans une nouvelle société vous trouverez assistance auprès de vos compatriotes qui vivent ici depuis longtemps. Je ne parle pas simplement de l'aide matérielle et technique, même si elle est nécessaire. Je veux parler d'un secours spirituel, vous permettant de surmonter la séparation, le sentiment de solitude, expérience insupportable pour beaucoup. Vous pouvez compter sur l'aide des paroisses et des organisations polonaises, et de chaque Polonais vivant au Canada.

Notre rencontre se tient le jour même où l'Église célèbre la fête de l'Exaltation de la Sainte Croix du Seigneur. « Dieu a tant aimé le monde qu'il a donné son Fils unique pour que tout homme qui croit en lui ne périsse pas ».

Le Christ a été soumis à la volonté de son Père et « il s'anéantit lui-même, prenant condition d'esclave et devenant semblable aux hommes… Il s'humilia plus encore, obéissant jusqu'à la mort et à la mort sur une croix! (*Ph* 2, 8-11).

Par la croix, autrefois symbole de la honte, l'être humain a été élevé; tout être humain, de tous les temps et de toutes les générations, chacun de nous. Chers frères et soeurs, par la Croix du Christ, vous avez retrouvé le premier amour du Père et la participation à sa Gloire. La Croix est pour nous symbole d'amour, de foi et d'espérance. Vous le chantiez souvent dans vos églises en Pologne : « La croix est souffrance, la croix est salut, la croix est école d'amour. Hâte-toi de prendre ta croix, quand la foudre s'approche, prends ta croix et tu seras soutenu et sauvé ».

Par le signe de la Croix, je vous bénis tous. Je prie Dieu que la Croix soit pour vous et pour vos enfants le salut et l'élévation de la personne humaine. Je vous demande de rester fidèles à l'engagement que vous avez pris lors de votre baptême. Il s'agit donc que l'homme ne soit pas perdu, absorbé sans limite par le monde et qu'il obtienne la vie éternelle.

L'amour éternel du Père s'est manifesté dans l'histoire de l'humanité par l'offrande de son Fils sur la Croix. Cet amour s'est rapproché de chacun d'entre nous par Marie, Mère du Christ, restée jusqu'à la fin auprès de la Croix. C'est au pied de la Croix qu'elle nous a été donnée comme mère par les mots adressés au « disciple que Jésus aimait » : « Voilà votre mère! » (*Jn* 19, 27). C'est pour cette raison que toute l'Église et nous tous constituons la génération actuelle des disciples et des témoins du Christ, nous tournons nos regards vers elle avec un amour spécial, avec reconnaissance et espoir. Tournez-vous vers elle, implorez son intercession. Personne mieux qu'elle ne saura vous introduire aux dimensions divines et humaines du mystère du salut, le mystère de la Croix. C'est en Marie que Dieu lui même nous a introduits aux profondeurs de ce mystère.

En cette fête de l'Exaltation de la Sainte Croix je vous confie tous à Marie, Mère du Christ, Mère de l'Église, Reine du monde et Reine de Pologne, à celle « qui défend Czestohowa et brille en Ostra Brama ».[1] Que son coeur maternel vous prenne chacun et tous, partout et toujours! Qu'elle nourrisse en vous cette « vie éternelle » qui nous a été donnée par le Père par l'oblation de son Fils sur la Croix.

1- Deux sanctuaires à la Vierge, chers à tous les Polonais.

7ᵉ JOUR

• TORONTO

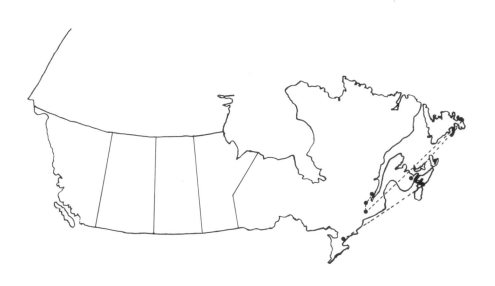

VISITE AU SANCTUAIRE (MALADES ET PERSONNES ÂGÉES)

HURONIE

Le 15 septembre 1984

Mes chers amis,

Je suis heureux d'être parmi vous ce matin en ce Sanctuaire des Martyrs, en Huronie. Ma visite pastorale au Canada aurait été incomplète si je n'avais pas rencontré *les malades et les personnes âgées,* qui sont si proches de mon coeur. Lorsque je pense à vous, je me souviens des paroles du Seigneur transmises par le prophète Isaïe: « Parce que tu comptes beaucoup à mes yeux, que tu as du prix et que, moi, je t'aime » (*Is* 43, 4). Certes, *vous comptez beaucoup aux yeux du Seigneur* et aux yeux du Pape. *Vous occupez dans l'Église une place d'honneur* car, d'une façon très particulière, vous prenez part au Mystère de la Croix du Christ, cette Croix qui, nous le savons par notre foi, est l'Arbre de la vie éternelle.

La maladie et la souffrance, la mort même, font partie du mystère de la vie. Mais même si elles restent un mystère, il ne faut pas qu'elles soient sans signification. Dans le Christ, par sa Passion et sa Résurrection, toute la création a trouvé sa Rédemption, et par là aussi toute l'expérience humaine. De fait, le Christ s'est servi, dans sa Passion, de la souffrance et de la mort pour exprimer en plénitude son Amour obéissant envers le Père. Et à présent, en union avec le Christ, *nos souffrances peuvent devenir un acte d'amour envers le Père,* un acte d'amour par lequel nous nous abandonnons à la providence de Dieu.

Les gens me disent souvent que leurs prières et leurs sacrifices, ils me les offrent et les font à mon intention. Je leur suis extrêmement reconnaissant pour ce geste de solidarité et de dévotion, et c'est avec humilité que je reçois la bonté et l'amour généreux de ceux et celles qui souffrent. Puissiez-vous ne jamais mettre en doute que l'acceptation volontaire de *vos souffrances en union avec le Christ a pour l'Église une très grande valeur.* Si le salut du monde peut être accompli par la souffrance et la mort de Jésus, nous savons que les malades et les personnes âgées, tous ceux et celles qui sont cloués à leur lit d'hôpital, les invalides en chaise roulante et tous ceux qui partagent la plénitude de la Croix de notre Sauveur, apportent une contribution importante à la mission de l'Église. Comme saint Paul le disait en parlant de ses propres souffrances: « Je complète en ma chair ce qui manque aux épreuves du Christ » (*Col* 1, 24).

Les paroles de saint Paul sont encore plus vraies des martyrs que nous honorons en ce Sanctuaire, car ces martyrs ont accepté avec joie leur ssouffrances, la mort même, pour l'amour de notre Seigneur Jésus Christ. En donnant leur sang, ils se sont faits les témoins de la grâce toute puissante de Dieu, qui s'exprime même dans notre faiblesse humaine. Par leurs prières et leur exemple courageux, ils sont pour nous force et inspiration pour nos vies.

S'adressant jadis à une foule imposante, Jésus avait dit: « Venez à moi, vous tous qui peinez et ployez sous le fardeau, et moi, je vous soulagerai. Chargez-vous de mon joug et mettez-vous à mon école, car je suis doux et humble de coeur, et vous trouverez soulagement pour vos âmes (*Mt* 11, 28-29). Ces paroles nous sont destinées à tous, mais elles ont une signification toute particulière pour les malades et les personnes âgées, pour tous ceux et celles qui se sentent « ployer sous le fardeau ». Nous accueillons cette promesse de Jésus que nos âmes trouveront soulagement — non pas nos corps mais nos âmes. Jésus ne nous promet pas de nous débarrasser de toutes les souffrances physiques que nous éprouvons pendant notre vie, pendant notre pèlerinage terrestre, mais il *promet de réconforter notre esprit,* d'élever nos coeurs, *d'apporter un soulagement à nos âmes.* Venez donc au Seigneur, avec votre lassitude et votre douleur, avec votre joug et vos peines, et « vous trouverez soulagement pour vos âmes ». Jésus est en effet le Bon Pasteur, le Berger qui conduit ses brebis aux verts pâturages de la consolation, à l'eau réconfortante de la paix.

Tout comme je sais que vous priez pour moi, je tiens également à ce que vous sachiez que je prie pour vous. Je prie pour que vous ayez la force spirituelle d'accepter vos pénibles croix sans perdre courage. Mes chers frères et mes chères soeurs, que le Seigneur Jésus réconforte votre foi et votre espérance, et qu'il comble vos coeurs de paix et de joie.

CÉLÉBRATION DE LA PAROLE/
SUR LES TERRAINS DU SANCTUAIRE

HURONIE

Le 15 septembre 1984

Chers frères et soeurs en Jésus Christ

Chay! C'est avec cette expression traditionnelle de bienvenue des Hurons que je vous salue. Et *je vous salue également au nom de Jésus Christ* qui vous aime et qui vous a appelés, vous qui êtes « de race, langue, peuple et nation (*Ap*, 5, 9) pour n'être qu'un en son Corps qui est l'Église. En vérité, les Canadiens sont un peuple de bien des races et de bien des langues, et c'est donc pour moi une grande joie de prier avec vous en ce saint lieu, *le Sanctuaire des Martyrs,* qui s'élève comme un *symbole de l'unité de la foi dans une diversité de cultures.* Je salue ceux et celles d'entre vous qui sont venus du Grand Nord et des régions rurales de l'Ontario, comme je salue ceux et celles qui sont venus des villes du Sud, de l'extérieur de l'Ontario et même des États-Unis. Et je salue d'une façon toute particulière les peuples autochtones du Canada, les descendants des premiers habitants de cette terre, les Amérindiens.

Nous sommes réunis à Midland, un lieu qui occupe une place importante dans l'histoire du Canada et dans celle de l'Église. C'est ici que se trouvait jadis le Sanctuaire de Sainte-Marie que l'un de mes prédécesseurs, le Pape Urbain VIII, avait désigné en 1644 comme lieu de pèlerinage, le premier du genre en Amérique du Nord. C'est ici que les premiers chrétiens de la Huronie purent trouver une « maison de prière et un foyer de paix ». Et c'est ici que s'élève aujourd'hui le *Sanctuaire des Martyrs, un symbole d'espérance et de foi, un symbole du Triomphe de la Croix.* La lecture de l'épître de saint Paul aux Romains, que nous venons d'entendre, nous aide à comprendre la signification de ce saint lieu et aussi à découvrir ce qui donna aux Martyrs le courage de faire le sacrifice de leur vie sur ces terres. Elle nous aide à comprendre la force mystérieuse qui a attiré les peuples autochtones vers la foi. Cette puissance était « l'amour de Dieu manifestée dans le Christ Jésus notre Seigneur » (*Rm* 8, 39).

Saint Paul nous dit également la profondeur de sa foi en *l'amour du Christ* et en sa *puissance qui permet de surmonter tous les obstacles*. « Qui nous séparera de l'amour du Christ? » (*Rm* 8, 35). Ces paroles lui viennent du plus profond de son être, du plus profond de son expérience personnelle d'apôtre. Ce grand missionnaire avait en effet connu bien des épreuves et des difficultés lorsqu'il proclamait avec zèle l'Évangile. Aux Corinthiens, il écrivait ceci: « Dangers des rivières, dangers des brigands, dangers de mes compatriotes, dangers des païens, dangers de la ville, dangers du désert, dangers de la mer, dangers des faux frères. Labeur et fatigue, veilles fréquentes, faim et soif, jeûnes répétés, froid et nudité! Et sans parler du reste, mon obsession quotidienne, le souci de toutes les Églises! » (*2 Co* 11, 26-28).

Et pourtant, Paul tire gloire de ces épreuves et dit, en parlant d'elles: « Mais en tout cela nous n'avons aucune peine à triompher par celui qui nous a aimés » (*Rm* 8, 37). Toutes ces épreuves, il les subit avec joie dans sa certitude d'être aimé du Christ, dans sa conviction que rien ne pourra jamais le séparer de cet amour.

Une même *confiance en l'amour de Dieu a guidé la vie des Martyrs* qui sont honorés en ce Sanctuaire. À l'instar de Paul, ils en sont eux aussi venus à considérer l'amour du Christ comme le plus grand des trésors. Eux aussi avaient la conviction que l'amour du Christ était tellement fort que rien ne pouvait les séparer de lui, pas même les persécutions ou la mort. Les Martyrs d'Amérique du Nord ont ainsi donné leur vie pour l'amour de l'Évangile — afin d'*apporter la foi au peuple autochtone qu'ils servaient*. De fait, on dit que leur foi était si forte qu'ils aspiraient, dans leurs prières, à la grâce du martyre. Évoquons quelques instants ces saints héroïques que nous honorons en ce lieu et qui nous ont transmis un précieux patrimoine.

Six d'entre eux étaient des prêtres jésuites venus de France. Jean de Brébeuf, Isaac Jogues, Gabriel Lalemant, Antoine Daniel, Charles Garnier et Noël Chabanel. Brûlant de l'amour du Christ et inspirés par saint Ignace de Loyola, saint François-Xavier et d'autres saints de la Société de Jésus, ces prêtres sont venus au Nouveau Monde *pour proclamer l'Évangile de Jésus Christ aux peuples autochtones de cette contrée.* Et jusqu'au bout, ils persévérèrent, malgré les embûches de toutes sortes.

Deux frères laïcs faisaient partie du groupe missionnaire: René Goupil et Jean de la Lande. Avec autant de courage et ferveur, ils aidèrent les prêtres dans leur labeur, manifestant *envers les Indiens une grande compassion et un non moins grand intérêt*; ils donnèrent leur vie et gagnèrent ainsi la couronne du martyre.

Et en sacrifiant leur vie, ces missionnaires espéraient qu'un jour le peuple autochtone arriverait à une pleine maturité et aux plus hauts offices dans leur propre Église. Saint Jean de Brébeuf rêvait d'une Église qui fût à la fois entièrement catholique et entièrement huronne.

Une jeune femme d'ascendance algonquine et mohawk mérite également aujourd'hui une mention toute particulière: la bienheureuse Kateri Tekakwitha. Qui ne connaît le témoignage exceptionnel rendu par la pureté et la sainteté de sa vie? J'eus moi-même la joie, il y a quatre ans, de béatifier cette femme courageuse et remplie de foi que beaucoup appellent le « Lys des Mohawks ». À ceux et celles qui sont venus à Rome pour sa béatification, je disais ceci: « La bienheureuse Kateri se révèle à nous comme un symbole des plus nobles traits du patrimoine qui est le vôtre, vous les Indiens d'Amérique du Nord » (24 juin 1980).

Nous sommes réunis pour la prière, aujourd'hui, au Sanctuaire des Martyrs, et nous nous souvenons des *nombreux efforts de l'Église* qui, depuis trois siècles et demi, a voulu *introduire l'Évangile du Christ dans la vie des peuples autochtones d'Amérique du Nord.* Les martyrs que nous honorons ici ne sont que quelques-uns des représentants de la foule d'hommes et de femmes qui ont participé à ce grand effort missionnaire. Nous souhaitons rendre hommage, également, à tous ceux et celles qui ont avec joie embrassé la foi chrétienne, comme la bienheureuse Kateri, et qui sont restés fidèles malgré nombre d'épreuves et d'embûches. Joseph Chiwatenwa, son épouse Aonnetta, son frère Joseph et d'autres membres de cette famille, qui ont vécu et se sont faits les témoins de leur foi avec héroïsme, occupent une place importante au sein de l'Église de la Huronie. Leur fidélité était aussi un témoignage à cette Vérité que proclamait l'Apôtre Paul: « Rien ne pourra jamais nous séparer de l'amour du Christ. » Une statue a été érigée pour commémorer la vie et la mission de Joseph Chiwatenwa. Le témoignage de saint Charles Garnier, qui figure sur le socle, est particulièrement éloquent: « En ce Chrétien nous avons mis notre espérance, après Dieu. » Ces hommes et ces femmes n'ont pas seulement fait profession de leur foi et embrassé l'amour du Christ, ils sont devenus à leur tour des évangélisateurs et, encore aujourd'hui, ils sont pour le ministère laïc un éloquent modèle.

Nous voulons aussi rappeler comment les *nobles traditions des tribus indiennes se trouvèrent renforcées et enrichies par le message de l'Évangile*. Ces nouveaux chrétiens savaient d'instinct que l'Évangile, loin de détruire leurs valeurs et leurs coutumes traditionnelles, avait le pouvoir de purifier et d'élever le patrimoine culturel qu'ils avaient reçu. Pendant sa longue histoire, l'Église elle-même a sans cesse été enrichie de nouvelles traditions qui viennent s'ajouter à sa vie et à son héritage.

Nous disons aujourd'hui notre reconnaissance aux peuples autochtones pour le rôle qu'ils jouent, non seulement dans la trame multiculturelle de la société canadienne, mais aussi dans la vie de l'Église catholique. Le Christ lui-même est incarné en son Corps, l'Église. Et par ses oeuvres, l'Église désire aider tous les peuples « à faire ressortir de leurs propres traditions vécues une expression originale de la vie, de la célébration et de la pensée chrétiennes » (*Catechesi Tradendae*. 53).

Ainsi, la vraie foi s'exprime de différentes manières. Il ne saurait être question d'affaiblir la Parole de Dieu ou de dépouiller la Croix de sa puissance, mais, bien au contraire, de placer le Christ au centre même de toute culture. Dès lors, non seulement le Christianisme est-il très valable pour les peuples indiens, mais *le Christ, par les membres de son Corps, est lui-même indien.*

Et la renaissance de la culture indienne sera la renaissance des vraies valeurs dont elle a hérité et qu'elle a préservées, et qui se trouvent purifiées et ennoblies par la Révélation de Jésus Christ. Par son Évangile, le *Christ confirme les peuples autochtones* dans leur foi en Dieu, dans l'attention à sa présence, en particulier au coeur des éléments de la création, dans leur dépendance à son endroit, dans leur désir de l'adorer, dans leur gratitude pour le don de la terre, dans le souci qu'ils portent à notre planète, dans la révérence même dont ils entourent toutes ces grandes oeuvres, dans le respect enfin qu'ils vouent à leurs aînés. Le monde a besoin que ces valeurs — et tant d'autres encore que possèdent les amérindiens — soient perpétuées dans la vie de la collectivité et incarnées dans un peuple tout entier.

Finalement, c'est dans *le Sacrifice Eucharistique* que le Christ, uni à ses membres, offre à son Père tout ce qui constitue leurs vies et leurs cultures. Dans ce Sacrifice, il fusionne tout son peuple dans l'unité de son Église et en appelle à nous tous pour que nous fassions oeuvre de réconciliation et de paix.

À l'instar du bon samaritain, nous sommes appelés à panser les plaies de notre prochain dans le besoin. Nous devons affirmer, comme saint Paul: « Car c'était Dieu qui, dans le Christ, se réconciliait le monde, ne tenant plus compte des fautes des hommes, et mettant sur nos lèvres la parole de la réconciliation » (*2 Co* 5, 18). Voici en vérité pour les Canadiens l'heure de guérir toutes les divisions qui se sont faites au cours des siècles entre les peuples aborigènes et les nouveaux arrivés sur ce continent. C'est un défi qui s'adresse à tous, individus et groupes, Églises et communautés ecclésiales, partout au Canada. Encore une fois, comme le disait saint Paul: « Le voici maintenant le temps favorable, le voici maintenant le jour du salut » (*2 Co* 6, 2).

Chers frères et soeurs en Jésus Christ, ce Sanctuaire des Martyrs de la Huronie témoigne du riche patrimoine qui a été confié à toute l'église. Dès maintenant, c'est également un lieu de pèlerinage et de prière, *un monument aux bénédictions passées de Dieu, une inspiration pour nous qui regardons l'avenir.* Louons donc le Seigneur de sa providentielle attention, louons le Seigneur de tout ce dont nous avons hérité des époques passées.

Avançons maintenant et recommandons à l'intercession des Martyrs d'Amérique du Nord, de la bienheureuse Kateri Tekakwitha, de saint Joseph, saint patron du Canada, et de tous les saints, ainsi qu'à Marie, la Reine des Saints. Et, en union avec toute l'Église — dans la richesse de sa diversité et la puissance de son unité — proclamons tous par le témoignage de nos propres vies que « ni mort, ni vie… ni aucune créature ne pourra nous séparer de l'amour de Dieu manifesté dans le Christ Jésus notre Seigneur » (*Ro* 8, 38-39).

HOMÉLIE

TORONTO

Le 15 septembre 1984

« La Sagesse fait son propre éloge, au milieu de son peuple elle montre sa fierté. Je suis issue de la bouche du Très Haut, et comme une vapeur j'ai couvert la terre » (*Si* 24, I-3).

Chers frères et soeurs en Jésus Christ,

La fête d'aujourd'hui nous trouve réunis en cette ville de Toronto, avec le Cardinal Carter, monseigneur Borecky et les autres évêques, afin de proclamer la Sagesse éternelle de Dieu. Les lectures liturgiques de la messe nous guident dans notre louange de cette Sagesse éternelle.

La commémoration de Marie en tant que *Notre Dame des Douleurs* est liée à la fête, hier, du *Triomphe de la Sainte Croix*. Le mystère de la Croix au Golgotha et le mystère de la croix au coeur de la mère du Crucifié ne se prêtent à aucune autre interprétation : ce mystère ne peut être proposé à notre foi *que dans la perspective de la Sagesse éternelle*. De fait, elle devient comme le rayon d'une lumière très spéciale dans l'histoire humaine, un faisceau dirigé sur la destinée humaine. Cette lumière émane, tout d'abord, du *Corps du Christ* élevé sur la Croix. Cette lumière, réfléchie par le pouvoir d'un amour privilégié, s'embrase dans le *coeur de la Mère des douleurs*, au pied de la Croix.

Car Sagesse signifie également amour. C'est dans *l'amour* que réside le fruit succulent de la *sagesse* et qu'elle trouve, en même temps, sa principale *source*.

En Jésus Christ crucifié, l'homme a *reçu en partage la Sagesse éternelle*, l'approchant par l'intermédiaire du coeur de la Mère qui se tenait au pied de la croix: «Près de la croix de Jésus se tenait sa Mère, la soeur de sa Mère, Marie, femme de Cléopas, et Marie de Magdala» (*Jn* 19, 25).

Aujourd'hui — peut-être plus encore que dans la fête du Triomphe de la Sainte Croix, hier — la liturgie souligne *l'aspect «humain»*. Cela n'a rien d'inattendu car s'y reflète le coeur humain de Marie et, à côté de la Mère, se trouve le coeur humain du Fils, qui est Dieu et homme.

Dans la lettre aux Hébreux nous trouvons les mots suivants concernant le Christ: «Aux jours de sa chair, ayant présenté, *avec une violente clameur et des larmes,* des implorations et des supplications à celui qui pouvait le sauver de la mort» (*Hé* 5, 7). Cela n'évoque-t-il pas la *prière de Gethsémani*, lorsque Jésus implorait que la coupe passe loin de Lui, si possible! (cf. *Mt* 26, 39).

Chers frères et soeurs, le Christ que nous rencontrons dans notre liturgie, au côté de sa propre Mère, la Mère des douleurs, le Christ qui offre ses «implorations et supplications, avec clameur et des larmes», le fait en tant que *chef de l'humanité* — une humanité largement *submergée dans les promesses et les problèmes de la technologie et tentée d'embrasser une mentalité technologique.* Le Christ continue d'adresser à son Père sa supplique pour le salut du monde, pour l'édification d'une terre nouvelle, une terre qui soit plus humaine parce que touchée par l'amour d'une mère — sa Mère et la nôtre.

Dans cette même lettre aux Hébreux nous lisons: «Tout Fils qu'Il était, *Il apprit à obéir par la souffrance*» (*Hé* 5, 8). Ailleurs, saint Paul dira: Il devint «obéissant jusqu'à la mort» (*Phil* 2, 8), mais ici nous lisons: «Il apprit à obéir».

Unie à Lui, unie au Fils, *sa Mère apprit l'obéissance* — elle qui avait auparavant dit «Fiat»: «Je suis la servante du Seigneur; qu'il m'advienne selon ta parole» (*Lc* 1, 38).

Ce cri venu du coeur du Fils et du coeur de la Mère — un cri qui, du point de vue humain, voudrait rejeter la Croix — est exprimé encore mieux dans le psaume de la liturgie d'aujourd'hui. Ce psaume est une *demande de salut, de secours*, de délivrance des griffes du mal:

« « En toi, Seigneur, j'ai mon abri.
Sur moi pas de honte à jamais!
En ta justice, affranchis-moi, délivre-moi,
…hâte-toi.
Sois pour moi un roc de force,
Une maison fortifiée qui me sauve;
car mon rocher, mon rempart, c'est toi.
Tire-moi du filet qu'on m'a tendu…
délivre-moi des mains hostiles qui s'acharnent. »

(Ps 30 (31), 1-3, 5, 16).

Puisque ces mots du psaume reflètent la *vérité « humaine » des coeurs du Fils et de la Mère,* ils expriment également un *acte de confiance absolu en Dieu* — le don total à Dieu. Ce dévouement est encore plus fort que la demande de libération.

« En tes mains je remets mon esprit,
C'est Toi qui me rachètes, Seigneur.
Et moi, je m'assure en toi, Seigneur,
Je dis: « C'est toi mon Dieu! » *(Ps* 30 (31), 5, 15).

Cette conscience — « C'est Toi mon Dieu, je remets mon esprit en tes mains » — prévaut absolument dans le coeur du Fils élevé sur la Croix, et dans le *coeur de la Mère* humainement vidé par la crucifixion du Fils.

Nous lisons dans la lettre aux Hébreux: « Ayant été exaucé en raison de sa piété… après avoir été rendu parfait, *Il est devenu pour tous ceux qui lui obéissent principe de salut éternel » (Hé* 5, 7-9).

C'est en cela que consiste le mystère du Triomphe de la croix, sur lequel nous avons médité hier avec toute l'Église.

La Sagesse éternelle a embrassé tout ce que contient la Croix du Christ.

« Je suis issu de la bouche du Très Haut et comme une vapeur j'ai couvert la terre » *(Si* 24, 3).

Il en est ainsi: la *terre* entière a été *couverte* du mystère de la Sagesse éternelle, dont le nom véritable est Amour. « Dieu a tant aimé le monde qu'il a donné son Fils unique » *(Jn* 3, 16).

Et voyez — au centre même de ce « *don de soi* » *par amour,* du haut de la Croix sur laquelle le Fils atteint l'union complète avec le Père, et le Père avec le Fils — *les mots retentissent* qui confirment la présence de sa Mère et la part spéciale au mystère de la Sagesse éternelle qui lui est dévolue. Jésus dit: « Femme, voici ton fils! » À côté de Marie, au pied de la croix, se tenait Jean, le disciple que Jésus aimait (cf. *Jn* 19, 26). Et il dit à Jean: « Voici ta Mère! »

Ces mots furent rédigés par Jean lui-même, en tant qu'évangéliste. Et il ajoute: « À partir de cette heure, le disciple la prit chez lui » (*Jn* 19, 27).

La Sagesse éternelle a paru dans le monde et s'exprima *dans le Fils* qui devint homme et qui naquit de la Vierge Marie.

Ainsi, la Sagesse éternelle couvrit également, dès le début, Marie, lorsqu'elle assigna au Fils son lieu de résidence sur terre: « Installe-toi en Jacob, entre dans l'héritage d'Israël » (*Si* 24, 13). Car elle est la fille d'Israël; elle est de la lignée de Jacob. Elle est la *Mère du Messie!* »

De quelle façon merveilleuse les mots du livre de Sirach s'accomplissent-ils en Marie — vierge inconnue et cachée de Nazareth: « Avant les siècles, *dès le commencement, il m'a créée, éternellement je subsisterai* » (*Si* 24, 9). Toi, Fille bien aimée de Dieu Notre Père — tu as été véritablement choisie *de toute éternité* par la Sagesse divine, puisque de toute éternité, par cette Sagesse, *son Fils nous a été donné.*

Toi, bien aimée Mère du Fils de Dieu!
Toi, Épouse virginale du Saint Esprit!
Toi qui règnes dans le Tabernacle de la Très Sainte Trinité!

En vérité, *tu ne cesseras jamais d'être au coeur du plan divin.*

Ce que la Sagesse proclame, plus loin dans le livre de Sirach, est également vrai: « Dans la tente sainte, en sa présence, j'ai officié; c'est ainsi qu'en Sion je me suis établie, et que dans la cité bien-aimée j'ai trouvé mon repos, qu'en Jérusalem j'exerce mon pouvoir » (*Si* 24, 10-11).

La Sagesse éternelle a été cause de tout. Et, quand vint le temps, la Sagesse éternelle l'a rendu invisible, au point que le vide emplit le coeur du Christ sur la croix. Mais là même — au pied de la Croix — la Sagesse éternelle révélée à la fois *le service* et *le pouvoir* de Marie! Elle le fit avec ces mots: « Voici ta Mère! »

Le seul à entendre ces mots fut Jean, mais à travers lui, tout le monde les entend — *tous* et *chacun* de nous.

Mère, ceci est ton service, *ton saint service!*
Mère, ceci est *ton pouvoir!*

Par le moyen de ce service saint, saint entre tous, par ce pouvoir maternel tu « as pris racine chez un peuple plein de gloire, dans le domaine du Seigneur, en son patrimoine » (*Si* 24, 12).

Tous, nous désirons t'avoir pour mère, car c'est avec ce titre que le Christ élevé sur la Croix t'a laissée à nous. Et cet acte, de sa part, était le fruit de la Sagesse éternelle. Tous, nous *désirons ton service maternel*, qui gagne les coeurs, et nous souhaitons vivement ce pouvoir qu'est le service maternel issu du mystère entier du Christ.

Le titre de *Mère des douleurs*, tout comme celui de *Alma Socia Christi*, signifie précisément cela, car tu as été associée au Christ dans tout son mystère, que la Sagesse éternelle révèle et dans lequel nous désirons entrer toujours plus profondément: « Ceux qui me mangent auront encore faim, ceux qui me boivent auront encore soif » (*Si* 24, 21).

Chers frères et soeurs, à travers la liturgie d'aujourd'hui, *la prière et les supplications du Christ et l'amour de sa Mère sont offerts à tous ceux et celles qui ressentent les souffrances et les défis de ce monde technologique:*

— à tous ceux d'entre vous qui, dans votre diversité ethnique, composez le tissu de cette grande ville, s'efforçant de rester fidèles à leurs origines, tout en travaillant de concert à exprimer leur nouvelle unité morale au sein du Canada.

— à tous ceux d'entre vous qui vivez à Toronto, ce foyer de développement industriel et technologique au Canada.

— à tous ceux qui, d'une façon ou d'une autre, composent la société technologique: travailleurs de l'industrie; ceux qui sont engagés dans les activités de la finance, du commerce, de l'éducation, de l'édition, de l'informatique, de la recherche médicale, des arts; animateurs de communautés; ceux et celles qui emploient, directement ou indirectement des millions de personnes.

— aux chômeurs et à tous ceux d'entre vous qui sont victimes de la crise économique et qui en subissent les conséquences sociales.

— aux pauvres, à ceux qui souffrent d'aliénation et à tous ceux qui ont faim et soif de solidarité.

La prière du Christ s'adresse à vous tous qui vivez d'espoir, à côté d'une Croix qui s'élève dans le ciel et illumine l'existence quotidienne avec l'éclat de la Sagesse éternelle. Et à vos côtés, sous cette croix, se tient cette Mère aimante qui a connu le chagrin, qui comprend la douleur et qui, dans sa maternité et sa féminité, apporte à toute l'humanité *l'assurance de l'amour maternel et de l'attention personnelle*, pour chaque individu, chaque personne humaine.

Et aujourd'hui j'en appelle à vous tous *de considérer la technologie dans le contexte du message de la Croix* et de faire votre part afin que ce pouvoir technologique serve la cause de l'espoir. La technologie a tant contribué au bien-être de l'humanité; elle a tant fait pour améliorer la condition humaine, servir l'humanité et faciliter son labeur. Pourtant, à certains moments, la technologie ne sait plus vraiment où se situe son allégeance: est-elle *pour l'humanité* ou *contre elle*. Cette même technologie qui pourrait aider les pauvres contribue parfois elle-même à la pauvreté, réduit les possibilités de travailler et étouffe le potentiel de la créativité humaine. Dans tous ces cas, et dans d'autres, la technologie cesse d'être l'alliée de la personne humaine.

Pour cette raison, mon appel s'adresse à tous les intéressés: à vous, les dirigeants syndicaux; à vous, les dirigeants patronaux; à vous, les scientifiques, à vous, les responsables politiques; à quiconque peut apporter une contribution pour que la technologie qui a tant fait pour édifier Toronto et tout le Canada serve véritablement chaque homme, chaque femme et chaque enfant de ce pays.

À l'heure de son triomphe ultime, la technologie puisse-t-elle nous conduire à proclamer la *suprématie de cette Sagesse divine* qui rend possible la technologie mais qui, du haut de la Croix du Christ, nous en révèle les limites mêmes. Et, du haut de la Croix du Christ, la Sagesse Divine projette la vision d'un monde nouveau, d'un monde que toute technologie est tenue de servir : *le monde qu'étreint l'amour d'une Mère*. Aujourd'hui, nous adressons notre prière à cette Mère :

Guide-nous vers le Christ, ô Marie.

Sois pour nous l'étoile du matin qui brille au firmament de la Sagesse éternelle, par-dessus l'horizon de notre monde humain. Amen.

RENCONTRE AVEC LA COMMUNAUTÉ SLOVAQUE DE RITE BYZANTIN

UNIONVILLE (TORONTO)

Le 15 septembre 1984

Chers frères et soeurs en Jésus Christ,

Dans la joie du Sauveur ressuscité, je salue la communauté slovaque de rite byzantin de l'éparchie des saints Cyrille et Méthode de Toronto. J'offre également mon salut fraternel aux pouvoirs ecclésiastiques et civils qui nous honorent de leur présence, ici, ce soir. Je suis très heureux d'être parmi vous pour *bénir la pierre angulaire de la cathédrale de la Transfiguration* et de me joindre à vous pour louer et remercier Dieu des merveilles qu'il a accomplies parmi vous.

La merveilleuse *providence de Dieu* a été en effet avec vous sur cette terre, vous *protégeant et dirigeant vos vies* depuis que vous y êtes arrivés comme immigrants. Parmi les nombreux signes de cette attention providentielle, souvenons-nous comment, il y a vingt ans, en 1964, vous avez reçu votre propre évêque de rite byzantin. Plus tard, en 1981, fut créée l'éparchie des saints Cyrille et Méthode. Et aujourd'hui, avec la bénédiction de cette nouvelle cathédrale, nous sommes témoins d'un nouveau signe de la main de Dieu qui, chaque jour, dirige votre destinée et veille sur vous. La même providence, qui a soutenu votre peuple au plus profond des grandes souffrances et des amères privations que l'Église a subies en Slovaquie, vous a rassemblés ici aujourd'hui.

Comme j'en ai l'espoir, je prie pour que l'éparchie des saints Cyrille et Méthode continue de croître ainsi et de prospérer, et qu'elle devienne, en Jésus Christ, *un outil d'évangélisation toujours plus effi-*

cace et un exemple de vie chrétienne authentique. Que le Seigneur hâte également l'avènement d'une période de paix et d'entière liberté pour l'Église sur votre terre originelle, de sorte que « votre joie soit parfaite » (cf. *Jn* 15, 11).

Deux événements historiques de 1980 sont tout particulièrement importants pour les Slovaques byzantins du Canada, et tous deux rendent spécialement hommage à la mémoire des *saints Cyrille et Méthode.* Le 13 octobre de cette même année, en effet, j'ai institué l'éparchie de Toronto, qui porte leurs noms et, le 31 décembre, j'ai déclaré ces deux *saints frères,* avec saint Benoît, patrons de toute l'Europe.

Saint Cyrille et saint Méthode sont considérés à juste titre comme *les apôtres des Slaves.* Animés d'un zèle missionnaire, ils quittèrent leur propre patrie pour commencer, en 863, à proclamer l'Évangile du Christ en Moravie et en Slovaquie. Pour pouvoir prêcher la foi au peuple, ils traduisirent en slavon les Évangiles et les ouvrages liturgiques. Ce faisant, ils couronnèrent un effort évangélisateur très fructueux. En outre, *ils jetèrent les bases du développement littéraire, religieux et social des Slaves.*

Ces grands saints missionnaires ont également laissé le souvenir de leur *engagement à l'unité de l'Église.* Ces prêtres fervents de rite byzantin menèrent à bien leur oeuvre pastorale en l'union avec l'Église de Constantinople, qui les avaient dépêchés, et en l'union avec l'Église de Rome, qui avait confirmé leur mission.

Onze siècles plus tard, nous nous souvenons encore avec beaucoup d'admiration et un profond sentiment de gratitude envers Dieu, des courageuses réalisations de Cyrille et de Méthode. L'ancienne langue slavonne de la liturgie sacrée du rite byzantin est le souvenir vivace de leur très grande influence au sein de l'Église. Les générations à venir n'oublieront jamais leur zèle à l'endroit de la Parole de Dieu, leur dévouement à la culture slave, leur amour pour la liturgie sacrée et leur attachement à la grande cause de l'unité. C'est pour ces raisons notamment que *les deux grands apôtres des Slaves nous inspirent aujourd'hui* et nous assistent de leurs prières.

C'est pour moi une très grande joie de bénir la pierre angulaire de *la nouvelle cathédrale de la Transfiguration.* Principale église de l'éparchie, cette cathédrale est *un symbole de la lumière de l'Évangile* que nous transmet l'enseignement de l'évêque. Elle est aussi *un symbole du patrimoine religieux du peuple slovaque*. C'est ici que la liturgie byzantine sera célébrée dans toute sa beauté solennelle; c'est ici que d'une façon toute particulière votre évêque proclamera l'Évangile et vous dispensera, à vous ainsi qu'à vos enfants et aux enfants de vos enfants, la doctrine authentique de l'Église.

Le nom de la nouvelle cathédrale attire notre attention sur Jésus Christ Notre Sauveur et sur ce moment historique où il donna à Pierre, à Jacques et à Jean, un aperçu de *la gloire qu'il partage avec le Père*. Cette révélation de Jésus en tant que Fils bien-aimé de Dieu confirma les Apôtres dans leur foi. Plus tard encore, elle les soutiendra pendant les heures sombres de la Passion de Jésus et dans ces instants où, eux aussi, allaient partager la Croix du Christ. Ainsi la Transfiguration, et cette cathédrale qui en porte le nom, ravivent chez nous l'espérance de participer au mystère, de pouvoir nous-mêmes être transfigurés par la grâce du Seigneur et, de cette façon, de partager sa gloire.

En cette occasion, nos pensées se tournent vers Paul VI, qui mourut le 6 août, le jour même où les rites byzantin et romain célèbrent le mystère de la Transfiguration. C'est Paul VI qui, en 1964, vous donna votre archevêque, monseigneur Rusnak. Et cette nouvelle cathédrale de la Transfiguraion est en partie attribuable à la sollicitude pastorale de tous les Slaves. En bénissant aujourd'hui cette pierre angulaire, *c'est l'Église de Rome qui réitère à votre peuple son amour et son attachement pastoral.*

J'aimerais maintenant faire d'une façon toute particulière l'*éloge de Monseigneur Borecky et de toute l'éparchie ukrainienne de Toronto* pour l'encouragement et l'appui fraternels qu'ils ont dispensés depuis des années aux Slovaques byzantins. Par le respect des traditions religieuses et culturelles différentes et leur zèle à leur venir en aide, ils ont énormément contribué à l'établissement de la nouvelle éparchie des saints Cyrille et Méthode. Leur collaboration a été un modèle d'harmonie et d'appui fraternels aux autres communautés.

Avant de conclure, je tiens à vous dire à quel point *votre dévotion à Marie, la Mère de Dieu*, me comble de bonheur. Cette dévotion est manifeste dans votre liturgie et elle ressort aussi de la publication intitulée « Maria », publication dans laquelle tous ceux qui sont loin de leur patrie peuvent trouver le réconfort, et qui encourage également une authentique dévotion à Marie. Puissiez-vous poursuivre cette noble entreprise et puisse Marie vous aider tout au long de votre chemin.

Chers frères et soeurs en Jésus Christ, allez toujours dans la lumière et la puissance du Seigneur ressuscité; soyez forts dans l'espérance et dans l'amour de Dieu et de votre prochain; persévérez dans vos nobles traditions slovaques et dans le précieux héritage de votre foi. « Que la grâce de notre Seigneur Jésus Christ soit avec vous tous » (*2 Th* 3, 17).

RENCONTRE AVEC LES LAÏCS

TORONTO

Le 15 septembre 1984

Chers frères et soeurs en Jésus Christ,

C'est une joie pour moi de me trouver au sein d'une assemblée aussi vaste et aussi enthousiaste *de laïcs* appartenant *à l'Église*. Réunis ce soir à Toronto, nous savons que Jésus Christ est présent parmi nous, car il a dit à ses disciples : « Que deux ou trois soient réunis en nom nom, je suis là au milieu d'eux » (*Mt* 18, 20). Je vous embrasse tous dans la charité du Christ et souhaite à travers vous, une fois de plus, saluer dans la prière tous les laïcs du Canada : les jeunes et les vieux, les malades et les bien portants, les handicapés, les pauvres et ceux qui le sont moins, tous ceux et celles qui, par leur baptême, sont mes frères et soeurs en Jésus Christ.

Je veux vous entretenir ce soir de la *dignité de votre état de laïcs,* et vous rappeler combien vous jouez un rôle important dans la vie et la mission de l'Église. Vous contribuez aussi bien à la sainteté de l'Église qu'à sa mission de salut dans le monde.

Votre dignité : — et la dignité de tous les fidèles — *est enracinée dans le sacrement du baptême.* Vous êtes incorporés par le baptême à Jésus Christ et à son Corps, l'Église. Ce grand sacrement qui purifie du péché originel fait de vous les fils et les filles de notre Père des Cieux et fait régner dans vos coeurs l'Esprit de vérité et d'amour. Par cet acte d'amour de Dieu, vous êtes devenus frères et soeurs en Jésus Christ, participant à son rôle sacerdotal, prophétique et royal. Ce même sacrement, qui a accompli tout cela en vous, vous fait *par-*

ticiper à la Rédemption et au Mystère Pascal de notre Seigneur Jésus Christ.

Saint Paul, dans l'Épître aux Romains, explique avec clairvoyance cet aspect du baptême: «Baptisés dans le Christ Jésus, c'est dans sa mort que tous nous avons été baptisés; nous avons donc été ensevelis avec lui par le baptême dans la mort, afin que, comme le Christ ressuscité des morts par la gloire du Père, nous vivions nous aussi dans une vie nouvelle» (Rm 6, 3-4). Le baptême nous met en contact avec la mort et la résurrection du Christ. Il nous ouvre la vie que le Christ nous a conquise par son Mystère Pascal.

Par le baptême nous commençons à vivre dans le Christ, et Il vit en nous. Pour expliquer cette union si profonde, si étroite et si vitale, saint Paul affirme simplement: «Pour moi, certes, la vie c'est le Christ» (Ph 1, 20). Telle est la signification et la réalité de notre baptême: la vie en Jésus Christ — une vie qui nous est donnée parce que le Christ est mort et ressuscité, et parce que nous avons pu participer à cette mort et à cette Résurrection du Seigneur. Mais parce que le Christ est mort, parce que c'est ainsi qu'Il est entré dans sa vie de gloire, nous aussi devons partager sa mort pour vivre la plénitude de sa vie.

Chers frères et soeurs, cette vie en Jésus Christ nous emmène sur le chemin de la foi — à travers les épreuves et les souffrances — jusqu'à la gloire de la résurrection et de la vie éternelle. C'est notre baptême qui nous introduit à la croix et à la plénitude de la vie dans le Christ. C'est le Christ lui-même qui nous dit: «Qui ne prend pas sa croix et ne vient pas à ma suite n'est pas digne de moi» (Mt 10, 38). Cette dimension également fait partie du baptême: avoir part à la mort et à la résurrection du Christ.

Le travail que le Saint Esprit inaugure en vous par le baptême, Il le perfectionne par la confirmation, vous appelant à partager toujours plus la Sainteté de Dieu. Ainsi que l'écrit saint Paul: «Ne savez-vous pas que votre corps est un temple du Saint Esprit, qui est en vous et que vous tenez de Dieu?» (1 Co 6, 19). Étant le temple de Dieu, vous recevez les dons particuliers du Saint Esprit: «Charité, joie, paix, longanimité, serviabilité, bonté, confiance dans les autres, douceur, maîtrise de soi» (Ga, 5, 22). vous ne devez plus être l'esclave

208

des passions terrestres. L'égoïsme et le péché ne doivent pas diriger votre vie, car la victoire que le Christ a remportée sur le péché et sur la mort s'étend maintenant sur vous. Vous avez la joie et la liberté d'être des enfants de Dieu, conduits par le Saint Esprit qui habite en vous.

Vous n'êtes pas exemptés pour autant de luttes contre le mal, mais vous avez reçu la promesse que la grâce de Dieu vous aidera à surmonter la tentation et le péché. Vous trouvez la force nécessaire à cette lutte dans le sacrement de la pénitence. C'est dans ce sacrement que votre coeur se purifie par le contact personnel avec le Dieu de sainteté; c'est par le pouvoir de ce sacrement que la sainteté se répand à travers tout le corps de l'Église.

Un temple est un lieu où l'on célèbre la louange à Dieu. En tant que temples de l'Esprit Saint, vous *les laïcs* au sein de l'Église, êtes *appelés à rendre un culte à Dieu*. Vous êtes consacrés pour rendre gloire et louange à Dieu. Cette responsabilité, vous vous en acquittez principalement par votre participation active à la célébration de l'Eucharistie. Le deuxième Concile du Vatican nous dit: « La liturgie est le sommet auquel tend l'action de l'Église, et elle est en même temps la source d'où découle tout sa vertu. Car les labeurs apostoliques visent à ce que tous, devenus enfants de Dieu par la foi et le baptême, se rassemblent, louent Dieu au milieu de l'Église, participent au sacrifice, et mangent la Cène du Seigneur (*Sacrosanctum Concilium*, 10).

Il est important de se rappeler que la vie liturgique de l'Église appartient à tous les fidèles. Vous, les laïcs, constituez une importante portion du peuple de Dieu. Il existe, bien sûr, des rôles différents, des mystères différents, mais chacun est appelé à *participer activement à la célébration communautaire de la Majesté de Dieu*. L'un des principaux bienfaits du Concile — inspirés par le besoin d'un renouveau liturgique — n'est pas seulement d'encourager les laïcs à assumer des rôles litugiques importants, mais également de les encourager à une participation communautaire. L'Église se réjouit de cette évolution qui a enrichi sa vie et donné davantage conscience aux laïcs de leur dignité chrétienne et de leur vocation à rendre hommage à Dieu, en union avec le Christ, par la sainteté de leur vie.

Dans le contexte de la sainte liturgie, je tiens à dire un mot sur la place particulière qu'occupe le dimanche dans le rythme hebdomadaire de la vie. Le dimanche est le *jour du Seigneur*, de façon très réelle, le jour où l'Église à travers le monde entier commémore la mort et la résurrection du Christ. L'Église, dès le début, a voulu sanctifier le jour du Seigneur en appelant tous les fidèles à se rassembler pour la célébration de l'Eucharistie. Nous avons tous besoin d'entendre régulièrement la Parole de Dieu et de recevoir l'enseignement de l'Église, de louer et de remercier Dieu, et d'être nourris du pain de la vie. Afin de nous imprégner plus facilement et plus complètement de l'esprit de fête qui préside au jour du Seigneur, nous devons l'observer, au meilleur de nos possibilités, comme jour de repos spécial.

La société dans son ensemble doit retrouver, redécouvrir, le *caractère sacré du dimanche*. Nous avons besoin d'un jour réservé, d'un jour consacré à nous réjouir de la bonté de Dieu, à adorer le Seigneur ensemble, un jour qui marque une pause dans le rythme effréné de la vie moderne. Oui, ce culte est une obligation pour le peuple de Dieu, mais il est par-dessus tout un *privilège immense* : pouvoir louer et remercier Dieu, en union avec Jésus Christ, son Fils, notre Seigneur.

Il y a beaucoup de choses que vous êtes appelés à faire en tant que chrétiens. À Halifax, j'ai parlé longuement des divers modes de participation, propres aux laïcs, à la mission de l'Église, j'ai évoqué votre rôle dans la construction du Corps du Christ par la justice et la sainteté de votre vie. Ici, ce soir, je voudrais aussi proposer ces observations à votre réflexion et à votre prière. Mais, avant tout, je désire attirer votre atttention sur cette grande vérité que tout ce que *vous faites* trouve son sens dans *ce que vous êtes*. Et c'est pourquoi je voudrais proclamer *la dignité qui est la vôtre* grâce au baptême et à la confirmation, la dignité qui est la vôtre parce que vous êtes enfants de Dieu, frères et soeurs du Christ, parce que la vie vous est donnée par la puissance de sa mort et de sa résurrection. Le Seigneur Jésus vit en vous, qui êtes laïcat catholique. Il prie en vous, agit par vous et vous fait partager la sainteté de Dieu. C'est là ce que voulait dire, il y a quinze siècles, mon prédécesseur Léon le Grand quand il s'écriait : « Reconnais, ô chrétien, ta dignité ! »

Ce don, il vous appartient de le protéger et de le sauvegarder en vous-même et de l'honorer dans les autres. Cette conscience de votre identité chrétienne — et donc de votre mission chrétienne — vous devez la transmettre fièrement à vos enfants. Votre dignité chrétienne doit vous être dite et redite par la *catéchèse*, car elle est *l'histoire de l'amour de Dieu* révélé en Jésus Christ et perpétué en son Église — perpétué en vous, qui êtes le peuple saint de Dieu.

Chers frères et soeurs, « La grâce du Seigneur Jésus soit avec vous. Mon amour est à vous tous, en Jésus-Christ ».

8e JOUR

- WINNIPEG
- EDMONTON

RENCONTRE AVEC LA COMMUNAUTÉ UKRAINIENNE

WINNIPEG

Le 16 septembre 1984

Mes très chers frères et soeurs,

C'est une très grande joie pour moi d'être parmi vous aujourd'hui, dans la cathédrale métropolitaine des saints Vladimir et Olga, à Winnipeg. Je vous salue, Monsieur l'Archevêque Hermaniuk, mes autres frères dans l'épiscopat et vous tous, ici assemblés au nom du Seigneur Jésus Christ. C'est avec joie aussi, que je constate la présence des représentants des éparchies d'Edmonton, de Toronto, de New-Westminster et de Saskatoon. J'aimerais transmettre, par votre intermédiaire, mes voeux les plus chaleureux à tous les fidèles de l'Église catholique ukrainienne de rite byzantin et à toute la population ukrainienne du Canada. Je vous aime comme un frère slave qui partage dans une large mesure votre tradition spirituelle et votre héritage. Je suis tout particulièrement heureux d'être avec vous, aujourd'hui, alors que nous approchons de la date solennelle où l'on célèbrera le premier millénaire du Christianisme en Ukraine. Je vous embrasse dans la charité du Christ et, par vous, tout le peuple de votre patrie, avec son histoire, sa culture et l'héroïsme dans lequel la foi y a été vécue. SLAVA ISYSY CHRISTY! (Loué soit Jésus Christ).

Les catholiques byzantins d'origine ukrainienne sont les héritiers *d'une grande tradition spirituelle* qui remonte mille ans dans l'histoire, à l'époque de sainte Olga et de son petit-fils saint Vladimir. Qui aurait pu savoir, alors, à quel point cette foi se développerait, en osmose avec votre culture, et à quel point son retentissement sur votre histoire serait important, en apportant à la vie de vos ancêtres la richesse de la Rédemption? On pourrait parler longuement de cette histoire qui, à l'occasion d'ailleurs, recoupa celle de ma propre patrie, mais le temps nous manque et je me contenterai de rappeler ici quelques grands événements de ce noble et difficile passé.

C'est la Providence divine qui, toujours et partout, régit les événements car Dieu est le Maître de l'histoire. *La Providence divine a guidé votre implantation au Canada, d'une façon bien spéciale.* L'Archéparchie de Winnipeg, qui n'est que le troisième siège métropolitain dans l'histoire du peuple ukrainien, fut constituée ici en 1956, quarante-quatre ans à peine après l'avènement de votre premier évêque. Cette province ecclésiastique, tout comme le grain de sénevé de l'Évangile, a connu une croissance et un épanouissement rapides. Lorsque les premiers immigrants ukrainiens sont arrivés sur cette terre, ils apportaient avec eux *une foi catholique inébranlable* et un *attachement profond à leurs traditions religieuses et culturelles.* Ils accordèrent la priorité à la construction de leurs églises et de leurs écoles, tout désireux qu'ils étaient de préserver leur patrimoine et de le léguer à leurs enfants. Ils établirent de solides racines sur le sol canadien et devinrent rapidement des citoyens loyaux et productifs.

À la même époque, plusieurs personnes généreuses portaient aux nouveaux immigrants un précieux secours. Dès que ce fut possible, le métropolite de Lwow, le serviteur de Dieu Andrei Sheptyckyj, avait envoyé des prêtres généreux pour répondre à leurs besoins. En 1910, il était venu personnellement afin de préparer la nomination de l'évêque Budka, le premier d'une longue liste d'évêques pleins de zèle dans ce pays. Il importe, également, de rappeler l'apport des nombreux évêques et prêtres catholiques romains dont certains consacraient autant de soin et d'attention aux ukrainiens qu'aux fidèles de leur propre église. La présence ici d'évêques catholiques romains est le symbole d'une collaboration harmonieuse et continuelle : « Voyez; qu'il est bon, qu'il est doux d'habiter en frères tous ensemble » (*Ps* 133).

Votre clergé byzantin ainsi que les hommes et les femmes de vos ordres religieux ont largement contribué à votre adaptation et à votre essor dans ce pays. Des religieux comme les Pères Basiliens, Rédemptoristes et Studites, ainsi que les soeurs Servantes de Marie Immaculée, ont servi dans les paroisses, les hôpitaux, les écoles et un grand nombre d'autres institutions. Tous ont travaillé à protéger et renforcer les liens familiaux, à porter secours aux malades et aux indigents et ainsi contribuer au progrès de la société dans son ensemble.

À la veille de la date solennelle où un millénaire de christianisme sera célébré à Kiev et dans toute l'Ukraine, notre rencontre d'aujourd'hui transporte nos coeurs et nos esprits à travers les siècles de *l'histoire glorieuse de votre foi.* Nous sommes profondément et particulièrement reconnaissants au Seigneur *d'avoir conféré à vos ancètres, la grâce de la fidélité à l'Église catholique et de la loyauté au successeur de saint Pierre.* En ma qualité d'archevêque de Cracovie, j'ai appris à connaître et à apprécier l'héritage précieux du peuple ukrainien, mis en évidence par le martyre de Cholm et Pidlassia, qui suivirent l'exemple de saint Josaphat, grand apôtre de l'unité, et que l'on retrouve dans le zèle pastoral de bon nombre de nos évêques, jusqu'à aujourd'hui.

Ces grands hommes et ces grandes femmes de l'histoire ukrainienne vous exhortent, aujourd'hui, à vivre votre foi catholique avec autant de ferveur et de zèle. Ils vous inspirent également de travailler et de prier sans relâche pour *l'unité de tous les Chrétiens.* Dans le cadre des efforts oecuméniques nombreux et divers qu'entreprend l'Église, les fidèles du rite byzantin, dont vous êtes, ont un rôle particulier à jouer vis à vis des chrétiens d'Orient qui ne sont pas en pleine communion avec la Chaire de saint Pierre.

Vous êtes dans une position de choix pour remplir la requête du second Concile du Vatican qu'énonce le décret sur l'oecuménisme, à savoir: « Tout le monde doit savoir qu'il est très important de connaître, vénérer, conserver, développer, le si riche patrimoine liturgique et spirituel de l'Orient pour conserver fidèlement la plénitude de la tradition chrétienne et pour réaliser la réconciliation des chrétiens orientaux et occidentaux » (*Unitatis Redintegratio,* 15). Votre héritage ukrainien et votre spiritualité, théologie et liturgie byzantines vous prédisposent à cette importante mission: *encourager la réconciliation et la pleine communion.* Que dans le coeur de tous les évêques, prêtres, religieux et laïcs, brûle le désir de voir la prière du Christ se réaliser: « Que tous soient un. Comme toi, Père, qui es en moi et moi en toi, qu'eux aussi soient un en nous, afin que le monde croie que tu m'as envoyé » (*Jn* 17, 21).

Pourtant ce désir d'unité ne pourra se réaliser que s'il s'accompagne d'un *amour fraternel sincère envers tous,* un amour comme Celui du Christ qui ne connaît ni limite, ni exception. Pareil amour chrétien ouvrira nos coeurs à la lumière de la vérité divine. Il nous aidera à éclairer les différences qui divisent encore les chrétiens, à encourager un dialogue constructif et la compréhension mutuelle et, par conséquent, à travailler au salut des âmes et faire l'unité de tous dans le Christ. N'oublions pas que cet amour chrétien est le fruit de la prière et de la pénitence.

Mes très chers frères et soeurs: il est bon d'être parmi vous aujourd'hui. Je me réjouis de voir vos enfants revêtus de votre merveilleux costume national, et de savoir que vos jeunes sont élevés dans la *conscience heureuse de leurs origines ethniques et de leurs racines religieuses.* Je m'unis à vous pour rendre grâce au Seigneur de ces nombreuses institutions et traditions qui aident et renforcent les liens de vos familles, fondements de l'Église et de la société. *Puissiez-vous à tout jamais vous enorgueillir de l'héritage de foi et de culture qui est le vôtre!* J'adresse ce voeu, ainsi que toutes vos prières, à la Vierge Marie Immaculée, Reine de l'Ukraine, lui demandant dans son amour maternel de vous protéger et de vous rapprocher toujours davantage de son Divin Fils, Jésus Christ le Rédempteur. Chers amis: pour reprendre les paroles de l'apôtre Pierre: « Paix à vous tous qui êtes dans le Christ » (*1 Pi* 5, 14).

Photo: Arturo Mari

ANGÉLUS DANS LA CATHÉDRALE SAINTE-MARIE

WINNIPEG

Le 16 septembre 1984

Chers frères et soeurs,

En cette heure de midi, nous sommes réunis dans la cathédrale Sainte-Marie pour réciter ensemble la prière de l'*Angélus*. Le Seigneur nous invite à faire une pause et, en compagnie de la Bienheureuse Vierge Marie et de tous les Saints, à réfléchir au mystère de la Rédemption et à élever nos voix pour louer la Très Sainte-Trinité. C'est une joie pour moi que de me trouver en votre compagnie, ici à Winnipeg, et de me joindre par la prière à la communauté catholique locale. Je vous salue tous dans la paix et l'amour du Christ et j'adresse mes salutations cordiales à tous les bien-aimés habitants de cette ville et de la province du Manitoba.

Dans l'Évangile de ce vingt-quatrième dimanche du temps ordinaire, Pierre demande à Jésus: « Seigneur, combien de fois mon frère pourra-t-il pécher contre moi et devrai-je lui pardonner? Irais-je jusqu'à sept fois? Jésus lui répond: « Je ne dis pas jusqu'à sept fois mais jusqu'à soixante-dix fois sept fois » (*Mt* 18, 21-22).

« Soixante-dix fois sept fois » par cette réponse le Seigneur veut signifier à Pierre et à nous qu'il ne faut fixer *aucune limite à notre pardon*. De même que le Seigneur est toujours disposé à nous pardonner, nous devons toujours être disposés à nous pardonner les uns les autres. Et que le besoin de pardon et de réconciliation est grand dans notre monde contemporain, dans nos communautés et nos familles, et même dans notre propre coeur! C'est pourquoi le sacrement spécial de l'Église pour le pardon, le sacrement de pénitence, constitue un don tellement précieux de notre Seigneur.

Dans ce sacrement de la pénitence, Dieu nous accorde son Pardon de façon très personnelle. Par le ministère du prêtre, nous nous présentons devant notre Sauveur avec notre fardeau de péchés. Nous confessons que nous avons offensé Dieu et notre prochain. Nous manifestons notre repentir et demandons pardon au Seigneur. Ensuite, par la bouche du prêtre, nous entendons le Christ nous dire « Tes péchés te seront remis » (*Mc* 2, 5); « Va, ne pèche plus » (*Jn* 8, 11). Ne pouvons-nous pas l'entendre aussi prononcer, alors que nous sommes remplis de sa grâce salvifique : « Accorde aux autres, soixante-dix fois sept fois ce même pardon et cette même miséricorde? »

Telle est la tâche de l'Église en tout temps — et le devoir de chacun d'entre nous — « de professer et de proclamer la miséricorde divine dans toute sa vérité » (*Dives in Misericordia,* 13), d'accorder à ceux et celles que nous rencontrons chaque jour le même pardon illimité que nous avons reçu du Christ. Nous pratiquons la miséricorde également lorsque « nous nous supportons les uns les autres avec charité, en toute humilité, douceur et patience » (*Ép,* 4, 2). Nous témoignons également de la miséricorde divine par un service généreux et inlassable, tel que le soin des malades ou la conduite, avec persévérance et dévouement, de la recherche médicale.

En ce jour du Seigneur où nous célébrons la plus belle expression de l'abondante miséricorde de Dieu — la Croix et la Résurrection du Christ — louons notre Dieu qui est si riche en miséricorde. Et, imitant son grand amour, pardonnons à tous ceux et celles qui ont pu nous offenser. Avec la Très Sainte Mère de Dieu, nous proclamons la miséricorde de Dieu, qui s'exprime de génération en génération.

HOMÉLIE

WINNIPEG / ST-BONIFACE

Le 16 septembre 1984

« Tu aimeras Yahvé ton Dieu de tout ton coeur, de toute ton âme et de tout ton pouvoir! » (*Dt* 6, 5).

Chers frères et soeurs en Jésus Christ,

Ce commandement, qui est le plus grand de tous, fut proclamé par l'Ancien Testament au seul Israël. C'était le premier et le plus grand des commandements de l'*Ancienne Alliance* entre Dieu et le peuple élu. Il le lui transmit par Moïse après la libération du peuple tenu en esclavage en Égypte. *L'Alliance, qui était rattachée aux commandements,* imposait à tous les Israélites les obligations qui découlaient de leur appartenance au peuple de Dieu.

La première lecture de la liturgie d'aujourd'hui nous dit de façon très détaillée comment les Israélites avaient à *connaître et à mettre en pratique* « les commandements, les lois et les coutumes » (*Dt* 6, 1) que Dieu avait prescrits par l'entremise de Moïse. Les Israélites devaient les transmettre et les enseigner à *leurs enfants et à toutes les générations à venir,* pendant leur voyage vers la Terre Promise et lorsqu'ils s'y seraient établis.

« Tu les attacheras à ta main comme un signe, sur ton front comme un bandeau; tu les écriras sur les poteaux de ta maison et sur tes portes » (*Dt* 6, 8-9).

L'Alliance avec Dieu fut fondamentalement une *source d'identité spirituelle pour Israël,* qui est ainsi devenu une nation parmi les autres peuples et nations de la terre.

223

La seconde lecture, extraite de la première lettre de saint Paul aux Thessaloniciens nous présente *la dimension de la Nouvelle Alliance,* une Alliance nouvelle et perpétuelle. Elle est scellée dans la chair et le sang du Christ, par sa mort sur la Croix et sa Résurrection, et elle est *universelle.* Elle s'adresse à tous les peuples et à toutes les nations de la terre. Les Apôtres en effet ont reçu la mission d'aller vers tous pour leur proclamer l'Évangile. « Allez donc, de toutes les nations faites des disciples, les baptisant au nom du Père et du Fils et du Saint-Esprit » (*Mt* 28, 19).

Saint Paul peut dès lors écrire aux Thessaloniciens et leur dire : « Dieu nous ayant confié l'Évangile après nous avoir éprouvés, nous prêchons en conséquence, cherchant à plaire non pas aux hommes mais à Dieu qui éprouve nos coeurs... telle était notre tendresse pour vous que nous aurions voulu vous livrer, en même temps que l'Évangile de Dieu, notre propre vie (*1 Th* 2, 4.8).

L'Évangile est devenu — et il ne cesse de l'être — *une source de culture spirituelle* pour les hommes et les femmes de toutes les nations, de toutes les langues et de toutes les races. Il est également devenu la base du *caractère individuel* et de l'*identité culturelle* de nombreux peuples et nations du monde entier.

Cet énoncé est particulièrement vrai au *Canada,* où, grâce à l'immigration, un *riche patrimoine* de peuples, de nations et de cultures divers, devient le bien commun de toute la société.

Le commandement prescrit par Dieu à Israël exprime le *bien de la société.* Son accomplissement est la condition dont dépend la cohésion de toute l'identité culturelle, condition sans laquelle il ne saurait y avoir de véritables communautés multiculturelles durables. La Parole de Dieu transmise par Moïse s'accompagne d'une promesse et elle constitue pour toute la société une charte d'espérance : « Ainsi, si tu observes toutes ses lois et ses commandements que je t'ordonne aujourd'hui, tu auras longue vie... Puisses-tu écouter, Israël, garder et pratiquer ce qui te rendra heureux et te multipliera » (*Dt* 6, 2-3).

C'est dans cette perspective de foi que nous comprenons à quel point la Parole de Dieu — qui atteint sa pleine réalisation dans l'Évangile — contribue à l'édification et à la préservation des cultures. Et nous voyons aussi à quel point il est nécessaire de mettre en oeuvre le message de l'Évangile pour pouvoir harmoniser les cultures en une unité pluraliste. Dans l'ordre civil également, l'Évangile est au service de l'harmonie. Séparer la culture de son lien intime avec le commandement d'amour de l'Évangile rendrait impossible cette imbrication multiculturelle qui est la caractéristique du Canada. L'Église nous répète maintes et maintes fois qu'il faut faire oeuvre évangélisatrice au plus profond de la culture et des cultures humaines, « partant toujours de la *personne* et revenant toujours aux rapports des personnes entre elles et avec Dieu » (*Evangelii Nuntiandi,* 20). Simultanément, notre attention est attirée sur le fait que « la rupture entre Évangile et culture est sans doute le drame de notre époque » (*ibid.*).

L'expérience historique des deux peuples fondateurs du Canada, qui se sont soudés pour vivre dans un respect réciproque assurant l'identité culturelle unique de chacun d'eux, a providentiellement créé ce *climat de la diversité culturelle* qui est la caractéristique du Canada aujourd'hui. Par cette interaction multiculturelle, le Canada offre non seulement au monde une *vision créatrice de la société,* il représente également une merveilleuse possibilité: l'harmonie entre les convictions et les actes. Et tout cela s'accomplit par la mise en application du commandement d'amour du Christ.

Le Manitoba lui-même est véritablement le reflet d'une vaste gamme de cultures différentes. Outre sa population d'extractions britannique et française — s'ajoutant aux peuples autochtones — on y trouve représentés tant d'autres pays occidentaux. Les immigrants d'Europe occidentale et d'Europe de l'Est, d'Asie, d'Afrique et d'Amérique du Sud, contribuent à façonner la réalité de cette société civile. Les juridictions ecclésiastiques d'obédiences latine et ukrainienne font une seule Église catholique. Je salue aujourd'hui d'une façon toute singulière l'Église de Winnipeg et son pasteur, l'archevêque Exner; l'archidiocèse ukrainien de Winnipeg, conduit par l'archevêque Hermaniuk; ainsi que les fidèles de l'archidiocèse de St-Boniface réunis sous la conduite pastorale de l'archevêque Hacault. Oui, vous êtes de pratiquement « toutes les tribus et langues, tous les peuples et nations » (*Ap* 5, 9). Et cela se concrétise aujourd'hui en notre assemblée liturgique, non seulement par les différences de langues, mais aussi par les différences de traditions liturgiques du christianisme, à l'Ouest comme à l'Est. En cette eucharistie, l'Église qui est au Canada célèbre sa diversité et proclame son unité en Jésus Christ et en l'Église universelle.

Sur la vaste toile de fond de l'histoire et de la culture, *le premier commandement, et le plus important de tous,* que Moïse a transmis au peuple élu de l'Ancienne Alliance, *est redit avec une éloquence nouvelle* à notre époque.

Jésus Christ dit ceci: «Voici mon commandement: *Aimez-vous les uns les autres* comme je vous ai aimés» (*Jn* 15, 12).

Le commandement d'amour est *enraciné* d'une façon renouvelée *dans l'amour de Dieu:* «*Comme le Père m'a aimé, moi aussi je vous ai aimés.* Demeurez en mon amour. Si vous gardez mes commandements, *vous demeurerez en mon amour,* comme moi j'ai gardé les commandements de mon Père et je demeure en son amour» (*Jn* 15, 9-10).

Ainsi, l'amour de Dieu est, par-dessus toutes choses, *le partage de l'amour du Christ* — l'amour par lequel le Christ donne son amour.

Et en même temps, l'amour de Dieu est *organiquement* rattaché à l'amour du prochain — à l'*amour mutuel.* Cet amour fait de nous les *amis du Christ.* «Je ne vous appelle plus serviteurs... je vous appelle amis» (*Jn* 15, 15).

Cet amour est l'expression morale et existentielle de ce que le *Christ nous choisit et nous presse* «d'aller et de porter du fruit, un fruit qui demeurera; alors tout ce que vous demanderez à mon Père en mon nom, il vous l'accordera» (*Jn* 15, 16).

Le *pluralisme* des traditions, le pluralisme des cultures, le pluralisme des histoires et le pluralisme des identités nationales — tous sont compatibles avec l'*unité de la société.*

Nous prions aujourd'hui pour l'*unité morale de cette société* — puisque cette unité est le fondement et le dénominateur commun de tous les «besoins civils».

Depuis les époques les plus reculées, le christianisme a enseigné aux personnes — comme témoins du Christ — *à se sentir responsables du bien commun de la société,* et cela vaut tout autant lorsque la société en question a manifestement des caractéristiques pluralistes.

L'importance de l'enseignement de l'Église à cet égard a été résumée par le second Concile du Vatican dans ces paroles pénétrantes : « Que l'on ne crée donc pas d'opposition artificielle entre les activités professionnelles et sociales d'une part, la vie religieuse d'autre part. En manquant à ses obligations terrestres, le chrétien manque à son obligation envers le prochain, bien plus, envers Dieu lui-même, et il met en danger son salut éternel » (*Gaudium et spes,* 43).

Le fondement de cet enseignement se trouve dans le *commandement d'amour mutuel* dont parle l'Évangile d'aujourd'hui. L'amour mutuel signifie, dans sa dimension fondamentale, *les rapports entre êtres humains,* bâtis sur le respect de la dignité individuelle de l'autre et sur le souci authentique de son véritable bien-être.

L'amour mutuel revêt une importance toute particulière *pour l'établissement de la communauté du mariage et de la famille.* Et c'est ainsi que cet amour mutuel s'étend à de nombreux et très différents *niveaux et cercles de coexistence humaine,* à différents environnements, dans différentes communautés, dans différentes sociétés et entre les sociétés elles-mêmes.

À cet égard, cet amour est « social » et constitue la condition essentielle à l'avènement de cette *civilisation d'amour* que proclame l'Église et notamment Paul VI.

Dans cette vaste région du Canada, l'*amour mutuel* entre toutes les collectivités différentes qui tissent la trame multiculturelle de cette société pluraliste devient une *puissance immense au service du bien.* L'amour mutuel qui élève et unit chacun de ces éléments leur donne à tous la possibilité, lorsqu'ils se trouvent réunis, de devenir un outil particulièrement efficace au service de l'humanité. L'amour permet à une vaste gamme de talents d'agir à l'unisson. Et par cette action concertée, une société multiculturelle peut alors faire rejaillir sur autrui toutes ces bénédictions dont elle a été abondamment gratifiée.

Souviens-toi, ô Canada, que *la plus grande richesse de ton caractère multiculturel est cette possibilité qui t'est donnée d'aller vers autrui pour lui apporter ton aide* — d'apporter ton aide à tes frères et à tes soeurs dans le besoin. C'est cela que la foi rend possible ; c'est cela que l'amour exige. Au nom de l'amour, je prie instamment pour que cette ouverture d'esprit manifestée à l'endroit de tant d'immigrants et de réfugiés de minorités ethniques, pour que l'accueil généreux qui leur a été accordé, se poursuivent et continuent de rester la marque du Canada en enrichissant son avenir comme elle a enrichi son histoire.

À cet égard, il convient de rappeler les paroles prophétiques de Jean XXIII : « Les meilleurs intérêts de la justice sont servis par les pouvoirs publics qui font tout ce qui est possible pour améliorer la condition des membres des minorités ethniques, surtout en ce qui concerne leurs langues, leurs cultures, leurs coutumes ainsi que leurs activités et leurs entreprises économiques » (*Pacem in terris, AAS* 55, 1963, p. 283). Cette contribution des *pouvoirs publics* doit être alliée aux efforts actifs déployés par *tous, particuliers et groupes,* qui oeuvrent sans cesse à l'édification d'une société canadienne socialement équitable — une civilisation durable fondée sur l'amour, une civilisation où se trouve garanties « la priorité de l'ethique sur le technologique, la primauté de l'humain sur le matériel et la supériorité de l'esprit sur la matière » (*Redemptor Hominis,* 16) — et tout cela, pour la plus grande gloire de Dieu qui est notre Père à tous.

Prions donc à cette intention, prions surtout en cette assemblée eucharistique, et par la prière unissons-nous au Christ. En vérité, *nous souhaitons répondre à son invitation : « Demeurez en mon amour ».* Amen.

RENCONTRE OECUMÉNIQUE
EDMONTON
Le 16 septembre 1984

Chers frères et chères soeurs,

En ce dimanche soir, à Edmonton, au soir du premier jour de la semaine où nous, chrétiens, célébrons la résurrection du Christ, nous voici réunis en prière dans cette merveilleuse cathédrale de Saint-Joseph. Nous sommes rassemblés dans la joie de notre baptême commun, dans la force de la parole de Dieu, dans la paix et dans l'amour du Christ qui, nous le proclamons, est la Lumière du monde et la manifestation suprême de Dieu. Je vous invite tous ce soir, à réfléchir avec moi au *mystère de la présence de Dieu.*

Hommes et femmes de foi, nous croyons que Dieu est *présent dans sa création,* qu'il est le Seigneur de l'histoire, qu'il décide des époques et des saisons, qu'il est près de tous ceux qui l'appellent: les pauvres et les accablés, les affligés et les solitaires, les faibles et les opprimés. Nous croyons que Dieu rompt le silence, et même le bruit de nos vies quotidiennes pour nous révéler sa vérité et son amour. Il veut, par sa grâce salvifique, dissiper nos craintes et fortifier notre espoir.

Dieu s'adresse personnellement au coeur de chaque individu mais *il agit également dans la communauté du peuple* qu'Il prédestine à être sien. Nous le constatons, en premier lieu, dans l'histoire du peuple juif. D'Abraham, notre Père dans la foi, à Isaac et Jacob et en particulier Moïse, Dieu a choisi un peuple qui lui appartiendrait d'une façon spéciale. Il a conclu avec lui une alliance, lorsqu'il dit: « Je serai

229

leur Dieu et eux seront mon peuple » (*Jr* 31, 33). Quand ses élus ont péché et se sont écartés, Celui qui les avait sauvé, Dieu, dans son amour incessant, est intervenu dans leur vie par la voix des prophètes. Il les a appelés au repentir et a promis de conclure avec eux *une alliance nouvelle* et meilleure. Cette alliance nouvelle, il la décrit ainsi : « Je mettrai ma loi au fond de leur être et je l'écrirai sur leur coeur… Tous me connaîtront, des plus petits jusqu'aux plus grands, parce que je vais pardonner leur crime et ne plus me souvenir de leurs péchés » (*Jr* 31, 33-34).

Comment, dès lors, Dieu a-t-il conclu cette nouvelle alliance? Comment a-t-il écrit sa Loi sur le coeur de ses élus? Avec *le Sang de Jésus*, le Sang de l'Agneau de Dieu, le Sang de l'Alliance Nouvelle et Éternelle, le Sang de Notre Sauveur, qui est le prix de notre salut et *l'expression la plus éloquente de l'amour de Dieu pour le monde.*

La présence de Dieu est incarnée pleinement dans Jésus de Nazareth, le Fils de Dieu qui devient le Fils de Marie et qui donna son Sang pour nous sur la Croix. *Jésus est Emmanuel, Dieu avec nous,* la parole devenue chair, la révélation du Père éternel. Devant ce grand mystère de la présence de Dieu, nous sommes frappés d'un profond respect, et nos coeurs et nos voix brûlent d'exploser en *cantiques et hymnes de louanges.* Et, il est bien qu'il en soit ainsi car le premier devoir de toute créature est de glorifier le Créateur, le premier devoir d'un peuple sauvé est de chanter l'éloge de son Seigneur et Rédempteur. C'est pourquoi je me réjouis tant de pouvoir me joindre à vous ce soir pour ce service vespéral de louanges. Comme il est bon, en tant que frères et soeurs dans le Christ, de chanter à l'unisson « des psaumes, des hymnes et des cantiques inspirés »! (*Col* 3, 16).

Le psaume 103, qui est notre prière en commun de ce soir, nous montre une personne dont tout l'être est empreint de la louange du Seigneur :

« Bénis le Seigneur, mon âme,
du fond de mon être, son saint nom,
Bénis le Seigneur, mon âme,
n'oublie aucun de ses bienfaits » (vv 1-2).

« N'oublie aucun de ses bienfaits » : un coeur plein d'éloges n'oublie jamais les nombreux bienfaits du Seigneur. Car la *prière de glorification inclut aussi le souvenir reconnaissant,* elle rappelle les mille et une façons qu'a Dieu de manifester son amour rédempteur. Aussi, le psalmiste chante:

> « C'est lui qui pardonne toutes tes offenses,
> qui te guérit de toutes maladies;
> qui rachète à la fosse ta vie,
> qui te couronne d'amour et de tendresse,
> qui rassasie de biens tes années,
> et comme l'aigle se renouvelle ta jeunesse (vv 3-5).

La prière de louanges émane de *l'humble conscience de notre indignité* et de notre *sujétion totale à Dieu,* entremêlée à la confiance absolue de l'enfant dans la miséricorde infinie de Dieu. Ainsi, poursuit le psalmiste:

> « Comme est la tendresse d'un père pour ses fils,
> tendre est le Seigneur pour qui le craint;
> il sait de quoi nous sommes pétris,
> il se souvient que poussière nous sommes » (vv 13-14).

Louer le Seigneur, c'est également *proclamer les nombreux attributs de Dieu,* c'est chanter les vertus de ce Dieu noble et saint qui a conclu une alliance avec son peuple. Aussi le psalmiste affirme:

> « Le Seigneur est tendresse et pitié,
> lent à la colère et plein d'amour...
> et sa justice pour les fils de leurs fils,
> pour ceux qui gardent son alliance (vv 8, 17-18).

Comme ils vivent dans la présence de Dieu, les chrétiens entonnent des chants d'acclamation et de louanges, ils expriment leur gratitude pour le don de la foi et pour toutes les merveilles du Seigneur. Mais nous devons également adresser au Seigneur nos suppliques, lui demander refuge et protection contre les forces du mal, lui demander pardon de nos péchés et secours dans nos vies meurtries, ainsi que la force pour traverser les épreuves de la vie et la grâce d'accomplir la volonté de Dieu. Souvent, l'imploration doit se faire pressante et suppliante. Ainsi, l'auteur du psaume 141 s'écrie:

> « Seigneur, je t'appelle, accours vers moi!
> Écoute mon appel quand je crie vers toi...
> Vers toi, Seigneur Dieu, mes yeux.
> En toi je m'abrite, ne répands pas mon âme! » (vv 1, 8).

L'imploration jaillit de la conscience respectueuse du grand besoin que l'on a de la grâce divine et d'une confiance absolue dans l'infinie miséricorde de Dieu. Elle s'accompagne, par conséquent, d'une *attitude d'adoration*. Nous nous agenouillons, au moins en esprit, en la présence redoutable du Dieu tout-puissant, et les mots que nous prononçons sont semblables à ceux du psalmiste qui supplie:

> « Que ma prière devant toi s'élève comme un encens,
> mes mains comme l'offrande du soir! » (*Ps* 141, 2).

Le Sauveur nous a promis: « Quand deux ou trois, en effet, sont réunis en mon nom, je suis là au milieu d'eux » (*Mt* 18, 20). Nous le tenons pour vrai, ce soir, nous chrétiens, unis dans une prière commune. *La présence du Christ remplit cette cathédrale,* alors que nous célébrons ses louanges, et que nous prions pour cette unité parfaite entre chrétiens qu'Il demande à ses disciples.

La prière authentique se prolonge en service généreux, c'est pourquoi nous n'oublions pas ce soir les besoins immenses de nos frères et soeurs qui souffrent à travers le monde. Fidèles à répondre au Seigneur, dont l'Esprit Saint a inspiré le mouvement oecuménique, non seulement nous prions ensemble et nous ouvrons un dialogue théologique entre nous, mais nous collaborons par un effort mené en commun pour promouvoir un monde où règnent davantage la justice et la paix. Et nous aidant les uns les autres, nous cherchons à devenir « le sel de la terre » et « la lumière du monde » (cf. *Mt* 5, 11-16). De cette manière, nous proclamons ensemble la Bonne Nouvelle de la présence de Dieu dans le monde en la présence de Jésus Christ, qui est un avec son Église.

L'admirable prière que nous appelons le *Magnificat,* et que nous disons ensemble ce soir, oriente nos esprits vers Dieu et vers sa présence salvifique dans l'histoire humaine. Elle attire aussi notre attention sur *Marie, Mère de notre Sauveur.* Cette femme, avec sa foi, reste aujourd'hui pour nous un modèle de sainteté de vie. D'une manière particulière, elle a fait l'expérience de la présence de Dieu dans sa vie quand elle est devenue la Mère de notre Rédempteur. Femme au coeur rempli de la louange de Dieu, elle célébra la grandeur de Dieu, en exaltant sa bonté pour les pauvres et les humbles, en proclamant sa miséricorde envers toutes les générations. Avec Marie, nous unissons nos voix pour louer « la grandeur du Seigneur » (*Lc* 1, 46).

Par dessus tout, nous faisons cela *en union avec Jésus Christ,* qui reste à jamais la *Lumière du monde* et nous offre la Lumière de vie (cf. *Jn* 8, 12). Très chers amis: acceptons cette Lumière, marchons dans cette lumière pour la gloire de son Père qui vit et règne dans l'unité du Saint Esprit pour les siècles des siècles. Amen.

9e JOUR

• EDMONTON

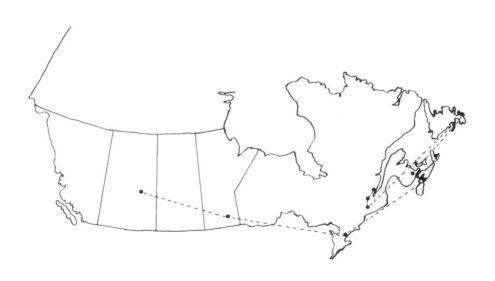

HOMÉLIE
EDMONTON
Le 17 septembre 1984

« J'écoute! Que dira le Seigneur Dieu? Ce qu'il dit, c'est la paix pour son peuple.

Amour et vérité se rencontrent, justice et paix s'embrassent » (*Ps* 84[85], 8, 10).

Chers frères et soeurs en Jésus Christ,

Ce sont les paroles de la liturgie d'aujourd'hui, extraites du psaume responsorial. Le Dieu de l'Alliance est un Dieu de paix. *La paix* sur terre *est un bien qui appartient à son Royaume* et à son salut. Ce bien s'obtient moyennant la justice et la fidélité aux commandements divins. Ce bien de la paix nous est promis dans des sphères différentes: comme le *bien intérieur de notre conscience,* comme le bien de notre *vie humaine en commun,* et enfin comme un bien *social* et *international.*

C'est à cette dernière signification que songeait avant tout Paul VI en écrivant ces mots mémorables: « Le développement est le nouveau nom de la paix ». Il les a rédigés dans l'encyclique *Populorum Progressio* (no 87).

Nous nous réunissons aujourd'hui à Edmonton pour faire de ce *thème* du développement et du progrès des peuples le *principal sujet* de notre *méditation* et de nos prières dans le sacrifice eucharistique. Dans cette communauté eucharistique, je trouve rassemblée toute l'Église de l'archidiocèse d'*Edmonton.* Je tiens ici à saluer cette Église avec son pasteur, l'archevêque MacNeil, l'éparque des *Ukrainiens d'Edmonton*, ainsi que Nos seigneurs Savaryn et Greschuk, évêques. Je salue également avec une profonde gratitude les si nombreux fidèles de la *Saskatchewan,* qui ont apporté leurs croix pour les faire bénir. J'embrasse de même dans l'amour de Jésus Christ notre Seigneur tous les pèlerins et visiteurs. Les réfugiés d'Amérique centrale, d'Asie du Sud-Est et d'Europe de l'Est, occupent une place toute particulière dans mon coeur.

Dans l'optique de notre thème, je pense que, dans un certain sens, *tout le Canada* est présent à cette assemblée d'Edmonton. Si le thème a été proposé par la communauté locale, il l'a certainement été en pensant à la société toute entière, pour laquelle la cause du développement des peuples est une question de la plus haute importance, relevant de la responsabilité sociale et internationale. Et cela, d'autant plus que ce « développement » ou ce « progrès » est le nouveau nom de la « paix ».

La liturgie nous amène à réfléchir à ce thème important, tout d'abord tel qu'il nous est présenté au vingt-cinquième chapitre de l'Évangile selon saint Mathieu.

Nous avons écouté aujourd'hui l'Évangile sur le jugement dernier avec la même émotion que toujours. Ce passage touche à certaines des questions les plus fondamentales de notre foi et de notre morale sociale. Ces deux domaines sont intimement liés l'un à l'autre. Aucun autre passage de l'Évangile ne traite de leur relation de manière aussi convaincante.

Notre foi en Jésus Christ trouve ici en quelque sorte son expression parfaite: « Le Père ne juge personne, tout le jugement, il l'a remis au Fils » (*Jn* 5, 22). Dans l'Évangile d'aujourd'hui, le Christ apparaît devant nous comme notre Juge. Il a un droit spécial à prononcer ce jugement; il est devenu l'un d'entre nous, *notre Frère*. Cette fraternité avec la race humaine — et en même temps cette fraternité avec chaque personne individuelle — l'a amené à la Croix et à la Résurrection. Ainsi, Il juge au nom de sa solidarité avec chaque personne et réciproquement, au nom de notre solidarité avec Lui, notre Frère et Rédempteur, c'est lui que nous découvrons dans chaque être humain: « J'ai eu faim... J'ai eu soif... J'étais un étranger... J'étais nu... J'étais prisonnier... » (*Mt* 24, 35-36).

Et ceux qui sont convoqués pour le jugement — à sa gauche, et à sa droite — demanderont : Quand et où? Quand et où t'avons-nous vu ainsi? Quand et où avons-nous fait ce que tu dis? Ou bien : Quand et où ne l'avons-nous pas fait?

La réponse : « Amen, je vous le dis, chaque fois que vous l'avez fait à l'un de ces petits qui sont mes frères, c'est à moi que vous l'avez fait » (*Mt* 25, 40). Et, au contraire : « Chaque fois que vous ne l'avez pas fait à l'un de ces petits, à moi non plus vous ne l'avez pas fait » (*Mt* 25, 45).

« À l'un des petits de mes frères. » Donc : *l'homme,* un être humain dans le besoin.

Pourtant, le Concile Vatican II, continuant la tradition, nous avertit de ne pas nous en tenir à une interprétation « individualiste » de la morale chrétienne, celle-ci possédant également une *dimension sociale.* La personne humaine vit en communauté, en société. Elle partage avec cette communauté la faim, la soif, la maladie, la malnutrition, la misère et tous les maux qui en dérivent. L'être humain ressent dans sa propre personne les besoins des autres.

C'est ainsi que le *Christ-juge* parle du plus « petit des frères », et il parle de *chacun* et de *tous.*

Oui. Il parle ici de la dimension universelle de l'injustice et du mal. Il parle de ce que nous avons coutume d'appeler le contraste *Nord-Sud.* Pas seulement Est-Ouest, mais aussi Nord-Sud : l'hémisphère Nord, de plus en plus riche, et l'hémisphère Sud de plus en plus pauvre.

Oui, le Sud devient de plus en plus pauvre et le Nord, de plus en plus riche. Riche également en ressources militaires avec lesquelles les superpuissances et les blocs peuvent se menacer mutuellement. Et ils se *menacent* — c'est l'argument que l'on entend — afin de ne *pas se détruire* l'un l'autre.

Cela est une *dimension distincte* — et, aux yeux de certains, la dimension primordiale — de la menace mortelle qui pèse sur le monde moderne et qui mérite un examen spécial.

Néanmoins, selon les paroles du Christ, *c'est ce Sud pauvre qui va juger le Nord riche.* Les peuples pauvres, les nations pauvres — et il faut entendre par là différentes sortes de pauvreté, non seulement le manque de nourriture, mais également la privation de *liberté* et des autres *droits humains* — jugeront ceux qui leur enlèvent ces biens, se réservant le monopole impérialiste de la suprématie économique et politique, au dépens des autres.

L'Évangile de la liturgie d'aujourd'hui est très riche de sens. *Il s'applique aux différentes sphères de l'injustice et du mal.* Au milieu de chacune de ces situations se tient le Christ lui-même en Rédempteur et Juge, et il dit: « C'est à moi que tu l'as fait », ou « C'est à moi que tu ne l'as pas fait ».

Il souhaite néanmoins dans ce jugement dernier — toujours en préparation et, dans un certain sens, constamment présent — *témoigner en premier lieu du bien qui a été fait.*

Là aussi, cette expression significative de l'enseignement de l'Église trouve son origine, expression dont la principale formulation est devenue l'encyclique *Populorum Progressio.* Ce qui était une préoccupation intérieure de Paul VI et de l'Église universelle est devenu une action dynamique et un appel retentissant, dont nous entendons aujourd'hui l'écho: Il ne s'agit pas seulement de vaincre la faim ni même de faire reculer la pauvreté. Le combat contre la misère, urgent et nécessaire, est insuffisant. Il s'agit de construire un monde où tout homme, sans exception de race, de religion, de nationalité, puisse vivre une vie pleinement humaine, affranchie des servitudes qui lui viennent des hommes et d'une nature insuffisamment maîtrisée; un monde où la liberté ne soit pas un vain mot et où le pauvre Lazare puisse s'asseoir à la même table que le riche (no 47).

Oui, « développement » est le nouveau nom de la paix. La paix est nécessaire; c'est un impératif de notre temps. Ainsi en est-il du *développement* ou du *progrès: le progrès de tous les démunis.*

Nous prions aujourd'hui dans cet esprit. La liturgie d'aujourd'hui souligne très clairement le lien entre la justice et la paix.

Lisez ce que nous dit Isaïe: « De nouveau sera répandu sur nous l'Esprit venu d'en haut... La justice produira la *paix,* et le droit, une *sécurité* perpétuelle. Mon peuple habitera un séjour de paix, des habitations sûres, des résidences tranquilles » (*Is* 32, 15, 17-18).

Ceci fut écrit par le prophète Isaïe, plusieurs *siècles avant Jésus Christ.* Combien sont durables et invariables les aspirations des individus et des peuples!

Et plus tard, après Jésus Christ, l'apôtre Paul écrit dans l'Épître aux Philippiens: «Alors la paix de Dieu, qui surpasse toute intelligence, prendra sur sa garde vos coeurs et vos pensées, dans le Christ Jésus» (*Phil* 4, 7).

Mais *la condition d'une telle paix réside dans le comportement humain dans chaque sphère* de l'existence. Ainsi, saint Paul poursuit: «Tout ce qu'il y a de vrai, de noble, de juste, de pur, d'aimable, d'honorable, tout ce qu'il peut y avoir de bon dans la vertu et la louange humaines, voilà ce qui doit vous préoccuper. Ce que vous avez appris, reçu, entendu de moi et constaté en moi, voilà ce que vous devez pratiquer. Alors le Dieu de la paix sera avec vous» (*Phi* 4, 8-9).

Nous prions aujourd'hui au Canada, dans la ville d'Edmonton, pour le *progrès des peuples.* Par conséquent, selon les paroles du pape Paul VI, nous prions pour *la paix,* car nous prions pour ce qui constitue son sens contemporain. Les mots du prophète Isaïe et de l'apôtre Paul signifient la même chose. Voilà pourquoi nous prions alors que nous célébrons ensemble cette Eucharistie.

Puisse notre supplique percer les cieux! *Puisse le Dieu de la paix être avec nous!*

Puisse le Dieu de la paix être avec nous! Cette imploration évoque tout *le drame de notre époque, toute la menace qui pèse sur elle.* La menace nucléaire? Certainement!

Mais bien plus: toute la menace de l'injustice, la menace qui émane des *structures rigides de ces systèmes* que l'homme ne peut percer — ces systèmes qui ne s'ouvrent pas pour aller vers l'homme, pour aller vers le *développement des peuples,* pour aller vers la justice et tout ce qu'elle suppose, pour aller vers la paix.

Le solde global n'est-il pas en train de s'alourdir — le solde global de ce que «nous n'avons pas fait pour le plus petit de nos frères»? pour les millions de petits? pour les milliards?

Cela doit être dit ici au Canada, qui est lui-même vaste comme un continent. Cela doit être dit ici, en cette ville, et cela s'adresse à *tou-*

tes les personnes de bonne volonté, à tous les groupes, communautés, organisations, institutions, nations et gouvernements, il faut dire que tout ce que « nous avons fait » et *ce que nous ferons encore,* ce que nous préparerons et ferons avec une détermination, une énergie toujours accrue — tout cela compte.

Et le solde va augmentant et doit augmenter encore, de ce que « *nous avons fait* » pour une personne, pour les millions, pour les milliards : *le solde du bien dans l'histoire humaine.*

Le jugement dont parle l'Évangile d'aujourd'hui est constamment en préparation et a déjà commencé : ce que vous avez fait pour l'un… pour les millions… pour les milliards, *« vous l'avez fait à Moi »*!

Puisse le Dieu de la paix être avec vous, ici au Canada et partout.

Puissent la justice et la paix s'embrasser de nouveau (cf. *Ps* 84 [85], 10) à la fin de ce deuxième millénaire, qui nous prépare à l'avènement glorieux du Christ. Amen.

10e JOUR

- YELLOWKNIFE
- VANCOUVER

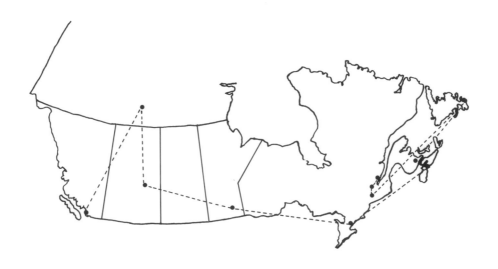

RENCONTRE AVEC LES AUTOCHTONES
FORT SIMPSON
Le 18 septembre 1984*

Chers frères et chères soeurs,

« À vous grâce et paix de par Dieu, notre Père, et le Seigneur Jésus Christ! » (*2 Co* 1, 2).

Du fond de mon coeur, j'aimerais vous dire à quel point je suis heureux d'être avec vous, *peuples autochtones du Canada,* dans cette merveilleuse contrée de Denendeh. C'est, en effet, un honneur pour moi que d'être invité à participer avec vous à cette célébration spirituelle vibrante d'émotion, où bon nombre de participants ne sont pas catholiques.

En vous, je salue, dans l'estime et l'amitié, les descendants *des premiers habitants de ce pays* qui ont vécu ici depuis de nombreux siècles. Vous saluer, c'est rendre un hommage respectueux *à la naissance de la société humaine dans cette immense région d'Amérique du Nord.* Vous saluer, c'est rappeler avec vénération le dessein de Dieu et la providence tels qu'ils se sont manifestés dans votre histoire jusqu'à ce jour. Vous saluer, dans ce coin de terre qui est le vôtre, c'est évoquer les événements qui ont marqué la vie humaine dans ce décor naturel majestueux créé par Dieu à l'origine. Alors que je viens parmi vous, je me tourne également vers votre passé afin de proclamer votre dignité et d'appuyer votre destinée.

---

* La rencontre à Fort Simpson n'ayant pas eu lieu en raison de circonstances incontrôlables, ce discours fut adressé à la population de Yellowknife. Les références géographiques pourraient s'avérer inexactes.

Je sais que beaucoup d'entre vous ont fait ce pèlerinage de tous les coins du Canada, des glaces de l'Arctique aux grandes plaines, des forêts et des grands lacs, des montagnes majestueuses et du littoral — de l'Est et de l'Ouest, du Nord et du Sud. Je suis heureux que rien n'ait pu vous empêcher d'assister à cette rencontre.

Je crois savoir que *les grandes organisations autochtones,* l'Assemblée des premières nations, le Conseil autochtone du Canada, le Tapirisat Inuit du Canada, le Conseil national des Métis, ont préparé, d'un commun accord, cette manifestation spirituelle dans cette région septentrionale de votre patrie. Cet élan de coopération, compte tenu de la diversité culturelle et religieuse de vos traditions, symbolise l'espoir grandissant de solidarité parmi les peuples autochtones de ce pays.

Vous avez choisi comme thème de cette célébration : « l'autodétermination et les droits des peuples autochtones ». Je me réjouis, pour ma part, de pouvoir réfléchir avec vous à ces questions étroitement liées à vos vies.

Ma présence parmi vous aujourd'hui manifeste encore une fois le souci profond et la sollicitude de l'Église envers les peuples autochtones du Nouveau-Monde. En 1537, dans le document *Pastorale Officium,* mon prédécesseur Paul III proclamait les droit des peuples autochtones de cette époque. Il affirmait leur dignité, défendait leur *liberté* et déclarait qu'ils ne devaient pas *être réduits en esclavage ni privés de leurs biens et droits de propriété*. Ma présence, aujourd'hui, représente une autre étape dans la longue relation qu'ont entretenue un grand nombre d'entre vous avec l'Église. C'est une relation qui recouvre quatre siècles mais qui s'est manifestée avec une vigueur particulière depuis le milieu du dix-neuvième siècle. Les missionnaires d'Europe, non seulement de l'Église catholique mais d'autres traditions chrétiennes, ont consacré leur vie à propager l'Évangile parmi les peuples autochtones du Canada.

Je sais la gratitude que vous, les Indiens et Inuit, éprouvez à l'endroit des missionnaires qui ont vécu et qui sont morts parmi vous. L'écho de ce qu'ils ont fait pour vous retentit encore dans toute l'Église et dans le monde entier. Ces missionnaires se sont efforcés de vivre votre vie, d'être semblables à vous *afin de vous servir* et *de vous apporter le Salut de l'Évangile de Jésus Christ.*

Quelles qu'aient été leurs fautes et leurs imperfections, tout autant que les erreurs commises et les dommages qui en résultèrent bien involontairement, ils s'efforcent à présent de les réparer. Mais à côté de cette inscription dans la mémoire collective de votre histoire, il y a les annales de leur *amour fraternel* dont les preuves sont innombrables. Jésus lui-même nous dit: « Il n'est pas de plus grand amour que de donner sa vie pour ses amis » (*Jn* 15, 13).

Les missionnaires restent parmi vos meilleurs amis; ils consacrent leur vie à votre service alors qu'ils proclament la Parole de Dieu. Pour l'instruction et les soins de santé dont vous bénéficiez, vous leur êtes redevables, et de façon spéciale à des femmes dévouées telles que les Soeurs Grises de Montréal.

La merveilleuse renaissance de votre culture et de vos traditions que vous connaissez aujourd'hui est largement due aux initiatives et aux efforts continus des missionnaires, dans les domaines de la linguistique, de l'ethnographie et l'anthropologie. Des noms comme ceux de Lacombe, Grollier, Grandin, Turquetil — et la liste serait encore longue — méritent d'être inscrits avec gratitude dans les pages de votre histoire.

Aujourd'hui, j'aimerais rendre un hommage particulier à Monseigneur Paul Piché, qui célèbre cette année son vingt-cinquième anniversaire en tant que pasteur de ce vaste diocèse. L'Église et votre peuple vous remercient, vous et vos confrères, pour les communautés que vous avez édifiées par la Parole de Dieu et par les sacrements. À travers vous, je remercie tous les héroïques missionnaires Oblats qui ont trouvé, dans l'amour et la grâce de Notre Seigneur Jésus Christ, l'inspiration de servir les peuples du Nord.

Oui, chers Indiens et Inuit, les missionnaires ont toujours participé à votre vie culturelle et sociale. Conformément à l'enseignement du deuxième Concile du Vatican, ils se sont efforcés, avec encore plus de conviction, de vous témoigner, comme l'Église le désire véritablement, un respect encore plus profond pour votre patrimoine, pour vos langues et vos coutumes (cf. *Ad Gentes,* no 26).

C'est dans ce contexte d'estime et d'amour qu'ils vous apportent l'*Évangile de Notre Seigneur Jésus Christ* et sa *capacité de renforcer vos traditions,* de les perfectionner et de les ennoblir. Leur évangélisation proclamait « le nom, l'enseignement, la vie, les promesses, le règne, le mystère de Jésus de Nazareth le Fils de Dieu » (*Evangelii Nuntiandi,* no 22).

C'est l'Église elle-même qui vous a envoyé les missionnaires pour que vous receviez le message de Jésus, source de vie et de libération. Ce message a pris racine dans vos coeurs et s'est incarné dans votre société tout comme le *Christ Lui-même est devenu Indien et Inuit en vous, les membres de cette société.* J'ai abordé ce sujet important la semaine dernière à Sainte-Anne de Beaupré et à Midland.

Lorsqu'ils vous prêchent l'Évangile, les missionnaires veulent rester à *vos côtés* dans vos épreuves et vos problèmes et dans votre *juste combat pour obtenir la pleine reconnaissance de votre dignité humaine et chrétienne,* en tant que peuples autochtones et enfants de Dieu.

En cette occasion, alors que je fais l'éloge de l'apport des missionnaires au fil des ans, je demande instamment à toute l'Église du Canada de se montrer toujours plus sensible aux besoins des missions du Nord. L'Esprit de Dieu appelle l'Église de ce pays à assumer sa pleine part de responsabilités, pour répondre aux besoins des enfants du Seigneur, dans les vastes régions septentrionales. La force du Mystère Pascal du Christ, qui a insufflé aux missionnaires d'antan et d'aujourd'hui une générosité absolue, ne peut faire défaut aux jeunes de notre époque. C'est le Seigneur Jésus Lui-même qui demande à toute l'Église du Canada de *rester fidèle à son caractère essentiellement missionnaire,* sans lequel elle ne peut exister comme Église de Dieu.

J'en appelle aux jeunes autochtones pour qu'ils soient prêts à assumer leurs responsabilités et à jouer leur rôle de dirigeants. J'en appelle également aux jeunes catholiques parmi vous pour qu'ils répondent à la vocation du sacerdoce et de la vie religieuse, et j'invite tous leurs aînés, dirigeants et parents catholiques, à considérer avec fierté ces vocations spéciales et à appuyer et encourager tous ceux et celles qui, de leur plein gré, désirent embrasser ce mode de vie.

Je suis venu aujourd'hui parmi les peuples autochtones, chers à notre coeur, afin de *proclamer* à *nouveau l'Évangile de Jésus Christ* et de *réaffirmer ses exigences.* Je suis venu vous parler, une fois de plus, de votre dignité et vous assurer de l'amitié et de l'amour que l'Église vous porte, un amour qui s'exprime dans le service et les tâches pastorales. Je suis venu vous assurer, vous et le monde entier, du respect qu'éprouve l'Église pour votre patrimoine historique et pour vos nombreuses et remarquables coutumes ancestrales.

Oui, mes très chers frères et soeurs, je suis venu vous *appeler au Christ* pour réitérer, devant vous et devant tout le Canada, son message de miséricorde et de réconciliation. L'histoire prouve qu'au fil des siècles vos peuples ont à maintes reprises été victimes d'injustice aux mains de nouveaux venus qui, dans leur aveuglement, considéraient souvent toute votre culture comme inférieure. Heureusement, aujourd'hui, la situation a changé dans une très large mesure et on commence à prendre conscience de l'immense richesse de cette culture et à vous traiter avec plus de respect.

Comme je l'ai dit à Midland, l'heure est venue de mettre du baume sur les blessures, de cicatriser les déchirures. Le moment est venu de pardonner, de se réconcilier et de s'engager à nouer de nouvelles relations. Pour reprendre les paroles de saint Paul: « Le voici maintenant le moment favorable, le voici maintenant le jour du salut » (*2 Co* 6, 2).

Mon prédécesseur Paul VI a expliqué de façon très claire le *lien étroit qui existe entre la propagation de l'Évangile et le progrès de l'humanité.* Or, le progrès de l'humanité comprend le *développement* et la *libération* (cf. *Evangelii Nuntiandi,* nos 30-31). Aussi, en m'adressant à vous aujourd'hui, je vous apporte le message de l'Évangile avec son commandement d'amour fraternel, ses exigences de justice et de respect des droits de la personne et avec tout son pouvoir libérateur.

Saint Paul voulait nous faire comprendre à tous l'importance de la *liberté chrétienne,* libération du péché et de tout ce qui peut nous asservir. C'est encore saint Paul qui proclame au monde: « C'est pour que nous restions libres que le Christ nous a libérés » (*Ga* 5, 1). En même temps, lui-même et saint Pierre affirment le principe selon lequel la liberté ne doit pas se tourner en prétexte pour la licence (cf. *Ga* 5, 13; *1 P 2,* 16).

Aujourd'hui, je veux proclamer cette *liberté nécessaire à une mesure juste et équitable d'autodétermination* dans votre vie, en tant qu'autochtones. Avec l'appui de toute l'Église, je proclame tous vos droits et les obligations qui en découlent. Et aussi je condamne l'oppression physique, culturelle et religieuse et tout ce qui vous priverait, vous ou tout autre groupe, de ce qui lui appartient de droit.

La position de l'Église est claire : les individus sont en droit de *participer aux décisions* de la vie publique qui touchent leur propre vie. « La participation constitue un droit qui s'étend aux domaines économique, social et politique » (*Iustitia in Mundo*, no 1 ; *Gaudium et Spes*, no 75).

Ce principe vaut pour tous. Il s'applique de façon particulière à vous, les autochtones, alors que vous vous efforcez de prendre la place qui vous revient de droit parmi les peuples de la terre, avec une *mesure juste et équitable d'autonomie*. Pour vous, une *base territoriale* dotée de ressources suffisantes est également nécessaire, afin de développer une économie viable pour les générations présentes et futures. Vous devez également être en mesure de mettre en valeur vos terres et votre potentiel économique, d'éduquer vos enfants et de planifier votre avenir.

Je sais que des pourparlers sont en cours et que les parties en cause ont fait preuve de beaucoup de bonne volonté. C'est mon espoir et ma prière que des résultats satisfaisants peuvent être obtenus.

Votre devoir, à vous, est de mettre tous vos talents au service des autres et d'aider à bâtir pour le bien de tout le Canada, une civilisation de justice et d'amour toujours plus authentique. Votre vocation est de gérer les ressources de façon responsable et de donner un exemple dynamique d'une bonne utilisation de la nature, surtout à une époque où la pollution et les dommages faits à l'environnement pèsent sur l'avenir de la terre. Le message de fraternité universelle du Christ et son *commandement d'amour* font partie à tout jamais, de votre patrimoine et de votre vie.

Chers amis, chers peuples autochtones du Canada, alors que vous vous penchez sur votre histoire et votre travail, en collaboration avec tous vos frères et soeurs, afin de façonner votre destinée et de contribuer au bien commun, rappelez-vous sans cesse que votre allégeance au Seigneur se manifeste dans l'observance de ses commandements. Ils sont écrits dans votre coeur et saint Jean les a bien résumés lorsqu'il disait: « Voici son commandement: *croire au nom de son fils Jésus Christ et nous aimer les uns les autres,* comme il nous en a donné le commandement. Et celui qui garde ses commandements demeure en Dieu et Dieu en lui; à ceci nous savons qu'Il demeure en nous: à l'Esprit qu'Il nous a donné » (*1 Jn* 3, 23-24). C'est l'Esprit qui nous permet de croire en Jésus et de nous aimer les uns les autres.

Votre bien le plus précieux, chers amis, est le don de l'Esprit de Dieu, que vous avez reçu dans vos coeurs et qui vous conduit vers le Christ et, par le Christ, au Père. Rempli d'un grand amour pour vous tous, mes frères et soeurs Indiens et Inuit, je vous bénis au nom du Père, du Fils et du Saint-Esprit. Amen.

HOMÉLIE

VANCOUVER

Le 18 septembre 1984

« Bénis le Seigneur, ô mon âme, du fond de mon être, son saint nom » (*Ps* [102], 1).

Par ces paroles extraites de la liturgie d'aujourd'hui, mes chers frères et soeurs, je *voudrais m'adresser,* avec vous tous, au *Dieu d'amour* et je voudrais le faire *par le mystère du Coeur du Christ.*

J'ai choisi ces paroles parce qu'elles évoquent notre coeur humain — ce que le psalmiste appelle *« le fond de mon être »*. Et c'est exactement ce à quoi nous pensons lorsque nous parlons du « coeur » : notre être tout entier, *tout ce qui est au plus profond de chacun de nous;* tout ce qui nous constitue de l'intérieur, au plus profond de notre être; tout ce qui fait que nous sommes humain; tout ce qui fait la plénitude de notre être en ses dimensions spirituelle et physique. Tout cela trouve son expression dans la personne, qui est spéciale et unique en son « moi intérieur » et aussi en sa « transcendance ».

Les paroles du psaume — « Bénis le Seigneur, mon âme, du fond de mon être, son Saint Nom » — signifie que notre *« coeur »* humain *s'adresse à Dieu* dans toute la majesté inimaginable de sa divinité et de sa sainteté et, simultanément, dans sa merveilleuse « ouverture » à l'endroit de l'humanité : sa « condescendance ».

Ainsi, « coeur » signifie « Coeur »; *le « coeur » parle au « Coeur ».*

Dans cet esprit, je voudrais également *saluer* tous ceux et celles qui participent à notre assemblée eucharistique — à l'occasion de cette messe votive du Sacré-Coeur — ainsi que tous ceux qui sont venus ici manifester leur bonne volonté et leur solidarité respectueuse à l'endroit de cette communauté réunie dans la prière.

Je suis profondément heureux que ma visite au Canada m'ait permis de me rendre en cette ville de Vancouver et en ce lieu de rassemblement du peuple de Dieu. Cette ville est en effet merveilleusement située entre les montagnes et l'océan, et c'est aussi la plus grande ville de votre province, tout entière emplie « d'une splendeur sans déclin » : *Splendor sine occasu!*

Ses forêts, ses ressources minérales, ses eaux, ses fruits, ses pêcheries, et sa beauté qui attire tant de touristes, témoignent abondamment de l'importance de votre province. Mais vous, les gens de cette région, *vous revêtez une importance plus grande encore.* C'est ici que vous vivez et que vous travaillez, que vous luttez pour édifier un habitat humain propice et une société juste. C'est ici que vous luttez pour résoudre les problèmes sociaux qui constituent désormais la trame de notre vie. C'est ici que vous poursuivez votre quête de Dieu, que vous cherchez à découvrir la pleine signification de la vie humaine, au coeur du combat entre le bien et le mal. Et *à vous tous aujourd'hui,* j'apporte l'expression de *mon profond respect* et de *mon amour fraternel.*

J'aimerais saluer d'une façon toute particulière les *fidèles catholiques* de l'archidiocèse de Vancouver et leur pasteur, l'archevêque Carney. Je suis également très reconnaissant à tous ceux et celles qui n'ont pas ménagé leur peine pour venir aujourd'hui des autres diocèses de la Colombie-Britannique et du nord-ouest de la côte du Pacifique. Dans ce rassemblement eucharistique, je dis ma profonde affection pour tous mes frères évêques et pour tous les membres du clergé, des communautés religieuses et laïcs de l'Église catholique.

Dans la charité du Christ, j'ouvre les bras *à tous mes frères et soeurs chrétiens* qui me font aujourd'hui l'honneur de leur présence. Je veux rappeler avec sincère gratitude et respect les efforts qui ont été déployés, ici même l'an dernier, par le Conseil mondial des Églises assemblé pour proclamer Jésus Christ au monde.

Avec une estime toute fraternelle, je salue chaleureusement les membres des *religions non chrétiennes* et tous les citoyens de cette terre qui n'ont *pas d'affiliation religieuse.* Devant vous tous, je me fais le témoin du souci et de l'intérêt profonds de l'Église catholique à l'endroit de l'incomparable dignité humaine, qui est celle de chaque homme, de chaque femme et de chaque enfant sur cette planète.

Je suis profondément reconnaissant des marques d'hospitalité qui m'ont été données et de cette invitation à célébrer ici l'eucharistie. C'est dans le cadre de cette liturgie communautaire que je suis venu à vous pour *proclamer Jésus Christ,* le Fils éternel de Dieu, proclamer le Dieu invisible qu'il révèle et proclamer aussi l'amour divin qu'il transmet au monde par le mystère de son Sacré-Coeur.

Lorsque nous parlons du « Coeur de Jésus Christ », *nous nous adressons par notre foi* au mystère christologique tout entier : *le mystère de Dieu — Homme.*

Ce mystère est exprimé sur un mode riche et profond dans les textes de la liturgie d'aujourd'hui. Voici les paroles de l'apôtre Paul dans son Épître aux Colossiens :

> *Jésus Christ « est l'image du Dieu invisible,*
> Premier-Né de toute créature,
> car c'est *en lui* qu'ont été créés *toutes choses,*
> dans les cieux et sur terre,
> les visibles et les invisibles,
> Trônes, Seigneuries, Principautés, Puissances » (*Col* 1, 15-16).

Les derniers mots parlent expressément des *choses « invisibles » :* les créatures dont la nature est purement spirituelle.

> « Tout a été créé par Lui et pour Lui.
> Il est avant toutes choses et *tout*
> *subsiste en Lui »* (*Col* 1, 16-17).

Ces phrases merveilleuses extraites de la lettre de saint Paul viennent s'ajouter à ce que nous proclame aujourd'hui le *prologue de l'Évangile selon saint Jean :*

> « Au commencement le Verbe était
> et le Verbe était avec Dieu
> *et le Verbe était Dieu.*
> Il était au commencement
> avec Dieu.

Tout fut par Lui
et sans Lui rien ne fut.
Et *le monde fut par Lui* » (*Jn* 1, 1-3, 10).

On trouve à la fois dans le texte de Jean et dans celui de Paul la révélation de la *doctrine du Fils — le Verbe de Dieu — qui est de la même substance divine que le Père.* Voilà la foi que nous prêchons lorsque nous disons le symbole — cette profession de foi qui nous vient des deux plus anciens conciles de l'Église universelle, celui du Nicée et celui de Constantinople :

> Nous croyons en un seul Dieu,
> Le Père tout-puissant, créateur du ciel et de la terre,
>   de l'univers visible et invisible.
> Nous croyons en un seul Seigneur, Jésus Christ,
>   le Fils unique de Dieu,
>   né du Père avant tous les siècles :
> Il est Dieu, né de Dieu, lumière, née de la lumière,
>   vrai Dieu, né du vrai Dieu,
> Engendré, non pas créé, de même nature que le Père;
>   et par lui tout a été fait.

Le Fils est un en substance avec le Père. Il est *Dieu de Dieu.*

Parallèlement, tout ce qui est créé trouve son origine divine en Lui, le Verbe éternel. *Toutes choses furent par Lui* et elles existent par lui.

Voilà notre foi. Voilà ce que prêche l'Église *à propos de la divinité du Fils.* Ce Fils éternel, vrai Dieu, le Verbe du Père est *devenu homme.* Voici les paroles de l'Évangile: « Et le Verbe s'est fait chair, et Il a demeuré parmi nous » (*Jn* 1, 14).

Par le symbole, nous professions ceci: « Pour nous, les hommes, et pour notre salut, Il est descendu du ciel; *par l'Esprit Saint, il a pris chair de la Vierge Marie et s'est fait homme.* »

Ici, nous abordons plus directement la réalité du *Coeur de Jésus.* Le coeur en effet est un organe humain qui appartient au *corps,* qui fait partie de toute la structure, de la composition spirituelle et physique de l'homme: « Et le Verbe s'est fait chair ».

Dans cet ensemble, le coeur trouve sa place *comme organe*. En même temps, il a aussi la signification du *centre* symbolique du *moi intérieur,* et ce moi intérieur est, de par sa nature même, spirituel.

Le Coeur de Jésus *fut conçu* sous le coeur de la Vierge Marie et sa vie terrestre s'est terminée au moment où *Jésus est mort sur la Croix,* comme en atteste le soldat romain qui transperça de sa lance le côté de Jésus.

Pendant toute la vie terrestre de Jésus, ce Coeur était le *centre* dans lequel se manifestait, *d'une façon humaine, l'amour de Dieu:* l'amour de Dieu le Fils, et, par le Fils, l'amour de Dieu le Père.

Qu'est-ce qui constitue donc le principal fruit de cet amour dans la création?

Nous pouvons lire ceci dans l'Évangile: « Il est venu chez lui et les siens ne l'ont pas reçu. Mais à tous ceux qui l'ont reçu, il a donné le pouvoir de devenir enfants de Dieu » (*Jn* 1, 11-12).

Et voici donc le plus magnifique, le plus profond *des dons du Coeur de Jésus* que nous trouvons dans la création: l'homme né de Dieu, l'homme adopté comme un fils dans le Fils éternel, l'humanité qui reçoit le pouvoir de devenir des enfants de Dieu.

Et par là, motre *coeur humain* « ainsi transformé » *peut dire,* et dit en fait, au *Coeur divin* ce que nous entendons dans la Lithurgie d'aujourd'hui:

« Bénis le Seigneur, ô mon âme,
n'oublie aucun de ses bienfaits!
Car il *pardonne* toutes tes offenses,
et te guérit de toute maladie;
il réclame ta vie à la tombe,
et te courronne d'amour et de tendresse.
Le Seigneur est *tendresse et pitié,*
lent à la colère et *plein d'amour* » (*Ps* 103 [102], 2-4, 8).

Voilà donc les paroles du psaume par lesquelles *l'Ancien Testament* nous parle du mystère de l'amour de Dieu. Mais les *Évangiles* nous parlent encore bien plus du Coeur divin du Fils — et indirectement, du Coeur du Père:

Coeur de Jésus, havre de justice et d'amour!
Coeur de Jésus, patient et miséricordieux!
Coeur de Jésus, fontaine de vie et de sainteté!

Enfin, nous pouvons dire comme Isaïe que ceux qui mettent leur *espérance dans le Coeur Divin « renouvellent leurs forces,* il leur vient des ailes comme aux aigles. Ils courent sans lassititude *et marchent sans fatigue »* (*Is* 40, 31).

Le Coeur de Jésus Christ est une *invitation de Dieu,* sans cesse renouvelée, *qui s'adresse à l'humanité et à chaque coeur humain! Écoutons encore une fois la Parole de saint Paul dans la lithurgie d'aujourd'hui :*

« Et il est aussi la Tête du Corps,
c'est-à-dire de l'Église :
Il est le principe,
Premier-Né d'entre les morts,
(il fallait qu'Il obtint en tout la primauté),
car Dieu s'est plu à faire habiter en Lui
toute la *Plénitude*
et par Lui à *réconcilier* tous les êtres pour Lui,
aussi bien sur la terre que dans les cieux,
en faisant la paix *par le sang de sa Croix » (Col* 1, 18-20).

Voilà donc *l'ultime perspective* qui s'ouvre à nous de par notre foi au *Coeur de Jésus Christ.* Il est le commencement et la fin de toutes choses créées en Dieu lui-même. Il est la *Plénitude.*

Et toutes choses visibles et invisibles de la création tendent à cette *Plénitude.* Toute l'humanité tend à cette *Plénitude en Lui,* réconciliée avec Dieu par le Sang versé par Jésus sur sa Croix.

Seigneur Jésus Christ.
Fils éternel du Père éternel,
Né de la Vierge Marie,

Nous te demandons de continuer à nous révéler le mystère de Dieu, afin que nous puissons reconnaître en Toi « l'image du Dieu invisible »; *afin que nous puissions le trouver en Toi,* en ta divine personne, dans la chaleur de ta nature humaine et dans l'amour de ton Coeur.

Coeur de Jésus en qui réside la plénitude
de la Divinité!
Coeur de Jésus, dont nous avons tous reçu
la Plénitude!
Coeur de Jésus, Roi et centre de tous les coeurs,
pour les siècles des siècles. Amen!

RENCONTRE AVEC LES JEUNES, LES PERSONNES ÂGÉES OU HANDICAPÉES

VANCOUVER

Le 18 septembre 1984

Mes très chers frères et soeurs,

Ce soir *nous sommes venus célébrer la vie en Jésus Christ*. Dans ce stade où retentissent les échos de la musique et de la danse, nous louons le Seigneur pour le don de la vie, comme une famille où tous, jeunes et vieux, infirmes et bien portants, sont frères et soeurs unis dans le Christ. Nos coeurs et nos voix chantent à l'unisson les louanges du Créateur du Ciel et de la terre, notre Seigneur, source de vie. J'aimerais vous remercier personnellement pour votre accueil chaleureux, pour ces chants et ces témoignages débordant d'amour.

Dans cette merveilleuse région de Colombie-Britannique, aux montagnes majestueuses, aux flots impétueux, aux forêts luxuriantes et au sol riche en minerais, une abondance de *vie naturelle* vous entoure, avec la faune sauvage et d'abondantes ressources de poissons. Émerveillé de la grandeur et de la beauté de ce décor, l'un des premiers explorateurs de cette région, le capitaine George Vancouver, parlait « des innombrables paysages accueillants et de l'abondante fertilité que la nature étale spontanément ». Que de vérité dans les paroles de cet explorateur dont cette ville en plein essor porte le nom.

Nous célébrons également le don de la vie humaine et, notamment, la richesse ethnique qui caractérise la population de cette région. Les Indiens vivaient ici, premiers habitants de ces contrées; voyant la vie comme le don du Grand Esprit, ils furent amenés à accueillir l'Évangile du Christ quand il leur fut annoncé par les missionnaires. Il y eut également les gens d'origine britannique qui furent les premiers colons. Ensuite, ceux d'Extrême Orient et de l'Inde qui venaient travailler à la construction du chemin de fer et à la mise en valeur des ressources minières. Enfin, les immigrants d'Europe de l'Est et de l'Ouest repoussèrent encore les frontières de cette nouvelle terre. Tous ces peuples d'immigrants ainsi que les Amérindiens sont représentés par les artistes du spectacle de ce soir. Grâce à eux, nous voyons comment les diverses vagues d'immigrants ont contribué à la richesse culturelle et à la diversité qui caractérisent cette région. Que les héritiers de ces bienfaits les apprécient réellement et rejettent toute forme de discrimination contre toute autre personne « en droit ou en fait, en raison de leur race, origine ethnique, couleur, culture, sexe ou religion » (*Octogesima Adveniens*, no 16). Toute discrimination de ce genre constitue un affront à la dignité humaine et un avilissement de la vie humaine.

Ce soir, nous célébrons avant tout le don de la *vie éternelle*, acquis pour nous par Jésus Christ, dans sa mort sur la croix. Dans l'Évangile de saint Jean que nous lisons ce soir, Jésus nous dit: « Moi, je suis venu pour que les brebis aient la vie et l'aient en abondance » (*Jn* 10, 10). La vie naturelle et la vie humaine sont les dons précieux du Seigneur. Pourtant, la vie éternelle est un don encore plus grand parce que c'est le don de la vie pour toujours.

La grâce que nous recevons lors du baptême rehausse la qualité de notre vie à un niveau qui dépasse de loin tout ce que nous pouvons imaginer, car nous y recevons la promesse de la vie éternelle. Cette vie éternelle commence dès maintenant; par la foi en la Parole de Dieu et par les Sacrements de l'Église, elle atteindra sa perfection dans le monde à venir. C'est la vie décrite en ces termes par saint Paul: « Ce que l'oeil n'a pas vu, ce que l'oreille n'a pas entendu, ce qui n'est pas monté au coeur de l'homme, tout ce que Dieu a préparé pour ceux qui l'aiment » (*1 Co* 2, 9).

Je me réjouis de ce que dans ce stade, ce soir, il y ait, pour célébrer la vie avec moi, des enfants et des jeunes gens, des personnes âgées et des frères et soeurs qui souffrent d'infirmités ou de handicaps de diverses sortes. J'aimerais parler à chacun de ces groupes, à tour de rôle.

Chers enfants et chers jeunes: mes premiers mots s'adressent à vous. Ne permettez à personne de vous leurrer quant au sens réel de votre vie. Elle vient de Dieu. Vous êtes ici sur terre parce que Dieu vous a créés. Vous *venez* de lui. Vous lui *appartenez*. Et vous *irez* à lui. Dieu est *la source et le but de votre vie*. Lui qui vous a donné la vie naturelle, Il a voulu que vous grandissiez dans une région riche et palpitante de son univers. Dieu vous a gratifiés de nombreux avantages. Par le baptême, il vous a même donné part à sa propre Vie. Il vous a adoptés comme ses enfants. Vous êtes les frères et les soeurs du Christ.

Dans l'Évangile, Jésus nous avertit qu'il y a dans le monde des voleurs qui ne viennent que « pour voler, égorger et détruire » (*Jn* 10, 10). Vous rencontrerez de ces voleurs qui *essayent de vous tromper*. Ils vous diront que le sens de la vie est d'en tirer le plus de plaisir possible. Ils tenteront de vous convaincre que ce monde est le seul qui soit et que vous devez aujourd'hui en tirer pour vous seuls tout le profit possible. Vous entendrez des gens vous dire: « Veillez à vos intérêts et ne vous souciez pas d'autrui ». D'autres encore diront: « Vous trouverez le bonheur en accumulant, autant qu'il se peut, les richesses et les biens de consommation et, si vous vous sentez malheureux, cherchez l'évasion dans l'alcool et la drogue. »

Rien de tout cela n'est vrai et rien de tout cela n'apportera de joies profondes dans votre vie. Le sens véritable de la vie ne se trouve pas en soi-même, ni dans les choses. Il se trouve en Quelqu'un d'autre: En Celui qui a créé tout ce qui est bon, vrai et beau dans le monde. *La vie véritable se trouve en Dieu* et vous découvrez Dieu en la personne de Jésus Christ. Le Christ nous révèle Dieu et *connaître le Christ, c'est connaître Dieu*. Et, afin de vous connaître, de vous connaître vraiment comme vous êtes, vous devez connaître le Christ. C'est pour cela que saint Paul peut s'exclamer: « Je tiens tout désormais pour désavantageux au prix du gain suréminent qu'est la connaissance du Christ Jésus mon Seigneur » (*Ph* 3, 8).

Je sais que certains d'entre vous vont à *l'école catholique*. Pourquoi? Tout simplement pour vous permettre de découvrir le Christ plus facilement et, en lui, le sens véritable de la vie. Ainsi vous pourrez vivre votre vie en plénitude. L'Église a ses écoles parce qu'elle veut vous *révéler le Christ*. Elle veut que vous vous épanouissiez en Lui, qui est l'être humain parfait et, en même temps, le Fils de Dieu.

Chers enfants et jeunes gens: *adressez-vous au Christ*.

Lorsque vous vous interrogez sur le *mystère de votre vie*, adressez-vous au Christ qui vous en livre le sens véritable. Lorsque vous vous interrogez sur *votre rôle dans l'avenir du Canada et du monde*, adressez-vous au Christ. Il vous fera découvrir le moyen d'accomplir ce dont vous êtes capables, en tant que citoyens canadiens et citoyens du monde. Lorsque vous vous interrogez sur la *vie à venir*, regardez le Christ. Aimez-le et servez-le dès maintenant à travers votre prochain, de sorte qu'un jour, vous connaîtrez la plénitude de la vie éternelle.

Chères personnes âgées, c'est vous maintenant que je salue, vous qui témoignez que la *valeur de la vie* réside dans *ce que vous êtes*, et non dans ce que vous possédez ou dans ce que *vous êtes capables de faire*. Votre vie manifeste la continuité des générations et vous donne plus de perspective pour juger les événements de l'heure et les nouvelles découvertes. Vous rappelez au monde la sagesse des générations antérieures, tout en apportant votre clairvoyance à la génération actuelle.

Je suis heureux de toutes les initiatives prises ici, en Colombie-Britannique, pour améliorer la qualité de votre vie et, en particulier, pour vous fournir des logements décents. Dans sa *Charte des Droits de la Famille* publiée en 1983, le Saint-Siège affirme: « Les personnes âgées ont le droit de trouver, au sein de leur propre famille, ou, si cela est impossible, dans des institutions adaptées, le cadre où elles puissent vivre leur vieillesse dans la sérénité, en exerçant les activités compatibles avec leur âge et qui leur permettent de participer à la vie sociale » (Art. 9).

Le cours des ans laisse sa marque sur notre santé. Parfois, vous devez abandonner des activités qui vous étaient agréables. Vos membres ne sont peut-être plus aussi souples que par le passé. Votre mémoire et votre vue peuvent sembler vous trahir. Par suite, le monde peut ne plus vous être familier, le monde de votre famille, le monde qui vous entoure, le monde que vous avez bien connu. L'Église elle-même, que vous avez chérie si longtemps, peut paraître étrange à bon nombre d'entre vous, alors qu'elle évolue dans cette ère de renouvelle-ment. Cependant, en dépit des changements et en dépit des faiblesses que vous ressentez, votre apport est précieux à tous. *La société a besoin de vous, tout comme l'Église.* Vous n'êtes peut-être plus capa-bles de *faire* autant qu'auparavant. Mais ce qui compte par-dessus tout c'est *ce que vous êtes.* La vieillesse est le couronnement de la vie terrestre, c'est le moment de récolter ce que vous avez semé. C'est également le moment de vous donner aux autres comme jamais auparavant.

Oui, on a besoin de vous et que personne ne prétende le contraire. Les messes entendues tout au long de votre vie, les communions reçues dans la dévotion, les prières offertes, sont pour nous d'inesti-mables présents. Nous avons besoin de votre *expérience* et de votre *clairvoyance.* Nous avons besoin de la *foi* qui vous a animés et qui continue de vous éclairer. Nous avons besoin de votre *exemple* de patience et de confiance. Nous avons besoin de voir en vous votre *amour mature*, fruit d'une vie vécue à la fois dans les joies et les souf-frances. Et nous avons encore besoin de *votre sagesse* car vous pou-vez nous rassurer dans les périodes d'incertitude. Vous pouvez encourager les autres à vivre selon les valeurs les plus élevées de l'esprit. Ces valeurs nous unissent aux êtres humains de tous les temps et ne vieillissent *jamais.*

Soyez conscients de votre dignité et, dès lors, *consacrez à nouveau votre vie à notre Seigneur Jésus Christ.* Prenez le temps de le connaî-tre mieux que jamais auparavant. Écoutez-le dans la prière alors qu'il vous dit, à votre heure de faiblesse, de chagrin ou de souffrance: « Je suis le bon pasteur; je connais mes brebis et mes brebis me con-naissent » (*Jn* 10, 14). Il est près de vous dans les épreuves de votre vie quotidienne. À votre tour, cherchez à être ses fidèles compagnons sur le chemin de la Croix. N'oubliez jamais que vos tribulations sont prévues dans le plan de Dieu pour vous préparer à vivre la vie en plénitude, en compagnie de Marie et de tous les saints, au Royaume des Cieux.

J'aimerais, à présent, m'adresser à *ceux et celles qui souffrent d'infir-mités* et à ceux et celles qui leur portent secours. En premier lieu, je me réjouis de savoir qu'il existe des organismes, associations et institutions dignes d'éloges qui se montrent sensibles aux besoins de nos frères et soeurs invalides ou handicapés, ici à Vancouver comme dans tout le Canada.

Chers frères et chères soeurs handicapés: la valeur et la dignité de la personne humaine ne résident pas dans les qualités physiques ou mentales, l'efficacité, la productivité ou la vitesse avec laquelle on se meut. La valeur et la dignité émanent de cette vérité fondamentale: chaque individu est créé par Dieu et sauvé par le Sang de son Fils Jésus Christ. Dieu vous appelle tous par votre nom. Il désire que vous apportiez tous *votre contribution personnelle au monde* et que vous meniez une vie enrichissante *au service des autres*. L'amour paternel de Dieu embrasse les bien portants et les malades, les invalides et les handicapés tout autant que les forts.

Chers amis que guette parfois le découragement, mon coeur s'emplit de joie d'être parmi vous aujourd'hui. Je suis venu vous dire que le Christ vous aime, que l'Église et le pape vous aiment également. Vous êtes les amis privilégiés de Jésus. Il vous dit de façon très personnelle: « Venez à moi, vous tous que peinez et ployez sous le fardeau, et moi je vous soulagerai. Chargez-vous de mon joug et mettez-vous à mon école, car je suis doux et humble de coeur, et vous trouverez soulagement pour vos âmes. Oui, mon joug est aisé et mon fardeau léger » (*Mt* 11, 28-30). Le Christ vous demande de l'aider à porter sa Croix. Vous jouez, à notre époque, le rôle de Simon de Cyrène. Votre exemple nous enseigne à associer nos limites humaines aux souffrances de Jésus et à trouver la joie dans la vie.

Je suis également venu vous assurer de ceci: l'Église proclame la nécessité pour vous de participer à la vie de toute la société; de prendre la place qui vous revient de droit dans vos familles, dans l'Église, dans les écoles, et vos milieux de travail. L'Église affirme tout particulièrement votre droit au travail et elle propose « *que les invalides obtiennent du travail à leur mesure* » (*Laborem Exercens,* no 22). Elle souligne que refuser du travail à ceux et celles qui ne peuvent remplir parfaitement une fonction, constitue également « *une grave forme de discrimination* » (*ibid.*).

Chers amis *dont la vocation particulière est de servir des frères et soeurs:* votre travail exige une générosité de coeur et d'esprit, et beaucoup de grandeur d'âme, car Dieu vous exhorte à témoigner un amour d'une qualité toute particulière. Je sais, cependant, que vous serez les premiers à affirmer que vous recevez beaucoup plus que vous ne donnez. Les invalides et les handicapés font jaillir de notre coeur des énergies que nous n'avions pas soupçonnées. Ils nous enseignent également l'humilité car ils nous montrent que la grandeur humaine et chrétienne ne consiste pas à être plus fort ou plus actif que les autres. Ils nous apprennent combien nous dépandons de Dieu. Au nom de Jésus Christ, le Bon Pasteur, je vous remercie pour tous les soins que vous apportez à ces membres importants du troupeau du Christ. En aidant ces hommes, ces femmes et ces enfants, à mener une vie épanouie, vous êtes les auxiliaires du Seigneur.

Chers frères et chères soeurs, en cette soirée où nous célébrons la vie, nous pensons également *aux nombreuses menaces* qui pèsent sur celle-ci dans notre société technologique. *Le taux d'avortement* dans notre société actuelle constitue un péril considérable pour toute l'humanité. Ce crime *inexprimable contre la vie humaine* consiste à rejeter et à tuer la vie dans ses débuts, fraie la voie au *mépris, à la négation et à l'élimination de la vie des adultes* et *porte atteinte à la vie de la société.* Si les faibles sont vulnérables au moment de la conception, ils sont également vulnérables dans la vieillesse et ils sont tout aussi vulnérables devant la fore de l'agresseur et de la puissance des armes nucléaires.

Pourtant, il existe une façon pour l'humanité d'échapper à sa propre tyrannie et de prévenir le jugement de Dieu: face à ces maux qui menacent la vie à notre époque, l'humanité doit proclamer à nouveau le *caractère sacré de la vie humaine,* don précieux d'un Créateur plein de bonté — un don à accepter et à protéger. « Contre le pessimisme et l'égoïsme qui obscursissent le monde, l'Église prend parti pour la vie, et dans chaque vie humaine, elle sait découvrir la splendeur de ce 'oui', de cet 'Amen' qu'est le Christ » (*Familiaris Consortio, no 30).*

L'Église proclame le dessein de Dieu sur toute vie humaine, sur l'amour qui engendre la vie et sur la famille qui, comme communauté de vie, a la mission de « garder, révéler et communiquer l'amour » (*Familiaris Consortio,* no 17). Ce dessein de Dieu est inscrit dans l'être de l'homme et de la femme et donne à leur union conjugale une double dimension: communion intime d'amour et de vie, ouverture à la procréation. Étant donné le lien inséparable, voulu par Dieu, du sens unificateur et procréateur de l'acte conjugal, l'Église proclame que le don de soi total des époux, dans le mariage,n'est possible que si ces deux éléments ne sont pas artificiellement séparés (*Familiaris Consortio,* no 32). Dans le dessein de Dieu, le respect porté à la signification du corps et à l'ouverture à la vie est une condition essentielle visant à assurer la pleine dignité de la personne et de la vie humaine.

Il faut défendre la vie dès la conception contre tout ce qui la menace, comme *la faim et la guerre;* il faut la guérir de ce qui l'affaiblit ou la déshonore, comme la maladie et les excès de *l'alcool et de la drogue;* il faut la protéger de ce qui la dégrade, comme la *violence, les conditions de vie infra-humaines, les conditions de travail indignes* et tant de maux de cet ordre.

Contre les malfaiteurs de notre époque qui ne viennent « que pour voler, égorger et détruire » (*Jn* 10, 10), nous sommes appelés à réagir avec *les armes de la vérité, de la justice et de l'amour.* Soyons fermes dans la foi: nous croyons que le Christ a déjà remporté la victoire décisive sur le péché et la mort par sa Croix et sa Résurrection, et que par la foi il nous donne la vie en son nom.

Dans cette célébration de la vie, ce soir, nous tournons nos regards vers la Bienheureuse Vierge Marie, Mère de Dieu et Mère de l'Église. Elle a donné naissance au Sauveur, qui est la vie du monde; elle est avec nous dans cette célébration de la vie. Elle est proche de nous dans tous nos efforts pour favoriser la vie, pour guérir la vie, pour améliorer la vie et la défendre contre tout ce qui pourrait la blesser, l'affaiblir ou la détruire. Oui, elle est proche de nous dans nos efforts pour suivre Jésus, le Bon Pasteur, qui nous conduit vers la vie éternelle.

Chers frères, chères soeurs, telle est notre destinée: vivre pleinement la vie, en communion avec la Très Sainte Trinité: le Père, le Fils et le Saint Esprit à qui vont « la louange, l'honneur, la gloire et la puissance dans les siècles des siècles! » (*Ap* 5, 13).

11e JOUR

- GATINEAU
- HULL
- OTTAWA

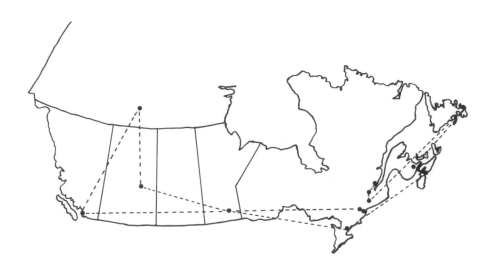

SERVANTES DE JÉSUS-MARIE

GATINEAU-HULL

Le 19 septembre 1984

Mes chères Soeurs,

> *« L'Esprit et l'Épouse disent 'Viens'... Viens, Seigneur Jésus »* (*Ap* 22, 17.20).

L'Église, inspirée par l'Esprit présent en elle, ne cesse d'adresser cet appel au Seigneur Jésus. Elle est tendue vers son retour. Elle l'attend, comme une épouse soupire après son époux bien-aimé, élevé à la droite du Père. Elle a déjà « lavé sa robe » dans son Sang qui l'a rachetée. Elle espère « disposer de l'arbre de vie ». Elle sait qu'elle participe déjà à sa Vie, d'une façon mystérieuse et partielle, dans la foi, les sacrements, la prière, la charité. C'est avec Lui qu'elle travaille à renouveler ce monde selon son Esprit. Mais elle est impatiente d'un renouveau en plénitude, de la pleine vision de son Époux. Pour l'instant sa vie est comme cachée en Dieu.

L'Église tout entière doit vivre de cette attente et en témoigner. Mais *les âmes consacrées* ont fait « *un choix charismatique du Christ comme Époux exclusif.* Un tel choix permet déjà par lui-même de 'se soucier des affaires du Seigneur' mais de plus — lorsqu'il est fait 'à cause du Royaume des cieux' — il rend ce règne eschatologique de Dieu plus proche de la vie de tous les hommes... Les personnes consacrées portent au milieu du monde qui passe l'annonce de la résurrection à venir et de la vie éternelle » (cf. ma lettre *Rédemptionis donum*, no 11).

Tous les religieux et religieuses ont ce charisme au coeur de l'Église. Mais c'est encore plus évident pour les *soeurs cloîtrées* qui renoncent à toute activité au milieu du monde afin d'être présentes au seul Seigneur. Et, en ce lieu, c'est d'abord à vous que je m'adresse, chères Soeurs contemplatives. L'Église considère votre place dans l'ensemble du Corps mystique du Christ comme essentielle à la vie de l'Église, à son développement complet, même dans les jeunes Églises accaparées par les tâches d'évangélisation (cf. Décrets *Perfectae caritatis*, no 47, et *Ad gentes*, no 40). De fait, la prière des contemplatifs a joué un rôle considérable dans l'approfondissement de la foi au Canada. Telle fut bien l'intuition de l'Abbé Mangin et de Soeur Marie-Zita de Jésus, qui ont fondé ici, voilà presque cent ans, les Servantes de Jésus-Marie. Ces religieuses honorent spécialement le Sacré Coeur de Jésus dans l'eucharistie, qui est le don suprême de son amour et où elles l'adorent de façon permanente. Votre apostolat spirituel, mes Soeurs, n'est-il pas de soutenir le ministère des prêtres et de collaborer à l'éternel dessein de l'Alliance pour tous les croyants: « Qu'ils soient un! »? Je pense aussi à tous ceux et celles qui ont instauré la vie contemplative au Canada, selon des spiritualités complémentaires. Au-delà de toutes les religieuses ici présentes, je salue avec affection et j'encourage toutes les moniales et tous les moines de ce pays!

« Il en sera du Royaume des cieux *comme de dix jeunes filles* qui prirent leur lampe et s'en allèrent à la rencontre de l'Époux. Or cinq d'entre elles étaient insensées et *cinq étaient sages* ». Mes Soeurs, attendez l'Époux comme ces vierges sages. Soyez toujours prêtes. Soyez disponibles. Dans l'attente du Seigneur, *veillez.*

Le cadre de votre vie conventuelle est organisé pour favoriser l'expérience de Dieu; votre retrait du monde, avec sa solitude; votre silence, qui est un silence d'écoute, un silence d'amour; l'ascèse, la pénitence, le travail qui vous font participer à l'oeuvre rédemptrice; la communion fraternelle, sans cesse renouvelée; la célébration eucharistique quotidienne qui unit votre offrande à celle du Christ.

Que la lassitude, la routine, la monotonie de votre conventuelle ne vous endorment pas, que les impressions éventuelles d'absence de Dieu, les tentations ou simplement les épreuves normales du progrès dans l'union mystique au Christ *ne vous découragent pas!* Que la lampe de votre prière, de votre amour, ne faiblisse pas! Faites provision de l'huile qui l'alimentera jour et nuit.

Car, même au sein d'une communauté, le chemin demeure personnel. Pas plus que les vierges sages ne pouvaient réparer l'insouciance des vierges insensées, aucune autre ne peut se substituer à vous pour accueillir la communion trinitaire au plus intime de votre personne, là où l'Amour reçu répond à l'Amour dans l'adoration, la louange et la gratuité. Alors vous faites vôtre la prière du psalmiste que nous lisions à l'instant: « Dieu, c'est toi mon Dieu, *je te cherche dès l'aurore. Mon âme a soif de toi,* après toi languit ma chair, terre sèche, altérée, sans eau. Oui au sanctuaire, je t'ai contemplé, voyant ta puissance et ta gloire. Meilleur que la vie, ton amour, oui je veux te bénir toute ma vie… au long des veilles, je médite sur toi… je jubile à l'ombre de tes ailes. *Mon âme se presse contre toi*, ta main droite me sert de soutien » (*Ps* 63 [62], 2-5, 7-9).

Cette rencontre ineffable du Dieu vivant et personnel ne peut se vivre que dans l'obscurité de la foi. L'Époux se tient derrière la porte alors que vous êtes encore dans la nuit. C'est toujours dans la lumière de la foi que Dieu se donne. Mais les signes de Dieu sont si discrets dans le quotidien sans relief de vos journées qu'il vous faut être vigilantes pour persévérer et grandir dans la foi, à l'école de Marie. Le « trésor » qui vous attend dans les cieux ne sera que l'accomplissement eschatologique de ce qui se cachait (…) dans le trésor intérieur du coeur (cf. *Rédemptionis donum*, no 5).

Vos vies ont une *fécondité secrète mais certaine.* « Celui qui demeure en moi porte beaucoup de fruits » (*Jn* 15, 5). Dans cette solidarité qui unit tous les membres du Christ, vous êtes, selon le mot de sainte Thérèse de l'Enfant-Jésus, comme le coeur. Sans votre amour, la charité se refroidirait. Dans l'Église qui prie, souffre et évangélise, votre part est la relation à Dieu. Votre offrande vous conforme au Christ afin qu'il utilise tout votre être et le consume pour l'oeuvre rédemptrice, selon le bon plaisir de son amour. Et Dieu écoute la prière de louange et d'intercession qui monte de vos coeurs pour dispenser sa grâce, sans laquelle il n'y aurait dans l'Église ni conversion à l'évangile, ni progrès dans la foi, ni vocations d'ouvriers apostoliques (cf. Décret *Ad gentes*, no 40).

La communauté chrétienne de Hull semble avoir bien saisi votre vocation, et de même la population voisine de la grande cité d'Ottawa. Les gens sont attachés à votre monastère, ils le soutiennent. Ils n'hésitent pas à vous confier leurs peines et leurs joies, leurs projets et leurs demandes de prière.

Il y a de plus en plus de gens — et parmi eux beaucoup de jeunes — qui cherchent des zones de gratuité, de prière, de contemplation, des gens assoiffés d'absolu. Certains s'arrêtent dans vos monastères, en quête de valeurs spirituelles. Pour tous ces chercheurs de Dieu, témoignez, par la vérité et la transparence de vos personnes, que l'appartenance au Christ vous rend libres et que l'expérience de Dieu vous comble. Sans vous soustraire aux exigences de la vie contemplative, trouvez les gestes susceptibles d'exprimer pour la culture de notre temps votre option radicale pour Dieu. À ceux qui disent: « Nous ne savons pas prier », redites, par votre existence, que le dialogue avec Dieu est possible car « l'Esprit vient au secours de notre faiblesse » (*Rm* 8, 26). À ceux qui veulent faire de leur vie quelque chose de grand, témoignez que la marche vers la sainteté est la plus belle des aventures, non pas l'oeuvre de nos seuls efforts, mais l'oeuvre de l'infinie tendresse de Dieu dans l'immense misère humaine. Que vos monastères permettent aux passants de s'approcher des sources d'eau vive: « Que l'homme assoiffé s'approche, que l'homme de désir reçoive l'eau de la vie, gratuitement » (*Ap* 22, 17)!

Ma méditation semblait réservée aux soeurs cloîtrées. En réalité, j'ai eu constamment à la pensée toutes les femmes qui se consacrent à Dieu dans la vie religieuse au Canada. Elles sont près de quarante mille! Ce que j'ai dit de l'esprit de la vie consacrée vaut également pour toutes les *religieuses de vie active ou apostolique.* Les circonstances ont fait que je n'ai pas pu avoir avec l'ensemble de celles-ci une rencontre spéciale, et je l'ai regretté. J'en ai vu beaucoup à toutes les étapes, avec le peuple de Dieu. Mais j'attendais cette occasion, et ce soir je suis heureux de les saluer toutes, de ce lieu de contemplation, et de leur adresser ce message.

Chères Soeurs, vous accomplissez dans l'Église *des services* que les communautés chrétiennes et le monde apprécient vivement: vous prenez part, entre autres, à la catéchèse, à l'éducation, aux soins hospitaliers, au soutien des vieillards, aux activités paroissiales... Heureux les villages, les cités qui sont encore assurés de la présence de telles soeurs! Vous avez en somme une certaine activité professionnelle, de préférence celle qui vous permet d'exprimer la charité et le témoignage de la foi, et cela de façon communautaire.

Mais ce n'est pas cela *le mystère original* de votre vie. Vous vous êtes *librement consacrées au Seigneur* qui, le premier, a posé sur vous un regard de prédilection. Vos voeux religieux s'enracinent intimement dans la consécration du baptême, mais l'expriment avec plus de plénitude (cf. *Perfectae caritatis*, no 5). Vous participez de façon spéciale et permanente à la mort en croix du Rédempteur et à sa résurrection. Le caractère pascal de votre vie se reconnaît dans chacun des « conseils évangéliques » que vous vous engagez à pratiquer de façon radicale. En même temps, vous devenez vraiment libres, pour mieux servir. Vous misez, non sur « l'avoir », mais sur la qualité de l'être, de la personne rénovée en Jésus Christ.

Notre monde a plus que jamais besoin de découvrir, dans vos communautés et votre style de vie, la valeur d'une vie simple *et pauvre* au service des pauvres, la valeur d'une vie librement engagée dans le *célibat* pour se consacrer au Christ et, avec lui, aimer tout spécialement les mal-aimés, la valeur d'une vie où *l'obéissance* et la communauté fraternelle contestent silencieusement les excès d'une indépendance parfois capricieuse et stérile.

Surtout, le monde a besoin de témoins de la *gratuité de l'amour de Dieu*. Auprès de ceux qui doutent de Dieu ou qui ont l'impression de son absence, vous manifestez que le Seigneur mérite d'être recherché et aimé pour lui-même, que le Royaume de Dieu, avec son apparente folie, mérite qu'on y consacre sa vie. Ainsi, vos vies deviennent un signe de la foi indestructible de l'Église. Le don gratuit de votre vie au Christ et aux autres est peut-être la contestation la plus urgente à opposer à une société où l'efficacité rentable est devenue une idole. Votre choix étonne, interroge, séduit ou irrite ce monde, mais ne le laisse jamais indifférent. De toute façon, l'Évangile est toujours le signe de contradiction. Vous ne serez pas comprises de tous. Mais *ne craignez jamais de manifester votre consécration au Seigneur*. C'est votre honneur! C'est l'honneur de l'Église! Vous avez une place spécifique dans le Corps du Christ, où chacun doit assurer son rôle, son propre charisme.

Si vous recherchez, avec l'Esprit Saint, *la sainteté* correspondant à votre état de vie, n'ayez pas peur. Il ne vous abandonnera pas. Des vocations viendront vous rejoindre. Et vous-mêmes, vous garderez votre jeunesse d'âme, qui n'a rien à voir avec l'âge. Oui, très chères Soeurs, vivez dans l'espérance. Gardez les yeux fixés sur le Christ et marchez d'un pas ferme sur ses traces, dans la joie et dans la paix.

Je ne peux développer davantage ce message à toutes les religieuses canadiennes. J'ai écrit le 25 mars dernier une lettre spéciale pour vous, et pour tous les religieux, *Rédemptionis donum.*

Ce soir, au terme de ma longue randonnée apostolique à travers le Canada, je suis très heureux d'être, avec Monseigneur Adolphe Proulx, évêque de ce lieu, l'hôte des soeurs. Comme Jésus aimait se retirer à Béthanie chez Marie et Marthe, l'une plus contemplative et l'autre plus active, je suis venu chez vous pour prier avec vous. Comme Pierre et les Apôtres se retiraient au cénacle, près de Marie, la mère de Jésus, je viens implorer l'Esprit saint. Qu'il répande sa lumière et sa force sur tous les habitants de ce cher pays, afin que l'Église *y croisse dans la sainteté!* Priez avec moi pour toutes les religieuses, pour toutes les âmes consacrées, pour les hommes et les femmes membres d'instituts séculiers. Prions pour les prêtres, qui sont les ministres de l'eucharistie et les guides des consciences. Prions pour tous les éducateurs de la foi. Prions pour tous ceux qui subissent la persécution pour leur foi.

Et, puisque nous sommes près d'Ottawa où je rencontrerai ce soir des responsables de la vie politique et où demain je célébrerai la messe pour la paix, prions pour tous ceux qui doivent contribuer à établir plus de justice, de paix et de fraternité, au Canada et dans les pays moins favorisés.

Seigneur Jésus, que ton règne vienne! Amen.

AU GOUVERNEMENT ET AU CORPS DIPLOMATIQUE

OTTAWA / HULL

Le 19 septembre 1984

Madame le Gouverneur Général,
Monsieur le Premier Ministre du Canada,
Mesdames et Messieurs les membres des deux Chambres du Parlement et des Institutions judiciaires,
Mesdames et Messieurs les membres du Corps diplomatique,
Mesdames et Messieurs,

Depuis le début de mon voyage pastoral et tout au long des diverses étapes de mon périple dans votre incomparable pays du Canada, je désirais cette rencontre dans la capitale du Canada avec tant de personnalités distinguées. Je suis très heureux d'avoir pu m'entretenir cet après-midi avec Madame le Gouverneur Général et d'avoir pu évoquer avec elle les sujets qui intéressent le Canada et le monde. Je suis vraiment touché de votre présence à tous ici et je voudrais vous remercier très cordialement de l'honneur que vous faites ainsi à l'Évêque de Rome, premier Pasteur de l'Église catholique. Il ne m'est pas possible, à cette heure, de tenter, même brièvement, une analyse des impressions profondes et durables éprouvées si souvent au long des heures inoubliables de ma visite auprès du peuple du Canada. Permettez-moi de dire simplement que *je remercie le Dieu tout-puissant* pour les moments de grâce qu'il m'a accordés au cours des nombreuses rencontres de prière, de partage et de dialogue avec tant de personnes dans ce pays.

En vous rencontrant aujourd'hui, vous qui représentez non seulement le peuple du Canada mais aussi les peuples de tant de pays, je pense une fois encore au monde entier et aux *liens qui unissent toute l'humanité*: le Nord et le Sud, l'Est et l'Ouest, les hommes, les femmes et les enfants, les jeunes et les anciens. Je pense, et c'est une préoccupation qui est celle de toute l'Église, aux nations industrialisées, confrontées à de nouveaux problèmes qui leur imposent la remise en cause des principes de base admis depuis longtemps; et je pense aux nations qui luttent pour réussir leur propre développement, renforcer leur souveraineté et prendre leur juste place dans la famille des nations. Nous savons tous qu'aucune nation ne peut vivre et assurer le bien de ses citoyens en restant isolée des autres nations. Aujourd'hui, plus que jamais, nous avons pris conscience — de ce que toutes les nations sont liées par des *liens de dépendance mutuelle et sont solidaires* les unes des autres.

Toute action menée dans une nation ou une région pour résoudre ses problèmes propres a forcément une répercussion sur la vie et les objectifs d'autres nations, en raison de mécanismes économiques, monétaires, financiers et politiques inéluctables. Mais en même temps, on constate que tous les peuples acceptent plus consciemment de s'engager davantage dans une *responsabilité commune à l'égard du bien commun universel.* Le sens de la solidarité et de la responsabilité partagée entre les nations progresse, et ceci constitue l'un des signes d'espérance de notre temps qui doit inspirer à tous les peuples une disponibilité toujours plus grande à collaborer entre eux. Les objectifs nationaux légitimes ne peuvent être poursuivis dans de stériles confrontations, mais seulement grâce à une coopération et un *dialogue confiants*, continus et ouverts. Tous les individus et tous les peuples doivent savoir qu'ils sont les intendants d'un héritage commun et les serviteurs d'une commune destinée.

Aujourd'hui, le cadre et les circonstances particulières de notre rencontre, en cette capitale du Canada, à la fin de mon pèlerinage « a mari usque ad mare », me permettent d'exprimer mon estime *au peuple canadien* et à ses dirigeants pour les actions nombreuses qu'ils ont accomplies et qui traduisent de manière tangible *leur sens de la solidarité mondiale.* Enrichi par son expérience de la collaboration entre beaucoup de groupes différents dans la recherche commune du bien-être de tous les Canadiens, ce pays a aussi entrepris, dans le camp de la collaboration et des responsabilités internationales, de suivre la voie d'un engagement effectif en faveur de *la paix mondiale* et d'une contribution désintéressée *au développement des nations moins favorisées.*

À tous les peuples et à toutes les nations qui ont sincèrement et honnêtement lutté, au cours des décades qui ont suivi la seconde guerre mondiale, pour créer un monde de *relations pacifiques* et de *justice internationale*, nous sommes redevables de ne pas laisser notre conception de la situation mondiale s'obscurcir par le pessimisme et le défaitisme. *Un progrès réel a été effectivement accompli dans bien des domaines* et il convient de le reconnaître avec estime.

En même temps, nous ne pouvons pas fermer les yeux sur la persistance de *nombreux problèmes non résolus* et sur les *nombreuses situations de conflit et d'injustice* qui demeurent encore comme une tache sombre sur la scène internationale et un défi que la communauté internationale ne peut éviter de relever. Nous ne pouvons pas fermer les yeux, et nous ne devrions pas laisser se durcir notre coeur, en face des souffrances et des détresses sans nombre qui affectent des millions de nos frères humains. Aujourd'hui, la société ne manque pas d'informations et de statistiques sur les malheurs du monde. Mais elle y est peu sensible dans la mesure où elle ne permet pas à certains faits d'influencer son action. J'évoquerai notamment *l'absence d'accords* pour ralentir et par la suite arrêter la course aux armements; *l'investissement des capacités scientifiques et des ressources* dans les armes de destruction massive; les *guerres limitées* qui continuent à tuer des hommes et des femmes ailleurs que dans son propre pays; le *non respect* de la valeur et de la dignité de la vie avant la naissance; les *expériences* sur les embryons humains; *la malnutrition ou la mort des enfants* dans les pays affectés par la sécheresse chronique ou le sous-développement; *le manque de soins primaires de santé; l'exode rural massif et les concentrations urbaines* où font défaut les emplois, l'éducation ou l'alimentation; *la perte de la liberté,* y compris celle de pratiquer sa religion. En tout cela, on constate qu'il n'est pas tenu suffisamment compte des dimensions ethiques sous-jacentes aux problèmes de société et qui s'y rattachent.

Je fais appel à vous aujourd'hui, Mesdames et Messieurs, et à travers vous à toutes les personnes que vous représentez à des titres divers: soyez *les défenseurs d'une conception nouvelle* de l'humanité, une conception qui n'envisage pas seulement les problèmes de société en fonction des équations économiques, techniques ou politiques, mais en fonction des personnes vivantes, des êtres humains créés à l'image et à la ressemblance de Dieu et appelés à un destin éternel; une conception fondée sur les valeurs humaines véritables et donc qui les défende; une conception qui inspire l'action et surmonte l'auto-satisfaction, l'insensibilité et l'égoïsme.

N'est-ce pas spécialement la mission de tous ceux qui ont reçu la charge d'une responsabilité publique — tant dans le cadre national qu'international —, de promouvoir cette conception de l'humanité qui rend capable de mettre en oeuvre *la bonne volonté* présente au coeur de tout citoyen? N'est-ce pas leur responsabilité de susciter la volonté politique de réaliser les changements nécessaires à la bonne utilisation du potentiel humain et technique disponible dans la société? Aucun de nous ne peut rester passif devant les défis de notre épo-que; nous savons que le monde moderne possède d'immenses réserves de connaissances techniques et de richesses que l'on peut employer pour aider à résoudre les problèmes de l'humanité. Je suis convaincu que dans vos compétences gouvernementales, législatives et judiciaires au Canada, ainsi que dans vos fonctions internationales pour chacun de vos pays, vous êtes à des postes privilégiés pour promouvoir, par toutes vos initiatives, la conception nouvelle de l'humanité qui s'étend à tous les domaines des tâches humaines et qui se trouve à la base de toutes la législation, de toutes les activités publiques et de tous les rapports sociaux. Soyez assurés de mon soutien et de mes encouragements.

Personne ne peut nier que ce qui manque au monde actuel, c'est une *nouvelle vision de la paix*. Au moment où je vous parle, dans des pays ravagés par la guerre, des êtres humains sont tués. D'autres vivent dans la crainte perpétuelle que l'on recoure à *la force des armes* plutôt qu'à la lumière de la raison pour diminuer les tensions et résoudre les conflits. Des êtres humains se sentent menacés par l'existence même de puissants arsenaux de destruction et par l'absence de progrès sérieux dans les négociations sur le désarmement. D'autres souffrent de la faim, de la malnutrition et de la maladie. D'autres encore ne peuvent recevoir une *éducation* suffisante et n'ont pas les moyens de vivre une vie valable, au moment même où ils voient d'énormes sommes consacrées à la course aux armements. Il importe de dire et de redire que l'origine de la guerre se situe dans le coeur et l'esprit des femmes et des hommes de notre temps, il importe de souligner sans relâche que *la vraie paix existera seulement lorsque tous les êtres humains seront, de coeur et d'esprit, gagnés à la compassion, à la justice et à l'amour.*

Dans la nouvelle vision de la paix, il n'y a pas de place pour l'égocentrisme et l'hostilité. Nous sommes tous concernés, nous portons tous la responsabilité de notre conversion personnelle à la paix, à des pensées de paix, à des actes de paix. Pris individuellement aucun de nous ne peut changer le monde, mais *tous ensemble*, forts de notre conviction que la paix commence dans notre coeur, et déterminés à ce qu'elle s'y installe, nous serons capables de créer une société paisible et pacifique. Pour ma part, j'ai décidé de consacrer mon message annuel à l'occasion de la prochaine journée mondiale de la paix, au thème suivant: « L'avenir commun de la paix et de la jeunesse ». La population actuelle du monde est composée en grande partie de jeunes. Leur engagement en faveur de la paix est une contribution irremplaçable pour l'avenir du monde, et les efforts de tous, rassemblés, transformeront le monde.

Les relations entre individus et peuples sont au coeur des problèmes de société actuels. Il faut fonder ces relations sur une vision de la personne qui exalte la dignité de chaque être humain et son caractère sacré. La dignité de la personne est le fondement de tous les droits de l'être humain. Nous ne pouvons que nous réjouir de voir de plus en plus reconnus l'importance et le caractère central du respect des droits de l'être humain pour la construction d'une société de paix et de justice. Pourtant, quand on promeut le respect des droits de l'être humain, il importe de ne jamais perdre de vue leur ultime fondement: la personne et sa dignité dans toutes ses dimensions. Chaque être humain vit à la fois dans un monde de valeurs et de besoins matériels, et dans un monde d'aspirations et de réalisations spirituelles. Les besoins, les espoirs, les libertés et les relations de la personne ne relèvent jamais d'un seul de ces domaines à l'exclusion de l'autre. C'est dans cette perspective qu'il faut considérer les droits et libertés de l'être humain, ainsi que ses responsabilités et ses devoirs correspondants.

Aujourd'hui je désire attirer votre attention de façon particulière sur ce que j'estime être le fondement ultime de toute la question des droits de l'être humain : *le droit à la liberté religieuse.* La liberté religieuse est un droit qui touche à l'essence de la personne et qui exprime pleinement sa dignité, je veux parler de *sa relation à Dieu,* créateur, fin ultime de chaque être humain. Mon insistance se justifie d'autant mieux que, malgré l'existence de constitutions et d'instruments juridiques internationaux garantissant la liberté religieuse, on constate encore actuellement dans le monde, et sous diverses formes, des dénis de cette liberté religieuse et une discrimination contre des croyants et des communautés entières de l'Église.

Je veux maintenant, en union avec tous les hommes et femmes de bonne volonté, *proclamer une fois encore le droit à la vie,* plaider une fois encore pour que *le droit à la vie des êtres à naître soit respecté.* Nous devons réprouver le fait que dans plusieurs sociétés l'avortement soit devenu socialement acceptable et facilement accessible. L'avortement est présenté comme la réponse à de trop nombreux problèmes : grossesse non désirée, grossesse de femme non mariée, croissance rapide de la population, pauvreté. La société ne se contente pas de permettre la destruction des êtres non encore nés, elle essaie souvent de la justifier. Quand le respect de la vie humaine est systématiquement nié ou refusé, la dignité de *chaque* être humain et le caractère sacré de *toute* vie humaine sont en danger.

En vous invitant, Mesdames et Messieurs, à avoir une nouvelle vision de paix et de justice, je dois parler d'un phénomène dont l'urgence ne cesse de croître et auquel, je le sais, vous portez grand intérêt, je veux parler des *réfugiés et des immigrants.* De nombreux facteurs expliquent cette réalité et les situations varient d'un endroit à l'autre. Il existe des réfugiés politiques, des réfugiés obligés de quitter leurs foyers par la force des hommes ou des éléments naturels. Il y en a qui fuient l'injustice, l'oppression et la persécution. Il y a des immigrants qui cherchent des possibilités de travail pour mieux subvenir aux besoins de leur famille, il y en a enfin qui cherchent des perspectives d'avenir plus brillantes. Quelles que soient les raisons de leur déplacement, le réfugié et l'immigrant doivent se comprendre dans une *double relation* : relation avec leur patrie et pays d'origine, relation avec leur nouveau pays, choisi ou imposé.

Ce nouveau phénomène, qui a pris des dimensions importantes dans de nombreuses parties du monde, est cause de préjudices et sources de défis pour les individus et les pays intéressés, pour l'humanité tout entière. Il importe que nous arrivions ensemble à une meilleure compréhension des réfugiés et des immigrants, quelles que soient les causes de leur situation actuelle et les perspectives qui s'offrent à eux. Nous pourrons peut-être ainsi acquérir un sens plus aigu de leurs besoins et de leur dignité. Par-dessus tout, le monde a besoin de comprendre la rupture et la douleur qui accompagnent la migration, quelle qu'elle soit.

Chacun de ces réfugiés ou immigrants apporte dans son nouveau milieu les traditions et les valeurs d'un *précieux patrimoine culturel.* Il arrive que leur nouveau milieu soit inhospitalier ou hostile à leur passé. Les fils et filles d'une culture et d'une nation — quelle qu'elle soit — ont le droit de garder leurs traditions légitimes, d'en tirer fierté et de les voir respectées. S'ils auraient tort de vouloir imposer aux autres leur héritage culturel légitime, il est tout à fait normal qu'ils s'attendent à ce qu'il soit *respecté et honoré*, tout à fait normal également qu'ils voient dans ce respect une première étape vers une complémentarité de traditions capable d'enrichir les citoyens du pays d'accueil et aussi de soutenir les réfugiés et les immigrants.

Le Canada — je l'ai dit à Winnipeg — *a déjà beaucoup fait* pour honorer et aider les réfugiés, tous ceux qui y ont immigré, tous ceux qui ont connu les difficultés de la migration. À côté des *autorités officielles, le secteur privé*, y compris les familles et de nombreux groupes religieux, a généreusement tenté de venir en aide à ces frères et soeurs. Les résultats obtenus sont tout à l'honneur du gouvernement et du peuple du Canada. Je veux aujourd'hui inviter votre pays et toutes les nations représentées ici à poursuivre cet effort magnifique, à continuer le bon travail déjà réalisé et à ne pas céder à la fatigue. Ayez l'assurance que le Saint-Siège appuie cette cause et est à vos côtés pour proclamer devant le monde l'importance de votre action et de votre contribution à la construction d'une vraie paix.

Mesdames et Messieurs, je vous ai présenté une vision élevée de l'humanité; qu'elle soit pour vous source de réflexion et d'encouragement dans l'exercice des hautes fonctions qui sont les vôtres. Ayez toujours cette vision à l'esprit, au Canada et partout dans le monde.

Qu'elle soit pour vous une invitation à agir, à travailler dans le monde à l'instauration de la paix et la justice. Un monde que Dieu, mes chers amis, a confié à vos soins.

Chers Frères dans l'épiscopat, aidons les prêtres à accorder une priorité à ce ministère, après l'Eucharistie, mais avant beaucoup d'autres activités moins importantes. Aidons-les à se convaincre qu'ils collaborent ainsi merveilleusement à l'oeuvre du Rédempteur, comme dispensateurs de sa grâce. Si cette conviction est assurée, le problème pratique pourra trouver des solutions, même avec des prêtres moins nombreux. Si jamais nos fidèles perdaient le sens du péché et de ce pardon personnel, s'ils ne trouvaient plus suffisamment de prêtres disponibles pour ce ministère essentiel, il manquerait une dimension capitale à l'authenticité de leur vie chrétienne. Et même l'approche de l'Eucharistie, qui semble restée fréquente, laisserait perplexe sur la conscience des exigences qu'entraîne pour les membres du corps du Christ la communion avec celui qui en est la tête: le « Christ qui invite au banquet eucharistique est toujours le Christ qui exhorte à la pénitence, qui répète: convertissez-vous » (cf. *ibid.*).

Je me suis permis d'insister longuement sur ce point, mais je sais que plusieurs d'entre vous, tout en gardant le bénéfice d'une préparation communautaire, ont déjà cherché au cours de cette année comment réagir à cette crise de la demande personnelle du pardon.

J'évoquais le ministère des *prêtres*. Je sais combien vous êtes proches d'eux, comme des pères, et comment vous les encouragez dans cette période difficile où certains sont un peu désemparés, parce que leurs fidèles sont moins nombreux à pratiquer, que leur rôle social leur semble moins défini, et parce qu'un nouveau style de la collaboration nécessaire avec les laïcs n'est pas toujours facile à trouver. Dans cette période de mutation culturelle et d'adaptation postconciliaire, vos prêtres, comme dans la plupart des pays, ont surtout besoin d'être *fortifiés dans une théologie bien équilibrée*, et dans des *orientations pastorales très claires*, en conformité avec le nouveau droit canonique.

Tout naturellement, nous pensons à la relève. Et je rejoins là vos soucis. Le 23 septembre 1980, j'ai parlé longuement des *vocations* avec plusieurs d'entre vous. Un nouvel espoir apparaît dans les séminaires de plusieurs de vos diocèses, mais il faut résolument poursuivre dans cette voie de l'appel et d'une solide formation spirituelle et théologique; ce sont surtout les vocations à la vie religieuse qui se font rares. La pastorale des vocations exige une action auprès des familles chrétiennes et auprès des jeunes, elle suppose toujours la prière explicite à cette intention. Oui, faisons beaucoup prier pour les vocations au sacerdoce et à la vie religieuse.

Nous sommes les rassembleurs de l'ensemble du *peuple de Dieu*. C'est la mission des évêques et, avec eux, des prêtres. Le Concile précise: «Chaque fois que la communauté de l'autel se réalise en dépendance du ministère sacré de l'évêque se manifeste le symbole de cette charité et de cette unité du corps mystique sans laquelle le salut n'est pas possible» (*Lumen gentium*, no 26). Nous faisons converger vers le même Seigneur tous ces groupes de croyants ou d'apôtres chrétiens qui travaillent chacun dans leur milieu ou selon leur charisme. Et comme le Bon Pasteur, nous devons, autant que possible, faire en sorte que toutes les brebis suivent la marche, sans que certaines se sentent délaissées ou méprisées parce qu'elles ont plus de difficulté à comprendre le rythme des réformes. Nous sommes les gardiens de l'unité, les promoteurs de l'accueil fraternel, les éducateurs de la tolérance entre sensibilités diverses, les témoins de la miséricorde pour les frères plus sensibles au scandale, et parfois non sans raison (cf. *1 Co* 8, 12).

L'Église au Canada a fait un merveilleux effort pour aider *les laïcs* à prendre leurs pleines responsabilités de baptisés, de confirmés. Oui, ne craignons pas, évêques et prêtres, de leur faire confiance; il leur revient, avec certes une bonne formation, de porter au milieu du monde le témoignage qui, sans eux, manquerait à l'Église; ils sont même capables d'aider les prêtres à renouveler leur zèle sacerdotal. J'ai souvent parlé durant ce voyage des services qu'ils peuvent de plus en plus assumer, hommes et femmes, au sein des communautés chrétiennes, dans le respect bien sûr de ce qui relève exclusivement des ministères ordonnés, et surtout de l'apostolat qui leur revient en propre, dans le domaine familial, dans leur vie de travail, dans les initiatives sociales, dans les tâches d'éducation, dans les responsabilités des affaires publiques. C'est aux laïcs et à leurs associations qu'il revient de faire passer dans la vie de la société les principes de doctrine sociale que soulignent vos documents.

12e JOUR

• OTTAWA

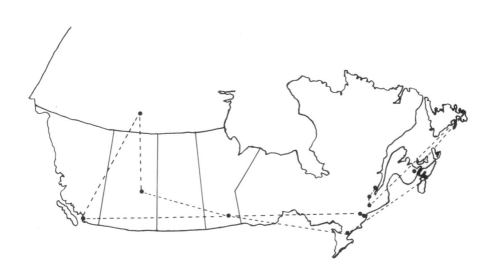

VISITE À LA CATHÉDRALE
(MERCI AUX ORGANISATEURS)

OTTAWA

Le 20 septembre 1984

Loué soit Jésus Christ!

En cette dernière étape de mon long périple pastoral au Canada, je rends grâce à Dieu pour tout ce qu'il m'a permis de voir et d'entendre, de l'est à l'ouest, dans des assemblées très diverses.

Nous voici en cette magnifique cité d'Ottawa, la capitale du pays. Elle a été choisie pour célébrer cet après-midi la messe pour la paix. Hier soir, j'ai rencontré les instances gouvernementales, parlementaires et diplomatiques dont le rôle est si important pour l'ensemble du peuple canadien et pour la communauté mondiale. J'ai salué les autorités civiles de la région.

Dans quelques instants, je vais m'entretenir avec l'ensemble de mes frères dans l'épiscopat, qui ont la charge de l'Église catholique au Canada. Déjà, je tiens à remercier Monseigneur Joseph-Aurèle Plourde de son fervent accueil dans la cathédrale de son archidosèse.

L'occasion m'est donnée ici d'exprimer ma gratitude chaleureuse à tous ceux qui, depuis des mois, ont participé à la préparation de ce voyage, puis à son déroulement. Souvent je recevais à Rome des témoignages de cette préparation intense. Depuis douze jours, je suis témoin de leur travail.

Chers amis, avec vos évêques responsables et le secrétariat général de la Conférence, vous avez pris bon nombre d'initiatives. Vous avez choisi les lieux ou les occasions qui vous semblaient les plus significatifs. Vous avez sensibilisé les populations en les informant sur l'Église au Canada, sur Rome et le Pape, sur le sens de ma visite pastorale. Grâce à vous, beaucoup de vos compatriotes se sont préparés spirituellement à l'événement et, à mes yeux, c'était le plus important.

Mon merci va aux différents groupes de travail ici représentés qui ont pourvu à toute l'organisation sur le plan technique, dans des domaines aussi variés que les déplacements, les communications, l'impression et l'expédition des documents, la coordination des services d'ordre, de protocole, de sécurité.

Je tiens à citer nommément:

- le personnel permanent du secrétariat de la Conférence des évêques catholiques du Canada;
- les membres du secrétariat spécial de la visite papale qui lui a été adjoint;
- les représentants des diocèses d'Ottawa et de Gatineau-Hull chargés de la partie de la visite qui les concernait;
- le groupe de travail du Gouvernement fédéral;
- les invités de Mgr Plourde qui ont apporté leur contribution, notamment par un geste significatif qui commémorera cette visite.

Je suis particulièrement sensible à la collaboration qui s'est établie dans ce but entre les autorités civiles, provinciales et fédérales, et les différentes instances ecclésiastiques. À travers vous, je remercie les milliers de personnes qui ont participé à tous ces services, aux différentes étapes, dans tout le pays, de façon désintéressée et discrète, sans pouvoir toujours assister elles-mêmes aux cérémonies, alors qu'elles contribuaient à leur bon déroulement.

En m'adressant plus spécialement aux responsables chrétiens, j'ose ajouter que ce beau travail n'est pas fini. Il faudra tirer profit au maximum de cette expérience, la monnayer auprès du peuple canadien, lui permettre de la méditer. Je suis sûr que beaucoup d'entre vous font déjà partie de ce personnel dévoué qui a l'habitude d'assurer des services un peu semblables dans vos communautés ecclésiales. Je vous félicite et je vous encourage. L'Église a besoin de structures pour l'accomplissement de sa mission en tant de domaines. Elle a donc besoin de gens compétents et généreux. Elle a surtout besoin d'un élan, d'un souffle spirituel, qu'elle trouve dans la prière, dans la vie liturgique, dans l'engagement de charité, et je ne doute pas que vous ayez joint ces exigences spirituelles à votre travail d'organisation.

Nous sommes ici dans la cathédrale, et je ne peux visiter de telles églises sans penser au sens du sacré qu'elles contribuent à développer pour faciliter la rencontre avec le Dieu vivant, et sans évoquer les rassemblements de chrétiens auxquels elles sont destinées. Il est capital que ces signes de Dieu s'élèvent au coeur de nos cités, et surtout que nos fidèles s'attachent à fréquenter assidûment ces hauts lieux spirituels pour la prière personnelle ou la célébration des sacrements. Ils peuvent ainsi repartir sur les chemins du monde avec la lumière et la force du Seigneur! Ce matin, notre prière consiste surtout à rendre grâce et à recommander à Dieu vos intentions, en union avec la Vierge Marie.

À vous tous, Mesdames, Messieurs, chers Frères et Soeurs, je redis un grand merci. J'exprime mes voeux fervents pour toutes les responsabilités que vous exercez dans la société et dans l'Église. Et je prie le Seigneur de vous bénir, vous et vos familles.

DISCOURS À LA CONFÉRENCE ÉPISCOPALE
OTTAWA
Le 20 septembre 1984

Chers Frères dans l'épiscopat,

Nous voici presque au terme de ma visite pastorale. Vous l'aviez désirée et activement organisée, vous aviez bien préparé votre peuple chrétien et, dans les diverses étapes du voyage, j'ai retrouvé non seulement les évêques du lieu, mais beaucoup d'autres qui avaient tenu à se joindre à nous alors que je ne pouvais aller jusque dans leur diocèse. Je vous en *remercie* vivement.

Et maintenant nous sommes réunis tous ensemble, pour considérer, sous le regard de Dieu, avec la lumière de l'Esprit Saint que nous venons d'invoquer, *la grâce et la charge* qu'il nous a confiées, comme successeurs des apôtres. Elles ont été magnifiquement ré-exprimées dans les textes du Concile Vatican II, surtout dans la constitution *Lumen gentium* et le décret *Christus Dominus*. Ce sont ces textes qui guideront notre réflexion, car ils nous permettent de raviver en nous la conscience de notre mission apostolique.

Nous y lisons notamment (no 21) : « *En la personne des évêques,* assistés des prêtres, *c'est le Seigneur Jésus Christ,* Pontife suprême, *qui est présent* au milieu des croyants… C'est par eux, en tout premier lieu… qu'il prêche la Parole de Dieu à toutes les nations et administre continuellement aux croyants les sacrements de la foi… c'est par leur sagesse et leur prudence qu'il dirige et oriente le peuple du Nouveau Testament dans son pèlerinage vers l'éternelle béatitude. Ces pasteurs, choisis pour paître le troupeau du Seigneur, sont les ministres du Christ et les dispensateurs des mystères de Dieu... À eux a été confiée la charge de rendre témoignage de l'Évangile de la grâce de Dieu et d'exercer le ministère glorieux de l'Esprit et de la justice ».

Voilà le sens de notre ministère épiscopal qui comporte notamment les charges d'enseigner, de sanctifier, de gouverner. Elles s'exercent dans la communion hiérarchique avec le chef du collège des évêques et ses membres. En d'autres termes, pour reprendre encore les mots du Concile: « Les évêques, d'une façon éminente, tiennent la place du Christ lui-même, *Maître, Pasteur et Pontife,* et jouent son rôle » (*ibid.*).

Cette mission est sublime et redoutable. Elle suppose que, comme Pierre, nous redisions constamment au Christ la plénitude de notre foi (cf. *Mt* 16, 16) et de notre amour (cf. *Jn* 21, 15-17). Pour l'accomplir, comme les apôtres, nous avons reçu, par la consécration épiscopale, une effusion spéciale de l'Esprit Saint (cf. *Lumen gentium,* no 21), qui demeure avec nous, auquel nous devons sans cesse nous rendre disponibles, dans la prière, pour faire son oeuvre et non la nôtre.

Dans tous les cas, il s'agit d'un *service* (cf. *ibid.,* no 27), du service du Bon Pasteur qui donne sa vie pour ses brebis. Ce service, humble et généreux, requiert le courage et l'autorité nécessaires: « Chargés des Églises particulières comme vicaires et légats du Christ, les évêques les dirigent par leurs conseils, leurs encouragements, leurs exemples, mais aussi par leur *autorité* et par l'exercice du pouvoir sacré, dont l'usage cependant ne leur appartient qu'en vertu de l'édification en vérité et en sainteté de leur troupeau » (*ibid.*). Et vous savez bien que, comme le dit encore le Concile, ce pouvoir de chaque évêque — qui demeure entier au sein de la conférence épiscopale — « est affermi, renforcé et défendu » par le pouvoir suprême et universel du successeur de Pierre (*ibid.*).

Situant la prédication de l'Évangile comme première charge des évêques, le Concile précise qu'ils sont « les hérauts de la foi... et les *docteurs authentiques,* c'est-à-dire pourvus de l'autorité du Christ, prêchant au peuple à eux confié la foi qui doit régler *sa pensée et sa conduite*, faisant rayonner cette foi sous la lumière de l'Esprit Saint... attentifs à écarter toutes les erreurs qui menacent leur troupeau » (*ibid.,* no 25).

Toutes les réflexions éthiques et les questions que nous pouvons et devons susciter comme pasteurs devant les problèmes humains, sociaux, culturels de notre temps — et dont je parlerai ensuite — sont subordonnées à *l'annonce du salut en Jésus Christ*.

Dans ce sens, chers Frères, faites que votre peuple chrétien s'abreuve à la Source vive elle-même. Il faut l'entretenir dans une perspective théocentrique, théologale. Seule la Parole de Dieu donne la clé de notre existence, éclaire nos chemins. C'est pourquoi, dans les homélies, j'ai moi-même essayé de confronter les fidèles à cette révélation d'en-haut, de leur faire contempler la gloire de Dieu, qui veut pour l'homme la plénitude de la vie, mais d'une façon qui transcende ses expériences et ses désirs. La Rédemption nous met en face de la « Justice » de Dieu, du péché de l'homme et de l'amour de Dieu qui le rachète. L'homme a besoin de son Rédempteur pour être pleinement homme.

L'humanisme — que nous voulons promouvoir en collaboration avec nos frères d'autres religions ou les incroyants de bonne volonté — s'appuie, pour nous chrétiens, sur Dieu Créateur et Rédempteur. « Nisi Dominus aedificaverit domum... » La sécularisation, entendue au sens où elle voudrait réaliser dans la vie pratique un humanisme sans référence à Dieu, serait une négation de la foi chrétienne. C'est pourquoi il nous faut *proclamer la Bonne Nouvelle* de Dieu à temps et à contretemps, dans toute sa force et son originalité; il nous faut dire *toute la foi* que l'Église explicite à partir du premier kérygme. Et comme je le disais à l'un de vos groupes lors de la visite « ad limina » (23 septembre 1983), il faut encourager et appeler les fidèles à *la conversion*. Si le monde n'ose plus parler de Dieu, il attend de l'Église, et spécialement de l'évêque, des prêtres, la parole qui en témoigne avec force et conviction, dans un langage persuasif et adapté, sans jamais réduire la grandeur du message à l'attente des auditeurs. J'ai noté que c'était l'un des soucis de votre commission de théologie. Et pratiquement se greffent ici tous les problèmes de l'initiation à la foi ou de son approfondissement, pour les adultes, les jeunes, les enfants, dont nous avons parlé au moment des visites « ad limina ».

Hérauts de la foi, nous sommes inséparablement les *guides des consciences*, comme Moïse qui amenait son peuple à rencontrer le Dieu de l'Alliance et à recevoir ses commandements en cohérence avec l'Alliance. Le Concile dit bien : la foi doit régler la pensée et la *conduite*.

Je sais le soin que vous mettez à interpeller vos contemporains pour les sensibiliser à *certains comportements moraux* inspirés de l'esprit chrétien. Vous avez publié un certain nombre de documents dans ce sens. Les valeurs de droiture, de justice, de dignité de l'homme et de la femme, de travail, d'entraide, de charité, d'amour social, de solidarité avec les pauvres et les déshérités, devant les nouvelles situations économiques ou culturelles, retiennent particulièrement votre attention. Et de même, vous cherchez à répondre en croyants aux *nouvelles questions* posées par les sciences, la technologie, le développement parfois inquiétant de la biologie humaine. Je comprends et j'approuve cette préoccupation. Vous voulez éviter une rupture entre la doctrine chrétienne et la vie, entre l'Évangile et la culture, entre la foi et la justice. Que serait en effet une profession de foi qui ne chercherait pas à s'incarner dans les comportements quotidiens? Et serait-elle crédible dans un monde qui parfois doute de Dieu? Les lettres de saint Paul, après l'exposé du mystère chrétien, en viennent aux exhortations concrètes qui en découlent.

Je pense ici à deux autres exigences évangéliques. D'une part la *dignité de la vie familiale*. « Heureux les coeurs purs » (*Mt* 5, 8). Vous observez la déstabilisation de la famille, la crise du mariage; combien d'enfants et de parents souffrent de foyers désunis, séparés, divorcés! Vous vous êtes d'ailleurs souciés de faire améliorer sur ce point des textes législatifs. Vous voyez aussi tant d'« unions libres », qui refusent ou retardent l'engagement total et exclusif des deux partenaires dans le sacrement de mariage. Vous savez que l'avortement est très répandu. Et beaucoup s'en remettent aux moyens contraceptifs au lieu de respecter, dans la maîtrise de soi et un effort mutuellement consenti, la double finalité de l'acte conjugal: l'amour et l'ouverture à la vie. Parmi les causes de ces misères, il y a la tendance généralisée à l'hédonisme; il y a l'oubli de Dieu; il y a sans doute aussi l'ignorance de la théologie du corps, du magnifique plan de Dieu sur l'union conjugale, de la nécessité de l'ascèse pour approfondir un amour vraiment digne de l'homme et de la femme, pour correspondre à la vie de l'Esprit, présent dans les époux. L'éducation sexuelle, la préparation des jeunes au mariage, le soutien des foyers doivent être à la hauteur de ce projet. Malgré les opinions contraires et souvent passionnées, on attend finalement de l'Église qu'elle contribue à sauver l'amour humain et le respect de la vie.

D'autre part la société de consommation, la séduction de besoins artificiels, la situation de richesse pour beaucoup, et la course générale au profit rendent plus difficile l'application pourtant capitale de la béatitude: « Heureux les pauvres de coeur » (*Mt* 5,3). Comment éduquer malgré tout à la *pauvreté, à la simplicité de vie*, pour garder le coeur libre, disponible au Royaume de Dieu et au prochain? Ne faudrait-il pas, entre autres, ouvrir les yeux sur les immenses régions du monde qui vivent dans le dénuement le plus complet?

En ces domaines, comme en tant d'autres, il nous faut sans cesse rappeler avec saint Paul: « Vous qui avez été sanctifiés, qui êtes devenus fils de Dieu, appelés à la sainteté, habités par l'Esprit de Dieu, *ne vous conformez pas aux moeurs de ce monde* » (cf. *Rm* 12, 2). Souvenons-nous toujours du courage pastoral de saint Jean Chrysostome, que nous avons célébré à Moncton.

Notre peuple peine à garder la foi ou les moeurs chrétiennes en partie parce qu'il n'a pas découvert le sens de la prière ou qu'il n'ose plus prier. Je veux parler de cette *prière* qui cherche, dans le dialogue avec Dieu ou plutôt l'écoute de Dieu, la contemplation de son amour et la conformité à sa volonté. Les grâces de renouveau et de conversion ne seront données qu'à une Église en prière. Jésus a supplié ses apôtres de veiller et de prier (cf. *Mt* 26, 41). Avec nos prêtres, avec nos religieuses et de nombreux laïcs qui ont redécouvert la prière, dans la joie de l'Esprit Saint, soyons les éducateurs de la prière.

Prière inséparable des *sacrements*. « Les évêques, dit encore le Concile, par les sacrements, dont ils organisent, par leur autorité, la distribution régulière et féconde, *sanctifient les fidèles* » (*Lumen gentium*, no 26). J'évoquerai seulement deux domaines également importants. D'abord l'*assemblée eucharistique dominicale*. Comment un peuple qui se veut chrétien peut-il la négliger? Les causes sont multiples, mais du moins, nous pasteurs, nous devons tout faire pour redonner le sens au jour du Seigneur et de l'Eucharistie, et pour que nos liturgies, soigneusement préparées, brillent par la participation active des fidèles et la dignité de la prière.

Vous comprendrez aisément que je souligne un autre point capital de la pastorale sacramentelle : celui du sacrement de *pénitence* ou de *réconciliation*. La pratique fréquente de ce sacrement témoigne que nous croyons dans l'Église comme communion de sainteté et dans l'action du Christ pour construire cette communion. Tout le renouveau de l'Église dépend de la conversion personnelle qui est scellée dans une rencontre personnelle avec le Christ. Favoriser cela, c'est contribuer efficacement à tout le renouveau voulu par le Concile Vatican II et promu par les réformes postconciliaires ; sinon l'ensemble de la pastorale souffre d'un manque grave, et l'efficacité de toute l'activité de l'Église en est affectée. Notre communion avec l'Église universelle demande que l'on respecte la discipline de toute l'Église telle qu'elle a été précisée par la Congrégation pour la doctrine de la foi qui a souligné son lien avec le précepte divin (16 juin 1972). Le dernier synode, auquel plusieurs d'entre vous participaient, a bien mis en relief la nécessité absolue de la pénitence : de l'esprit de pénitence, du sens du péché, et de la demande de pardon dans le sacrement de pénitence avec l'accusation personnelle de ses péchés au prêtre.

Vous êtes conscients qu'en peu d'années, cette pratique multi-séculaire de l'Église a été négligée. Certes, on a fait de louables efforts pour mettre en lumière l'aspect communautaire de la pénitence, pour faire prendre conscience à l'ensemble des fidèles du besoin de conversion et les amener à célébrer ensemble la miséricorde de Dieu et la grâce de la réconciliation. Mais ce renouveau communautaire ne doit jamais faire délaisser la démarche personnelle du pénitent et l'absolution personnelle. C'est le droit de chaque pénitent, et on peut même dire que c'est le droit du Christ à l'égard de chaque homme qu'il a racheté, afin de pouvoir lui dire par son ministre : « Tes péchés te sont remis » (cf. encyclique *Redemptor hominis*, no 20).

Chers Frères dans l'épiscopat, aidons les prêtres à accorder une priorité à ce ministère, après l'Eucharistie, mais avant beaucoup d'autres activités moins importantes. Aidons-les à se convaincre qu'ils collaborent ainsi merveilleusement à l'oeuvre du Rédempteur, comme dispensateurs de sa grâce. Si cette conviction est assurée, le problème pratique pourra trouver des solutions, même avec des prêtres moins nombreux. Si jamais nos fidèles perdaient le sens du péché et de ce pardon personnel, s'ils ne trouvaient plus suffisamment de prêtres disponibles pour ce ministère essentiel, il manquerait une dimension capitale à l'authenticité de leur vie chrétienne. Et même l'approche de l'Eucharistie, qui semble restée fréquente, laisserait perplexe sur la conscience des exigences qu'entraîne pour les membres du corps du Christ la communion avec celui qui en est la tête : le « Christ qui invite au banquet eucharistique est toujours le Christ qui exhorte à la pénitence, qui répète : convertissez-vous » (cf. *ibid*.).

Je me suis permis d'insister longuement sur ce point, mais je sais que plusieurs d'entre vous, tout en gardant le bénéfice d'une préparation communautaire, ont déjà cherché au cours de cette année comment réagir à cette crise de la demande personnelle du pardon.

J'évoquais le ministère des *prêtres*. Je sais combien vous êtes proches d'eux, comme des pères, et comment vous les encouragez dans cette période difficile où certains sont un peu désemparés, parce que leurs fidèles sont moins nombreux à pratiquer, que leur rôle social leur semble moins défini, et parce qu'un nouveau style de la collaboration nécessaire avec les laïcs n'est pas toujours facile à trouver. Dans cette période de mutation culturelle et d'adaptation postconciliaire, vos prêtres, comme dans la plupart des pays, ont surtout besoin d'être *fortifiés dans une théologie bien équilibrée*, et dans des *orientations pastorales très claires*, en conformité avec le nouveau droit canonique.

Tout naturellement, nous pensons à la relève. Et je rejoins là vos soucis. Le 23 septembre 1980, j'ai parlé longuement des *vocations* avec plusieurs d'entre vous. Un nouvel espoir apparaît dans les séminaires de plusieurs de vos diocèses, mais il faut résolument poursuivre dans cette voie de l'appel et d'une solide formation spirituelle et théologique; ce sont surtout les vocations à la vie religieuse qui se font rares. La pastorale des vocations exige une action auprès des familles chrétiennes et auprès des jeunes, elle suppose toujours la prière explicite à cette intention. Oui, faisons beaucoup prier pour les vocations au sacerdoce et à la vie religieuse.

Nous sommes les rassembleurs de l'ensemble du *peuple de Dieu*. C'est la mission des évêques et, avec eux, des prêtres. Le Concile précise: « Chaque fois que la communauté de l'autel se réalise en dépendance du ministère sacré de l'évêque se manifeste le symbole de cette charité et de cette unité du corps mystique sans laquelle le salut n'est pas possible » (*Lumen gentium*, no 26). Nous faisons converger vers le même Seigneur tous ces groupes de croyants ou d'apôtres chrétiens qui travaillent chacun dans leur milieu ou selon leur charisme. Et comme le Bon Pasteur, nous devons, autant que possible, faire en sorte que toutes les brebis suivent la marche, sans que certaines se sentent délaissées ou méprisées parce qu'elles ont plus de difficulté à comprendre le rythme des réformes. Nous sommes les gardiens de l'unité, les promoteurs de l'accueil fraternel, les éducateurs de la tolérance entre sensibilités diverses, les témoins de la miséricorde pour les frères plus sensibles au scandale, et parfois non sans raison (cf. *1 Co* 8, 12).

L'Église au Canada a fait un merveilleux effort pour aider *les laïcs* à prendre leurs pleines responsabilités de baptisés, de confirmés. Oui, ne craignons pas, évêques et prêtres, de leur faire confiance; il leur revient, avec certes une bonne formation, de porter au milieu du monde le témoignage qui, sans eux, manquerait à l'Église; ils sont même capables d'aider les prêtres à renouveler leur zèle sacerdotal. J'ai souvent parlé durant ce voyage des services qu'ils peuvent de plus en plus assumer, hommes et femmes, au sein des communautés chrétiennes, dans le respect bien sûr de ce qui relève exclusivement des ministères ordonnés, et surtout de l'apostolat qui leur revient en propre, dans le domaine familial, dans leur vie de travail, dans les initiatives sociales, dans les tâches d'éducation, dans les responsabilités des affaires publiques. C'est aux laïcs et à leurs associations qu'il revient de faire passer dans la vie de la société les principes de doctrine sociale que soulignent vos documents.

J'ai bien noté d'autres secteurs où se développe votre engagement pastoral, par exemple dans le domaine important de l'oecuménisme, dont nous avons parlé au cours de ce voyage.

Sur un autre plan, l'Église dont vous êtes les pasteurs peut apporter une précieuse contribution à la vie fraternelle dans votre pays. Le Canada — j'en ai mieux pris conscience — comporte une richesse inouïe, non seulement de biens matériels, mais de traditions culturelles et linguistiques: les composantes francophones et anglophones prennent le plus grand relief, sans compter les Amérindiens et les Inuit, mais toutes les régions ont accueilli des groupes nombreux d'immigrants, qui adoptent le Canada comme leur pays. Dans ces conditions, il me semble que l'Église a la mission de favoriser l'accueil, l'estime, la reconnaissance réciproque, la participation de tous à la vie sociale, en aidant les uns et les autres à dépasser les chauvinismes ou les sentiments nationalistes exacerbés; ceux-ci ne sont pas à confondre avec la fierté légitime de ses origines et de son patrimoine culturel, ni avec la complémentarité bénéfique des diversités.

Mais votre responsabilité d'évêques s'étend bien au-delà de votre pays. Le Concile a insisté sur ce point, en dégageant les conséquences de la doctrine sur la collégialité : « Comme membres du collège épiscopal et légitimes successeurs des apôtres, chacun des évêques est tenu, à l'égard de l'Église universelle, de par l'institution et le précepte du Christ, à cette sollicitude qui est, pour l'Église universelle, éminemment profitable, même si elle ne s'exerce pas par un acte de juridiction » (*Lumen gentium*, no 23).

Naturellement, l'intérêt ou l'entraide manifestés par une Église particulière envers une autre Église particulière doit toujours se faire dans cet esprit collégial, fraternel, qui respecte pleinement la *responsabilité des évêques* de l'autre pays et de leur conférence épiscopale, en faisant confiance à la perception qu'ils ont des besoins spirituels de leur peuple et des orientations à prendre dans leur situation.

Dans tous les cas, il s'agit de resserrer les liens de la paix, de l'amour, de la solidarité, dans *une ouverture toujours plus grande à l'Église universelle*.

C'est déjà vivre cette solidarité que de « promouvoir et sauvegarder l'unité de la foi et de la discipline commune de l'ensemble de l'Église » (*ibid.*). Une Église particulière ne saurait chercher à résoudre ses problèmes en dehors de cette perspective.

Mais il faut aussi « former les fidèles à l'amour envers tout le corps mystique du Christ, surtout envers ses membres pauvres, souffrants, et envers ceux qui souffrent persécution pour la justice » (*ibid.*).

Cela rejoint l'un de vos soucis : contribuer sans cesse à *ouvrir les yeux, le coeur et les mains* de vos chrétiens — dans l'ensemble assez favorisés par la nature et le progrès technique — à l'égard des pays moins favorisés, disons plutôt à l'égard des peuples *qui manquent du minimum vital*, du pain, des soins, de la liberté. Bien des formes d'entraide sont possibles, respectueuses de ces partenaires du tiers-monde ou du « Sud », qui, d'ailleurs, nous aident, en retour, à rétablir la hiérarchie des valeurs. Vous préparez aussi vos compatriotes à participer au plan international à la solution des problèmes de la paix, de la sécurité, de l'écologie, du développement.

Les besoins spirituels de nos frères des autres Églises doivent tenir une place primordiale dans notre charité universelle. « Le soin d'annoncer l'Évangile sur toute la terre revient au corps des pasteurs... ils doivent de toutes leurs forces contribuer à fournir aux missions, et les ouvriers de la moisson, et les secours spirituels et matériels » et spécialement se prêter, « dans la communion universelle de la charité, à fournir un secours fraternel aux autres Églises, surtout les plus proches et les plus dépourvues » (*ibid.*, no 23). Tout le monde sait que *l'engagement missionnaire* de tant de Canadiens, prêtres, religieux, religieuses, laïcs, en Amérique latine, en Afrique, en Asie, en plus du Grand Nord canadien, a été admirable. Ne laissons pas se tarir la source des vocations missionnaires! Ne laissons pas se flétrir la conviction de l'urgence de la mission universelle, même si elle prend d'autres formes de solidarité.

Enfin, il est un domaine où la solidarité et le témoignage commun des évêques et de leurs Églises devraient se manifester bien davantage. Nous sommes sensibles à l'injustice, à la répartition défectueuse des biens matériels. Le sommes-nous suffisamment aux dommages causés à l'esprit humain, à *la conscience, aux convictions religieuses?* Cette liberté fondamentale de pratique de sa foi est brimée tous les jours, en de vastes régions; il s'agit d'une violation très grave, qui déshonore l'humanité, et qui nous touche, nous croyants, au plus vif. À Lourdes, l'an dernier, j'ai voulu crier la détresse de nos frères persécutés, car il y a sur ce point comme une conspiration du silence qu'il faut rompre. Je vous demande, à vous, mes frères pasteurs, de le faire avec moi. Je vous demande d'y sensibiliser vos fidèles, de faire prier pour ces frères. Leur courage dans la foi aide mystérieusement toute l'Église. Il stimule le réveil des chrétiens endormis dans une vie facile, jouissant de toutes les libertés, et parfois trop préoccupés de problèmes somme toute relatifs par rapport à cet essentiel.

D'une façon générale, chers Frères dans l'épiscopat, je vous remercie de tout ce que vous faites ou ferez, pour participer, dans une collégialité affective et effective, à la *mission de l'Église universelle*, en communion avec le successeur de Pierre — *cum Petro et sub Petro* — (cf. *Ad gentes,* no 38), et en collaboration avec les organismes du Saint-Siège.

Oui, devant le Seigneur, vous portez la charge de vos Églises particulières, mais en chacune d'elle est présente l'Église universelle, car « le Christ y est présent par la vertu de qui se constitue l'Église une, sainte catholique et apostolique » (*Lumen gentium,* no 26).

Que le Christ, le Bon Pasteur, vous accorde à chacun le courage pastoral nécessaire à votre sublime mission! Que l'Esprit Saint vous donne la lumière et la force d'entraîner le peuple canadien sur les chemins du Dieu vivant, afin qu'il soit sanctifié pour sanctifier le monde! Que Dieu le Père, vous maintienne dans l'espérance et dans la paix!

Je continuerai à porter dans ma prière toutes vos intentions pastorales, comme vous prierez pour moi. Nous les confions au coeur maternel de Marie. Et que Dieu tout-puissant, Père, Fils et Saint-Esprit, nos bénisse!

MESSE POUR LA PAIX ET LA JUSTICE
OTTAWA
Le 20 septembre 1984

« Heureux ceux qui ont faim et soif de la justice… » (Mt 5, 6).

« Heureux les artisans de paix » (Mt 5, 9).

À la fin de mon pèlerinage en terre canadienne, dans votre capitale d'Ottawa, en cette messe, nous prions pour la justice et la paix.

Nous prions pour la justice et la paix dans le monde contemporain, en nous référant aux béatitudes prononcées par le Christ, selon l'Évangile de saint Matthieu. Nous prions *pour la paix*, et *le chemin de la paix* passe *par la justice*. C'est pourquoi ceux qui ont sincèrement faim et soif de la justice sont en même temps des artisans de paix.

Je voudrais que ce thème qui oriente notre prière d'aujourd'hui au cours du Sacrifice eucharistique *unisse ceux qui y participent*, assemblés ce soir par milliers au pied des splendides collines de la Gatineau, au bord de la rivière des Outaouais, autour de Monseigneur Joseph-Aurèle Plourde, archevêque de votre ville, que je salue fraternellement, avec les habitants de la région de la capitale, tous les Canadiens, et tous ceux qui, au loin, se joignent à nous. Cette rivière a été autrefois la voie d'accès au coeur de votre continent, lorsque se rencontraient les cultures européennes avec les cultures des premiers habitants. Aujourd'hui, je suis au milieu de vous un pèlerin de paix, et je désire, en cette dernière homélie, prolonger tout ce que j'ai dit dans le cadre de ma mission pastorale en terre canadienne. Et c'est une synthèse finale que je voudrais faire en m'appuyant sur les huit béatitudes du Christ.

305

Dans les huit béatitudes se présente à nous, avant tout, une personne : *la personne du divin Maître*. C'est de Lui que parle le prophète Isaïe quand il annonce qu'une grande lumière a resplendi sur ceux qui habitent le pays de l'ombre (cf. 9, 1).

Les mêmes paroles retentissent dans *la nuit de Noël* : « Oui, un enfant nous est né, un fils nous a été donné, l'insigne du pouvoir est sur son épaule » (9, 5).

Le pouvoir dont sont chargées les épaules de l'Enfant né dans la nuit de Bethléem, la majesté de la Croix le confirme. Le *Crucifié* porte vraiment en Lui *toute la puissance de la Rédemption du monde*.

Et c'est Lui, le Crucifié, qui a été désigné par les noms qu'annonçait Isaïe : « Merveilleux-Conseiller, Dieu-Fort, Père-à-jamais, *Prince-de-la-Paix* » (9, 5).

Dieu a confirmé à jamais la puissance de la Rédemption que possédait le Christ crucifié, quand il l'a ressuscité. Le Rédempteur, *relevé* d'entre les morts, dit aux Apôtres en se séparant d'eux : « Tout pouvoir m'a été donné au ciel et sur la terre. Allez donc ! De toutes les nations faites des disciples... » (*Mt* 28, 18-19).

Ainsi le Christ se tient à jamais au milieu de l'humanité comme cette « *grande lumière* » d'Isaïe, qui resplendit « sur ceux qui habitent le pays de l'ombre ».

Il ne cesse d'être le « Prince-de-la-Paix » et en même temps « Merveilleux-Conseiller ». *Le point de départ* des voies qui conduisent à la justice et à la paix se trouve *dans la Rédemption du monde* que le Christ a accompli par la puissance de la Croix et de la Résurrection.

Ce fait est de première importance en notre époque où l'homme, les nations et toute l'humanité cherchent désespérément les voies de la paix. « *Genus humanum arte et ratione vivit* » : *L'homme vit de sagesse, de culture, de moralité. La violence contredit complètement une telle vie. La violence fait naître aussi la juste nécessité de la défense. Et au même moment, *la violence menace de destruction ce dont vit l'humanité*. Elle menace de mort non seulement des hommes, des millions d'hommes, mais elle *menace de mort tout ce qui est humain*.

Au milieu de la famille humaine menacée, *le Christ* se tient sans cesse comme Prince-de-la-Paix, comme *Défenseur de ce qui est humain*.

L'Évangile des huit béatitudes n'est pas autre chose qu'*une défense de ce* qui est le plus profondément humain, *le plus beau dans l'homme, ce qui est saint en l'homme* :

« Heureux les pauvres de coeur...

Heureux les doux...

Heureux ceux qui pleurent...

Heureux les miséricordieux...

Heureux les coeurs purs...

Heureux ceux qui sont persécutés pour la justice...

Heureux êtes-vous si l'on vous insulte, si l'on vous persécute et si l'on dit faussement toute sorte de mal contre vous, à cause de moi. C'est ainsi en effet qu'on a persécuté les prophètes » (*Mt* 5, 3-5. 7-8. 10-12).

L'Évangile des huit béatitudes est une constante affirmation de ce qui est *le plus profondément humain, de ce qui est héroïque en l'homme*. L'Évangile des huit béatitudes *est lié* fermement *à la Croix et à la Résurrection du Christ*. Et c'est seulement à la lumière de la Croix et de la Résurrection que ce qui est humain, que ce qui est héroïque en l'homme retrouve sa force et sa puissance. *Aucune forme du matérialisme historique* ne lui donne ni fondement ni garantie. Le matérialisme ne peut que mettre en doute, amoindrir, piétiner, détruire, briser ce qui est le plus profondément humain.

L'Évangile des huit béatitudes est, à sa racine même, *lié* au Mystère : *à la réalité de la Rédemption du monde*.

Oui seule la réalité de la Résurrection du monde constitue le fondement des béatutides, et de ces deux béatitudes réellement importantes en ce temps de menaces :

« *Heureux ceux qui ont faim et soif* de la justice... »

« *Heureux les artisans de paix*... »

La conscience de la Rédemption pénètre jusqu'au fond le coeur des hommes tourmentés par les menaces qui pèsent aujourd'hui sur le monde.

Si nous savons accueillir *l'Évangile* des béatitudes *du Christ, nous n'avons pas peur* de faire face à ces menaces.

La conscience morale de l'humanité découvre, par des voies diverses, le lien qui existe entre la justice et la paix. Il faut accomplir tous les efforts nécessaires pour que cette conscience *retrouvée* au prix d'énormes sacrifices *depuis la dernière guerre* mondiale, ne se trouve pas submergée à nouveau par *le déploiement de la violence*.

L'homme contemporain, les nations, l'humanité, cherchent inlassablement les chemins qui mènent à la justice et la paix. *Sans relâche, l'Église participe à cette grande tâche.* Les Églises particulières, les épiscopats y participent. Le Siège apostolique y participe. C'est là *un devoir* humain, chrétien, *apostolique*.

Le Pape Jean XXIII a adressé au monde un appel remarquable par sa lettre encyclique *Pacem in terris* : il y analysait largement les conditions de la paix, il nous invitait à devenir des artisans de paix et de justice dans tous les domaines où agit la communauté humaine.

À son tour le second Concile du Vatican, lorsqu'il situe l'Église dans le monde de ce temps, reprend cette réflexion ; il nous demande de sauvegarder la paix et de construire la communauté des nations (*Gaudium et Spes*, II, V).

Le Pape Paul VI n'a cessé d'agir en ce sens : à l'Assemblée générale des Nations Unies, il lança ce cri prophétique : « plus jamais la guerre ! » Et il a souligné les liens de la paix avec le développement des peuples, dont j'ai déjà parlé ces jours derniers à Edmonton. Il a institué la Journée mondiale de la paix le 1er janvier : désormais, au début de chaque année, tous sont appelés à la prière et à l'action pour la paix, et c'est l'occasion pour le Pape de renouveler ses appels aux hommes pour qu'ils décident de choisir la paix et pour qu'ils prennent les moyens de surmonter leurs tensions et d'écarter les menaces grandissantes.

Peu après mon élection, j'ai pu répondre à l'invitation des Nations Unies et redire à la communauté internationale non seulement que le Siège apostolique soutient ses efforts, mais que « l'Église catholique, en tous les lieux de la terre, proclame un message de paix, elle prie pour la paix, elle éduque l'homme à la paix » (Discours à la XXXIVe Assemblée générale de l'ONU, 2 octobre 1979, no 10).

Aujourd'hui, je renouvelle mon appel. Car nous savons qu'après la guerre mondiale les tensions et les affrontements n'ont pas cessé, qu'ils provoquent des guerres, localisées mais non moins meurtrières. Et nous savons que les sources des conflits se trouvent partout où l'injustice meurtrit, où la dignité de trop d'hommes est bafouée. Pour bâtir la paix, il nous faut établir la justice.

Quelle conscience morale pourrait se résigner sans réagir, quand subsistent « les terribles disparités entre les hommes et les groupes excessivement riches, et, d'autre part, la majorité numériques des pauvres et même des miséreux? » (*ibid.*, no 18).

Quelle conscience morale pourrait se résigner à des arrangements superficiels qui masquent l'injustice, tant que quelque part sur la planète l'homme est blessé « dans ses convictions les plus personnelles, dans sa conception du monde, dans sa foi religieuse, de même que dans le domaine de ce qu'on appelle les libertés civiles? » (*ibid.*, no 19).

Serons-nous des artisans de paix et des affamés de justice, si nous consentons sans réagir à ce que « la spirale vertigineuse des armements » soit présentée comme « au service de la paix » (*ibid.*, no 22) — alors que la course aux armements est une réelle menace de mort et que son coût économique prive tant de pays des moyens effectifs de leur développement?

Notre devoir demeure urgent, maintenant. Nous serons artisans de paix si notre conscience nous rend lucides sur les dangers, énergiques pour faire prévaloir le dialogue et le partage, attentifs à respecter le point de vue de l'autre au moment même où nous défendons nos droits, fidèles à l'amour de l'homme, accueillants au Don de Dieu!

Nous serons disciples du Christ et frères de tous nos frères, si nous prenons notre part ensemble dans « l'effort de la civilisation qui, depuis des siècles, tend vers un but: garantir les droits objectifs de l'esprit, de la conscience humaine, de la créativité humaine, y compris les relations de l'homme à Dieu » (*ibid.*, no 19).

Nous serons artisans de paix si toute notre action se fonde sur le respect de Celui qui nous appelle à vivre selon la loi de son Royaume et de qui vient tout pouvoir (cf. *Jn* 19, 11).

Ainsi donc on ne peut permettre que la conscience morale de l'humanité *cède à la violence*. Il faut maintenir *ce lien étroit* qui unit la paix et la justice, la paix et la défense des droits inviolables de l'homme et des nations!

Il faut défendre de la mort les hommes — des millions d'hommes — de *la mort nucléaire* et *de la mort de faim*! Il faut défendre de la mort tout ce qui est humain!

Dans cette intention aujourd'hui notre prière pour la justice et la paix se fonde sur *l'Évangile des huit béatitudes*. Car que proclame, en définitive, cet Évangile? Lisons-le encore une fois:

> « Heureux les pauvres de coeur, *car* le Royaume des cieux est à eux,
>
> heureux les doux, *car* ils obtiendront la terre promise,
>
> heureux ceux qui pleurent, *car* ils seront consolés,
>
> heureux ceux qui ont faim et soif de la justice, *car ils seront rassasiés*,
>
> heureux les miséricordieux, car ils obtiendront miséricorde,
>
> heureux les coeurs purs, car ils verront Dieu,
>
> heureux les artisans de paix, *car ils seront appelés fils de Dieu*,
>
> heureux ceux qui sont persécutés pour la justice, *car* le Royaume des cieux est à eux,
>
> heureux êtes-vous si l'on vous insulte, si l'on vous persécute à cause, (du Christ) *car* votre récompense sera grande dans les cieux! »

Laissons-nous saisir par l'Esprit du Christ, qu'il nous pénètre de la vérité de ces paroles, de la force d'amour qui les inspire! Que notre prière nous permette, non seulement de demander la paix, mais d'accorder notre volonté à la volonté de Dieu telle qu'elle nous est dévoilée par le Christ! Car la paix entre les hommes sera toujours précaire si nous ne sommes pas en paix avec Dieu, si nous ne nous conformons pas, au plus intime de notre être, au plan de Dieu sur toute l'histoire du monde. Que notre justice soit le reflet de Sa justice! Reconnaissons notre péché, laissons-nous réconcilier par Dieu avec lui, l'auteur de la vie, en même temps qu'avec nos frères. Cette réconciliation, que nous ne savons pas réaliser pleinement par nous-mêmes, nous y parviendrons par grâce si nous nous joignons fidèlement à l'immense supplication des priants.

Alors, que proclame en définitive l'Évangile des huit béatitudes? Il dit que les pauvres de coeur, les doux, les miséricordieux, ceux qui ont faim et soif de la justice, les artisans de paix... tous *sont invincibles*! Que *la victoire définitive leur appartient*! À eux appartient le Règne de la Vérité, de la Justice, de l'Amour et de la Paix!

Que leur faiblesse, leur difficulté à surmonter ce qui divise et oppose ne les abatte pas: les forces de l'homme ne suffisent pas à mettre en oeuvre l'Évangile, mais la force du Christ permet la purification et la conversion du coeur, car il s'est livré pour que sa paix soit en l'homme!

C'est cette perspective que leur a ouverte le Christ *par son Évangile et par la Rédemption*: à eux! Véritablement à eux!

Écoutez-moi, vous qui, en diverses parties du monde, souffrez *la persécution pour le Christ*! Vous les pauvres sur qui pèsent l'oppression et l'injustice comme si vous étiez quotidiennement *laminés* par les *systèmes qui écrasent l'humanité*!

Vous tous qui êtes vraiment des hommes de bonne volonté!

Nous disons que le Christ est Merveilleux-Conseiller.

Nous disons que le Christ est le Prince-de-la-Paix.

Nous disons que le Christ est le Crucifié et le Ressuscité.

« L'insigne du pouvoir est sur son épaule ».

« Son pouvoir s'étendra... pour son Royaume. Il sera solidement établi sur le droit et la justice » (*Is* 9, 6).

« *Que ton règne vienne!* »

CÉRÉMONIE D'ADIEUX

OTTAWA

Le 20 septembre 1984

Mesdames, Messieurs,
Chers Frères et Soeurs,

Voici venu pour moi le moment de quitter cette terre canadienne et de prendre congé de vous. Ce n'est pas sans regret, après qu'il m'ait été donné de visiter tant d'hommes et de femmes dans votre immense pays en tant de lieux divers et attachants. C'est cependant la joie qui m'habite à présent, car j'ai le sentiment d'avoir vécu avec vous des moments de grâce.

Parmi vous, je salue amicalement mes frères dans l'épiscopat, qui m'avaient invité, qui ont préparé avec grand soin ce pèlerinage, qui m'ont accueilli en votre nom à tous et m'ont accompagné; je leur renouvelle à tous ma vive reconnaissance. À travers vous, qui représentez ici toute la communauté canadienne, je remercie les prêtres, les religieux et les religieuses, les laïcs, pour l'amabilité et le sérieux de leur accueil, le témoignage de leur foi et de leur esprit de service dans l'Église. Et je voudrais saluer tout particulièrement les autres communautés chrétiennes avec qui je suis heureux d'avoir pu prendre plusieurs contacts, dont j'ai pu mieux reconnaître l'ardeur à avancer dans l'unité.

Je me tourne aussi vers les autorités civiles qui ont pris une si large part à l'organisation de mon voyage et ont témoigné d'une si vive attention au sens pastoral de ma démarche. Je les remercie d'avoir eu la délicatesse de venir jusqu'ici prendre congé de moi. Je garde un vif souvenir de nos rencontres, notamment à mon arrivée à Québec et tout dernièrement à Ottawa même. J'exprime toute ma gratitude à Madame le Gouverneur général, à Monsieur le Premier Ministre du Canada, aux Hauts Magistrats des institutions judiciaires, à Messieurs les Présidents et aux membres des deux Chambres du Parlement, à Messieurs les Premiers Ministres des Provinces, ainsi qu'aux membres du Corps diplomatique qui ont tenu à se joindre ici aux dignitaires et aux responsables de la société civile canadienne. Avec tous ces responsables, je remercie tous ceux qui, formant de nombreux groupes de travail, leur ont apporté depuis de longs mois leur collaboration efficace, courtoise, et souvent dans la discrétion, participant aux multiples services d'organisation, de sécurité, de déplacements, que requérait ce long voyage.

Le périple que je viens d'accomplir me permet de mieux connaître la beauté et la diversité de votre pays, les qualités d'accueil de votre peuple. Sachez que j'ai apprécié l'expérience de nos rencontres, grâce à la franchise et à l'ardeur qui vous caractérisent. Je ne puis évoquer maintenant tout ce que je garderai dans mon coeur, souvent cela dépasse en intensité ce que quelques paroles peuvent exprimer.

Permettez-moi de dire seulement qu'au fil des étapes, j'ai été frappé par la richesse et la vivacité présente de tout ce que vous ont transmis vos devanciers, les Amérindiens et les Inuit, les Européens de France, du Royaume-Uni, d'Allemagne, d'Italie, de Pologne et de bien d'autres pays, sans oublier tous ceux qui sont venus de nombreuses régions d'Amérique latine, d'Orient ou d'Extrême-Orient.

Il me semble que l'heureuse association de tant d'éléments de votre héritage dans un peuple libre et entreprenant le dispose particulièrement à rester ouvert à tous les appels du monde, à favoriser la paix, à vivre activement une solidarité généreuse à l'égard des plus démunis de nos frères et de ceux sur qui pèsent de dures contraintes.

Au moment de mon départ, je souhaite au peuple canadien un avenir heureux, l'épanouissement de ses qualités, une vie harmonieuse dans le respect de ses différences culturelles et spirituelles. Cela est facilité, je m'en rends compte, par les institutions de ce pays.

Vous avez devant vous beaucoup de tâches exaltantes, à la fois pour affronter les difficultés internes qui demeurent, notamment du fait de la crise économique, et pour développer votre contribution positive à la vie internationale. Que la conscience de ces devoirs vous conduise à les accomplir avec le courage, la noblesse et le désintéressement de ceux qui trouvent leur joie dans le service de leurs frères!

À vous, les membres du peuple de Dieu dans ce pays, je confie ce qui sera un de mes meilleurs souvenirs des étapes de ce pèlerinage : avec vous nous avons pu vivre une expérience marquante de la foi qui nous unit. J'ai bien conscience que la sympathie que vous m'avez manifestée exprime, au-delà de ma personne, vos liens réels avec l'Église universelle, avec l'Église enracinée dans la foi des apôtres depuis la Résurrection du Seigneur et l'envoi missionnaire de la Pentecôte.

En me rendant dans vos communautés, j'ai constaté avec joie que vous continuez ce qu'ont entrepris vos grands fondateurs tant honorés parmi vous. Ils ont porté ici l'Évangile, parfois au prix de leur vie, ils ont construit un édifice qui continue d'être vivace à travers les difficultés et les mutations de notre temps. Soyez fidèles à l'inspiration des saints, connus et inconnus, qui ont jeté dans cette terre le grain appelé à fructifier.

Nous avons célébré ensemble, nous avons prié le Seigneur, nous avons communié à sa présence, nous avons écouté sa Parole. Votre ardeur est le signe que le message du successeur de Pierre, venu en témoin de Jésus Christ, rencontrait des hommes et des femmes disposés à oeuvrer pour un monde nouveau. C'est le signe que les chrétiens de ce pays sont habités par l'Esprit Saint qui met dans nos coeurs l'amour de Dieu, fortifie en nous l'espérance et donne sa plénitude à la foi.

Puisse mon pèlerinage dans les sanctuaires du peuple de Dieu marquer une étape positive pour vous tous sur la longue route qui mène à l'épanouissement fraternel de l'humanité renouvelée par le don de Dieu, sur la route de la sainteté!

Je continuerai de prier pour vous et avec vous. Aujourd'hui je demande au Père de tout amour, au Fils qui habite parmi nous, à l'Esprit de force et de lumière, de vous combler de toute bénédiction.

À vous tous, et dans la joie, je redis ma gratitude, et je renouvelle du fond du coeur mes voeux à tout le peuple du Canada.

Paroles d'un pèlerin

Page